AKAL / A FONDO

Director de
Pascual

CU00926477

Diseño interior y cubierta: RAG

1.ª edición, mayo de 2018
2.ª edición, junio de 2018
3.ª edición, julio de 2018
4.ª edición, agosto de 2018
5.ª edición, septiembre de 2018

© Daniel Bernabé, 2018

© Ediciones Akal, S. A., 2018

Sector Foresta, 1
28760 Tres Cantos
Madrid - España
Tel.: 918 061 996
Fax: 918 044 028
www.akal.com

ISBN: 978-84-460-4612-7
Depósito legal: M-10.285-2018

Impreso en España

DANIEL BERNABÉ

LA TRAMPA DE LA DIVERSIDAD

DIVERSIDAD

Cómo el neoliberalismo fragmentó
la identidad de la clase trabajadora

ARGENTINA / ESPAÑA / MÉXICO

ÍNDICE

Presentación (Pascual Serrano) 7

I. LAS ANTORCHAS DE LA LIBERTAD 13

    La segunda venida de Frida Kahlo, 19. — Theresa May, el gigante y los extraterrestres, 24.

II. LAS RUINAS DE LA MODERNIDAD 31

    La modernidad. Una nueva esperanza, 35. — La modernidad. Auge y caída, 40. — Posmodernismo. El gran arrepentimiento, 43. — Posmodernismo. La gran deconstrucción, 48.

III. ROBOTS, MASCOTAS Y MENDIGOS 55

    De la revolución hippie al sentimiento de individualismo, 59. — El regreso del capitalismo salvaje, 68. — Un logro apócrifo: los años de Clinton y Blair, 81.

IV. EL MERCADO DE LA DIVERSIDAD 93

    Diversidad competitiva. Yo soy más especial que tú, 103.

V. LA TRAMPA DE LA DIVERSIDAD 119

    Políticamente correctos. La trampa de la diversidad en el socioliberalismo, 129. — Un lío con mucha gente. El mercado de la diversidad en el activismo, 135. — La diversidad como coartada, necesidad y producto, 146. — Un laberinto inacabable. La trampa de la diversidad en el activismo, 153.

VI. Ultraderecha... 173

    La ultraderecha favorecida por la diversidad como trampa,
    181. — La ultraderecha favorecida por la diversidad como
    mercado, 188.

VII. Atenea destronada.. 201

    ¿Qué es la cultura?, 203. — Cultura como arma política,
    209. — Multiculturalismo, 216.

VIII. Jóvenes papas, viejos comunistas................................. 227

    Desactivando la trampa, 231. — La muerte y la palabra,
    241.

PRESENTACIÓN

Cuando los independentistas catalanes convocaron una butifarrada festiva para reivindicar su lucha, un sector vegano protestó al tratarse de una comida con carne que no contemplaba su dieta. Existe un movimiento, los antinatalistas, que, indignados ante el «capitalismo terrible y despiadado» que vivimos, propugna no luchar política y organizadamente, sino no tener hijos para así acabar con la especie humana. Cuando el periodista Antonio Maestre usó el titular «Mierda animal sobre los restos de las víctimas» para denunciar que en un pueblo de Granada habían instalado un establo de ganado sobre las fosas que podrían albergar más de 2.000 represaliados por el franquismo, algunos lectores le acusaron de «especista», es decir, de discriminación a los animales por considerarlos especies inferiores. ¿Estamos insinuando que no debemos respetar a estos grupos? Por supuesto que no. ¿Estamos planteando que sus reivindicaciones son incompatibles con las movilizaciones originales? Pues quizá sí si la diversidad se convierte en una competición de protagonismos en detrimento de luchas y causas que deberían ser más unitarias. Y de eso trata el libro *La trampa de la diversidad*, de Daniel Bernabé.

Desde los años sesenta vivimos un repliegue ideológico en el que hemos ido abandonando la lucha colectiva para entregarnos a la individualidad. El gran invento de la diversidad es convertir nuestra individualidad en aparente lucha política, activismo social y movilización. La bandera deja de ser colectiva para ser expresión de diversidad, diversidad hasta el límite, es decir, individualidad. En inglés, *unequal* quiere decir «desigual». Los hombres y mujeres que luchaban por una sociedad más justa combatían la desigualdad. El nuevo giro, que denuncia Daniel

Bernabé, es que «*unequal*» también significa «diferente». Ahora se reafirma y reivindica la diferencia sin percibir que, tras ella, podemos estar defendiendo lo que siempre combatimos: la desigualdad, *unequal*. Bernabé nos explica:

> Margaret Thatcher supo conjugar ambas acepciones y confundirlas, transformar algo percibido por la mayoría de la sociedad como negativo, la desigualdad económica, en una cuestión de diferencia, de diversidad. Ya no se trataba de que fuéramos desiguales porque un sistema de clases basado en una forma económica, la capitalista, beneficiara a los propietarios de los medios de producción sobre los trabajadores, sino que ahora teníamos el derecho a ser diferentes, rebeldes, contra un socialismo que buscaba la uniformidad.

El neoliberalismo ha estado décadas reivindicando el derecho a la diferencia y a la individualidad, frente a lo que ellos llamaban la uniformidad colectivista y socialista, que tanto rechazaban. En cambio, la izquierda entendía que, frente a la individualidad, la desigualdad, la diferencia, había que esgrimir la lucha colectiva (o nos salvamos todos, o no se salva ni Dios), que la unidad nos hace fuertes, que nadie se debe quedar atrás, que queremos derechos para todos, que los convenios laborales son colectivos y no contratos individuales. Ahora, dice Bernabé, «nuestro yo construido socialmente anhela la diversidad pero detesta la colectividad, huye del conflicto general pero se regodea en el específico».

Parece que más que buscar a tus iguales para sumar fuerzas, intentamos buscar nuestras diferencias para afirmarnos según lo que comemos, lo que deseamos sexualmente, a quien rezamos, con lo que nos divertimos, cómo nos vestimos. Somos veganos, budistas, pansexuales, naturistas, friganos, antinatalistas... No se trata de no respetar esos estilos de vida, bien claro lo deja Bernabé, sino de advertir de la simbiosis entre esas competencias en el mercado de la diversidad y el neoliberalismo:

> El proyecto del neoliberalismo destruyó la acción colectiva y fomentó el individualismo de una clase media que ha coloni-

zado culturalmente a toda la sociedad. De esta manera hemos retrocedido a un tiempo premoderno donde las personas compiten en un mercado de especificidades para sentirse, más que realizadas, representadas.

Todo ello a costa de abandonar nuestro sentimiento de clase y, por tanto, las luchas colectivas que pasan a un segundo plano para ser absorbidas por esas identidades. Owen Jones ya advertía cómo en el Reino Unido la izquierda se había entregado a las reivindicaciones identitarias de las minorías en nombre de la diversidad y la tolerancia, todo con especial atención al lenguaje y las formas, pero sin prestarlo a las necesidades sociales de la clase trabajadora, concepto que desapareció en la división de razas, religiones y culturas. Como consecuencia, el sector trabajador blanco y protestante, en lugar de buscar su igual de clase entre las otras razas y religiones, se vio despreciado por la izquierda multicultural y terminó en manos de quienes se dedicaron a aplaudirles su raza y su religión: la ultraderecha.

Daniel Bernabé nos precisa que la «diversidad puede implicar desigualdad e individualismo, esto es, la coartada para hacer éticamente aceptable un injusto sistema de oportunidades y fomentar la ideología que nos deja solos ante la estructura económica, apartándonos de la acción colectiva». En este libro nuestro autor nos desvela lo que llama «la trampa de la diversidad: cómo un concepto en principio bueno es usado para fomentar el individualismo, romper la acción colectiva y cimentar el neoliberalismo».

De hecho el uso y abuso que de la diversidad está haciendo el mercantilismo es espectacular. Así, una mera tienda de juguetes eróticos consigue un reportaje titulado como «Una eroteca vegana, feminista, transgénero y respetuosa con la diversidad relacional y corporal» (*Eldiario.es, 22* de marzo de 2016). En la Semana de la Moda de Nueva York una casa de diseño presentaba «una transgresora propuesta», según calificaba la prensa; un mensaje de «diversidad y tolerancia», en palabras de la empresa. En su nota de prensa afirmaba que su objetivo era que «todas las diferencias, incluso si no se comprenden completamente o no se está de acuerdo con ellas deben ser toleradas; todas las criaturas merecen espacio bajo el sol». Quería trasladar con su propuesta «el deseo individual de transformarse y convertirse en la mejor versión de uno mismo». ¿Y qué presentaba tras su canto a la transgresión, la tolerancia y la diversidad? Pelucas para vaginas. No, no es una errata de imprenta lo que ha leído. La firma Kaimin presentaba en Nueva York unas pelucas que simulan vello púbico desfilando a la vez que se proyectaban vídeos con imágenes de diversas vaginas (*El Español*, 20 de febrero de 2018).

Un anuncio de Benetton presentará imágenes de personas de diferentes razas, eso sí, todos jóvenes, guapos, limpios y bien alimentados. La diversidad nunca es de clase. En un reportaje sobre las elecciones estadounidenses los reporteros nos explicarán la diferencia de comportamiento para votar entre los hombres y las mujeres, entre los protestantes y los musulmanes, entre los blancos, afrodescendientes y latinos; pero no se pararán a exponer la diferencia de voto entre los directivos de Wall Street y los estibadores del puerto de Nueva York. En nuestras series de televisión vemos un emigrante, un gay, un vegetariano... y, con ellos, toda la conflictividad cotidiana presentada de forma banal, pero nunca aparece uno de los protagonistas volviendo del trabajo indignado porque su jefe no le paga las horas extras o porque ese mes lleva encadenados cinco contratos de dos días de duración. No existe la clase trabajadora, y menos todavía el conflicto social de clase. Pero la serie será percibida como progresista porque nos ha presentado y ensalzado la diversidad como baluarte de pluralidad, tolerancia y vanguardia ideológica. De ahí que pidamos presencia de mujeres, emigrantes, LGTB y jóvenes en un debate televisivo sin plantearnos si todos los elegidos tienen el mismo ideario. Si repasamos los titulares de un periódico de línea progresista descubriremos que las noticias y conflictos en torno a la diversidad tienen más presencia que las noticias referentes a las injusticias materiales. El conflicto mediático y político gira en torno a una drag queen en el carnaval; unas Reinas Magas en la cabalgata; una discusión sobre la llegada de refugiados, sin explicar el origen de su guerra;

o la situación de los cerdos en una granja, mientras ignoramos la explotación que sufren los trabajadores de ese mismo lugar.

Todo eso tiene su correlación en el comportamiento de los políticos y de los votantes. La política se convierte en un supermercado donde lo que vende es el envase en lugar del contenido. Los candidatos y los proyectos pierden el contenido y se uniformizan para intentar pescar todos en el caladero de la clase media. Empezamos vaciando de significados la política para competir en el mercado de las preferencias ciudadanas. Así, Theresa May lucía un brazalete de Frida Kahlo porque mola como símbolo feminista (cuando en realidad era comunista), Barack Obama aparece en un icónico cartel a modo de plantilla de arte callejero y la izquierda española lanza GIF de gatos en Twitter.

Por su parte, la clase media, en realidad la mayoría de las clases, ansía diferenciarse del resto, reafirmándose en su identidad. Nada mejor para ello que una oportuna oferta de diversidades, inocuas para el capitalismo, individualistas y competitivas entre ellas cuando buscan presencia en los medios, reconocimiento de los políticos y significación social. Como señala el autor, los ciudadanos reniegan de participar en organizaciones de masas donde su exquisita especificidad se funde con miles para luchar por un programa electoral global, «temen perder su preciada identidad específica, que creen única». El mercado de la diversidad y su aparato ideológico les ha hecho creer que son tan exclusivos, tan singulares que no pueden soportar la uniformidad de una disciplina unitaria de lucha social por un objetivo global. Basta ver en los perfiles de Twitter que, cuanto más políticamente incorrecto se autocalifica un usuario más retrógrada suele ser su ideología.

Bernabé también nos habla del auge de la ultraderecha. Tal como ya indicamos anteriormente en el razonamiento de Jones, mientras «la izquierda secciona a los grupos sociales intentando dar protagonismo a todos los colectivos que pugnan en ese mercado identitario», la ultraderecha construye grupo en torno al discurso de la honradez, la decencia y la invasión del diferente.

Guy Debord alertó en 1967 de que vivíamos en la sociedad del espectáculo. Pasolini, a principios de los setenta, auguraba que el culto al consumo lograría una desideologización que nunca consiguió el fascismo. En 1985, Ignacio Ramonet acuña el término «golosina visual» para referirse a los mecanismos de seducción de los medios audiovisuales. Todas esas agoreras previsiones en su momento resultaron revolucionarias, el tiempo les ha dado la razón y ahora son aceptadas sin discusión. En este libro Daniel Bernabé nos trae otra: la trampa de la diversidad, que se une a las anteriores con el objeto de seguir desmovilizando, o mejor dicho, movilizando con humo, a la izquierda y la clase trabajadora. Qué término tan extraño ya, ¿verdad?, clase trabajadora. Una columna suya sobre este tema escrita en la revista *La Marea* me cautivó hasta el punto de plantearle la posibilidad de desarrollar el asunto a lo largo de un libro. No imaginaba que nos podría sorprender con estas clarificadoras ideas presentadas con tanto respeto hacia las minorías como contundencia en sus argumentos.

Pascual Serrano

I

LAS ANTORCHAS DE LA LIBERTAD

Esta historia comienza el 31 de marzo de 1929 en Nueva York, en el día del Domingo de Pascua. A diferencia de otros países donde la resurrección de Cristo se conmemora con actos religiosos, en la capital económica y cultural de EEUU la jornada ha dado paso a un acontecimiento de sociedad, un desfile donde los miembros de las clases altas acuden para ver y ser vistos luciendo sus mejores trajes. La descontextualización tiene una lógica interna. La fecha la marca la tradición cristiana, pero la suntuosidad en el vestuario viene dada por una costumbre irlandesa que augura mala suerte al que en el día no estrene indumentaria. El capitalismo estadounidense sintetiza ambas tradiciones con la intención de lograr una nueva marca en el calendario favorable a las compras, especialmente las relacionadas con la industria textil. Para principios de siglo XX, la Easter Parade neoyorquina se ha convertido en una pasarela donde las clases medias pueden ver en vivo las últimas tendencias de moda paseadas por los ricos en la Quinta Avenida. La clase trabajadora también asiste, pero se limita a observar y, quizá, a soñar con algo inalcanzable. De hecho, a partir del Crac del 29 que tendrá lugar en octubre, grupos de desempleados aprovecharán el desfile para protestar por su situación, vistiendo a propósito las ropas más viejas y raídas de su armario. Ese momento aún no ha llegado, las cosas todavía parecen marchar bien.

Sin embargo, sucede un hecho inesperado. Grupos de mujeres jóvenes, que a menudo utilizaban el desfile como presentación en sociedad, comienzan a fumar en público. El suceso llama la atención de los allí congregados y los fotógrafos no pierden ocasión de inmortalizar una escena tan poco usual como esa. Al ser preguntadas por el motivo de su acción responden que Ruth Hale, una conocida feminista, las ha convocado bajo la consigna de «¡Mujeres! Encended otra antorcha de la libertad. Luchad contra otro tabú de género»[1]. En pocos días la noticia recorre el país. *Miss Liberty* se ha hecho feminista y su llama es ahora un cigarrillo que guía a las mujeres hacia su liberación.

Podríamos calificar el episodio de las antorchas de la libertad como uno de los primeros *happenings* políticos, posiblemente unos cuarenta años antes de que se popularizasen, en la década de los sesenta, como forma de llamar la atención públicamente mediante una acción metafórica acerca de un conflicto social. Podríamos discutir si esta forma de activismo, disidente de los métodos tradicionales de lucha de la clase trabajadora, relacionados de una u otra forma con su capacidad de paralizar los medios de producción, es efectiva. O si, precisamente por ser una protesta de género, no de clase, hubo que buscar nuevas formas de visualizar el problema. Por el contrario, en esta historia, en este libro, pocas cosas son lo que parecen y esas discusiones, aunque interesantes, harían que nos perdiéramos los pormenores del suceso.

Tras el confinamiento de la mujer en el hogar, impuesto por el sistema de familia victoriano, existía la convención de que las mujeres no debían fumar en público, desde luego nunca en la calle y menos aún sin sus parejas delante. Fumar era un acto social que requería de códigos y etiquetas, promocionados culturalmente, y se había convertido en algo eminentemente masculino por exclusión: si ellas no podían hacerlo, era, por tanto, algo apropiado para ellos. Las únicas mujeres que fumaban solas y en la calle eran las prostitutas, como señal de que estaban infringiendo una norma y, por tanto, indicando su disponibilidad para un encuentro sexual al margen de las convenciones.

La rigidez victoriana entró en contradicción con el capitalismo industrial del nuevo siglo y, desde luego, con la agilidad que la economía norteamericana requería. Las mujeres de cla-

---

[1] Allan M. Brandt, *The cigarette century,* Nueva York, Basic Books, 2007, pp. 84-85.

se media estadounidense debían fumar para que la industria tabacalera pudiera aprovechar los adelantos tecnológicos (si un trabajador cualificado del sector podía producir 2000 cigarrillos en un día, la introducción de maquinaria aumentaba esa cifra cien veces). Despreciar a la mitad de un mercado potencial había convertido una norma cultural inglesa en una fruslería desfasada.

George Washington Hill, presidente de la American Tobacco Company, contrató a una nueva clase de profesionales para llevar a cabo esta misión. Entre ellos se encontraba Edward Bernays, un personaje que, pese a su importancia, operaba siempre en el lado oculto del escenario. Uno de sus trabajos más importantes fue para el Comité de Información Pública, una agencia gubernamental que le había encargado la tarea de promocionar, nacional e internacionalmente, los motivos por los que EEUU luchaba en la Primera Guerra Mundial. Mientras que los imperios europeos mandaban a morir en las trincheras a miles de sus soldados por el rey, la patria o la grandeza de la nación, los estadounidenses lanzaron la idea de que ellos estaban allí para luchar por la paz y la democracia. El concepto fue un éxito y Bernays, una de las dieciséis personas que acompañó al presidente Wilson a la Conferencia de Paz de París, una vez terminado el conflicto, quedó asombrado por el recibimiento que miles de franceses tributaron en las calles a la delegación norteamericana. Aunque evidentemente todos aquellos países se habían desangrado en el Somme y Verdún por intereses económicos e imperialistas, haber encubierto los hechos bajo una coartada de amabilidad política había sido un enorme éxito. Entonces Bernays tuvo una idea: si aquella maniobra había funcionado en tiempos de guerra, ¿por qué no utilizarla para tiempos de paz?

Bernays no había llegado a aquellas conclusiones solo. Su tío, al que él llamaba Ziggy, había desarrollado una serie de teorías psicológicas que exponían que debajo del comportamiento racional del ser humano subyacían una serie de fuerzas primarias e incontrolables. Bernays había ido un paso más allá intuyendo el potencial de las teorías de su tío. Puede que aquellas fuerzas fueran básicas e indómitas, pero también dejaban ver una posibilidad para obtener beneficio. Si se podía influir en el comportamiento racional a través de ellas, había que buscar la forma de apelar a aquellos instintos básicos de una forma subrepticia, ya que los resultados prometían ser más potentes e inmediatos que apelando directamente a la inteligencia racional. El tío Ziggy era, efectivamente, Sigmund Freud y, mientras que su psicoanálisis (más allá de su validez científica) estaba pensado para estudiar la psique humana y tratar sus dolencias, el sobrino, Bernays, vio sus posibilidades para el control social. El primer trabajo que realizó para la American Tobacco Company fue una serie de anuncios para Lucky Strike, marca estrella de la compañía, titulados «*The reach for a Lucky, instead of a sweet*», algo así como «coger antes un cigarrillo que un dulce». La campaña, en prensa, revistas y cartelería, apelaba al deseo femenino, inducido socialmente, de la delgadez, advirtiendo mediante una cita del poeta Thomas Campbell de que «los sucesos futuros dejan ver antes sus sombras»[2]. Los anuncios aludían a propiedades directamente relacionadas con el cigarrillo, como que su proceso de tostado evitaba la tos y la irritación de garganta, pero introducían un nuevo elemento novedoso: la unión arbitraria con el producto de algo que le era totalmente ajeno, en este caso la intención de lucir una silueta adaptada a los cánones de la moda.

Aun así, el presidente de la compañía tabacalera necesitaba más. Bernays mantuvo una conversación con George Washington Hill:

George Washington Hill: ¿Cómo podemos hacer para que las mujeres fumen en la calle? Ellas ya fuman en casa, pero, maldita sea, si se pasan la mitad del tiempo fuera y les podemos hacer fumar al aire libre casi duplicaremos nuestro mercado femenino. Haz algo y hazlo ya.

Edward Bernays: Hay un tabú en contra de que ellas fumen. Déjeme consultar a un experto, el psicoanalista A.A. Brill. Él

---

[2] C. Ratner, *Macro cultural psychology: a political philosophy of mind*, Oxford, Oxford University Press, 2012, p. 186.

podrá darnos la base psicológica para que una mujer desee fumar, y tal vez esto nos ayude[3].

Brill llevó el asunto a su terreno y, cómo no, relacionó el cigarrillo y su forma cilíndrica con la fijación oral femenina. Al psicoanalista, que además sufría de un machismo atroz, le pareció que el proceso de liberación de las mujeres estaba encubriendo muchos rasgos de sus deseos. Al parecer, tras un largo silencio, concluyó que, si los cigarrillos equiparaban a la mujer con el hombre, entonces serían como sus antorchas de la libertad. Entonces Bernays lo vio todo claro.

¿Y si pudiera burlar las suspicacias que provocaba la publicidad a cara descubierta en las consumidoras aprovechando el floreciente movimiento de liberación de la mujer y así unir sus deseos de independencia con los cigarrillos? El resto de la historia ya la conocen.

Detrás del éxito de las antorchas de la libertad se encontraba el deseo de las feministas por liberarse de los convencionalismos de la sociedad patriarcal, pero quien las encendió fue la industria tabacalera estadounidense, ayudada por un nuevo poder persuasivo, por una ingeniería social sin precedentes.

El episodio de las antorchas de la libertad tiene una importancia notoria en el desarrollo de las relaciones entre política, consumismo y publicidad. Quizá les pueda parecer que vender productos asociados a la política es algo que han visto a menudo. El caso, por ejemplo, de la icónica fotografía de Alberto Korda a Ernesto *Che* Guevara, que preside no sólo uno de los edificios de la Plaza de la Revolución en La Habana, sino que ha sido replicada en todo tipo de productos como pósteres, camisetas o llaveros. ¿Se trata del mismo mecanismo que el utilizado por Bernays? Aunque pueda parecerlo, no tiene nada que ver.

---

[3] «Edward Bernay's "Torches of freedom"», *Oxford Presents,* 15 de julio de 2015 [http://www.oxfordpresents.com/ms/kelleher/edward-bernayss-torches-of-freedom/].

Si bien existe un principio lucrativo en quien fabrica los objetos con la efigie del *Che*, sus compradores son conscientes de lo que están adquiriendo. Podemos aludir a la paradoja de que un líder revolucionario acabe siendo un producto de éxito, pero el juicio moral no nos interesa en este caso. Lo fundamental es ver que el *Che* representa una serie de valores que son apreciados por personas que desean mostrar su afinidad con los mismos luciendo públicamente la figura del guerrillero, más allá de que esos compradores profundicen en su ideología e historia. Aquí el objeto consumible se convierte en un portador diáfano, en un contenedor cultural de unos principios obvios, mientras que los cigarrillos de Bernays funcionaban justo a la manera inversa: sin tener ninguna relación directa con los ideales que supuestamente representan se asociaban a ellos artificialmente para facilitar su venta. Hay una gran diferencia entre vender objetos que portan símbolos explícitamente políticos y utilizar valores ideológicos para revalorizar bienes que no guardan relación con ellos y así facilitar su venta.

De hecho, la maniobra vanguardista de Bernays es hoy de uso normal en el campo publicitario. Son muchos los bienes promocionados con esa falsa unión entre ideología y objeto. De un coche se destaca que nos dará libertad y luego, quizá, se nos hable de su consumo o potencia. La principal operadora de telefonía móvil en España, en plena crisis económica y arrastrando miles de despidos, pergeñó un anuncio que copiaba la estética asamblearia del 15M, «la gente ha hablado y esto es lo que nos ha pedido, compartida, la vida es más»[4] decía el *spot*. Las hipotecas son revolucionarias, las colonias rebeldes, los servicios energéticos verdes. Incluso un gran almacén de tecnología, aprovechando la apertura de una de sus tiendas en el madrileño y popular distrito de Vallecas, asociado históricamente con la izquierda, incluyó en sus carteles la imagen de un puño cerrado y el lema «orgullosos de ser parte del barrio».

Lo paradójico es que mientras que la publicidad se llena de un reflejo político, en el ámbito de lo realmente político todo el

---

[4] «Compartida la vida es más», en YouTube [https://www.youtube.com/watch?v=OCjOfve4Ung].

mundo parece huir de la ideología. Para convertir una huelga en algo perverso o criticar una teoría económica de naturaleza redistributiva se las tacha de ideológicas, muchos políticos afirman no ser de derechas ni de izquierdas y, cuando se les pregunta por su labor de gobierno, se jactan de ser meros gestores. Se diría que, mientras que todo lo ideológico se ha convertido en algo negativo, cuando es presentado explícitamente, la asociación con sus valores parece dar un refuerzo positivo a los bienes y servicios que compramos.

LA SEGUNDA VENIDA DE FRIDA KAHLO

Existe una tercera línea en la que política y consumo se entrecruzan: cuando una figura explícitamente política es descontextualizada para encajar como elemento asumible en nuestra sociedad. La pintora Frida Kahlo es el ejemplo perfecto. Conocemos diferentes hechos sobre su existencia. Sabemos que era mexicana, que nació en 1907 y murió en 1954. Que sufrir de espina bífida, poliomielitis y un accidente con un tranvía, el cual le obligó a pasar un largo periodo convaleciente, afectaron decisivamente a su vida y, por tanto, a su obra. Sabemos que su pintura, influida por el surrealismo y el expresionismo, fue estéticamente una reivindicación de lo mexicano, en colores, iconos y temas, aunque exploró temáticas como el dolor, la imagen femenina o la sexualidad. Se casó con el también pintor Diego Rivera, con quien mantuvo una relación llena de altibajos, separaciones y reencuentros por las infidelidades cruzadas. Sabemos que conoció a personajes notables de su época, como André Breton, Henry Miller o Tina Modotti. Que vestía como si ella misma fuera un personaje de sus cuadros, a menudo autorretratos, con telas coloristas y atuendos populares.

También conocemos que Frida Kahlo fue una mujer muy vinculada con la política. Le gustaba retrasar la fecha de su nacimiento tres años para hacerla coincidir con el momento en que en México estalló la revolución. Fue en 1928 cuando ingresó en las filas del Partido Comunista, hecho que quedó reflejado en el mural de Rivera titulado *En el arsenal*, donde se la representa en el centro de la composición de la escena, ataviada con una camisa roja y repartiendo armas entre los trabajadores. En 1937 la pareja acoge en su casa a Leon Trotski, ya convertido en disidente de la URSS de Stalin. Durante la Segunda Guerra Mundial participa junto con su marido en mítines antifascistas para recaudar dinero destinado a ayudar a los soviéticos. Este compromiso explícito también se filtra en toda su obra, como en *Autorretrato de pie a lo largo de la frontera de México y Estados Unidos*, de carácter antimperialista; en *El marxismo dará salud a los enfermos*, de título bastante descriptivo; o en *Autorretrato con Stalin*, una de sus últimas obras.

El 4 de noviembre de 1952 la pintora escribe en su diario:

Hoy como nunca estoy acompañada. Desde hace 25 años soy un ser comunista. Sé los orígenes centrales. Se unen en raíces antiguas. He leído la Historia de mi país y de casi todos los pueblos. Conozco sus conflictos de clase y económicos. Comprendo claramente la dialéctica materialista de Marx, Engels, Lenin, Stalin y Mao Tsé. Los amo como a los pilares del nuevo mundo comunista. Ya comprendí el error de Trotski desde que llegó a México. Yo jamás fui trotskista. Pero en esa época, 1940 –yo era solamente aliada de Diego (personalmente) (error político)–, hay que tomar en cuenta que estuve enferma desde los seis años de edad y realmente muy poco de mi vida he gozado de salud y fui inútil al Partido. Ahora en 1953, después de 22 operaciones quirúrgicas me siento mejor y podré, de cuando en cuando, ayudar a mi Partido Comunista. Ya que no soy obrera, sí soy artesana y aliada incondicional del movimiento revolucionario comunista[5].

Es decir, parece un hecho constatable no sólo que la artista fue una mujer de un fuerte compromiso político explícito, sino

---

[5] F. Kahlo, *El diario de Frida Kahlo. Un íntimo autorretrato*, México, La Vaca Independiente, 2006.

que además este estuvo orientado claramente hacia las ideas revolucionarias.

Hoy Frida Kahlo es apreciada en círculos artísticos, pero su enorme popularidad actual no es debida directamente a su pintura, sino a haberse convertido en un icono descontextualizado que sirve para englobar unos valores tan amables como volátiles con los cuales no tuvo relación.

La pintora fue olvidada desde su muerte hasta finales de los años setenta, cuando empezó a ser recuperada en su país de origen pero también en EEUU a través del movimiento cultural chicano. En 1984 el Gobierno mexicano declara su obra patrimonio nacional. Es un año antes cuando un libro, la biografía escrita por la historiadora del arte Hayden Herrera, empieza a popularizar a la pintora entre el público norteamericano. A principios de la década siguiente, Herrera escribe un artículo en *The New York Times* enormemente significativo para comprender el proceso de vaciamiento, titulado «Por qué Frida Kahlo habla a los noventa».

Madonna, Isabella Rossellini y Cindy Crawford son fanes. Ella ha cautivado a todo el mundo, desde intelectuales que escriben disertaciones hasta muralistas chicanos, diseñadores de moda, feministas, artistas y homosexuales. Según Sassy, una revista para adolescentes, ella es una de las 20 mujeres de este siglo más admirada por las chicas estadounidenses [...] Se pueden comprar broches, pósteres, postales, camisetas, cómics y joyas de Frida Kahlo. Incluso objetos fetichistas como una máscara o un autorretrato enmarcado en el que se ha insertado un corazón sagrado de plata [...] Su extraordinaria popularidad en la última década tiene mucho que ver con el movimiento de las mujeres. Frida es, como dijo una artista, la mujer perfecta para nuestro tiempo [...] La pintora feminista Miriam Schapiro, que está trabajando en una serie de homenajes a Frida, lo expresa así «Frida es una artista feminista real en el sentido de que durante un periodo de la historia en que los modos aceptados eran ver la verdad a través de los ojos de los hombres, nos dio la verdad vista a través de los ojos de la mujer. Pintó el tipo de dolor que sufren las mujeres y tenía la capacidad tanto de ser femenina como de funcionar con una voluntad de hierro que asociamos con la masculinidad[6].

En este entresacado del artículo original encontramos ya a una artista glorificada, primero por las celebridades y luego por las mujeres de a pie. A una figura convertida en objeto de consumo y en algo importante, un símbolo para el feminismo. No obstante, algunas mujeres ya vieron algo extraño en esta maniobra de encumbramiento. Una lectora llamada Elizabeth Shackelford escribe al periódico un mes después para mostrar su perplejidad con el citado texto:

> El artículo de Hayden Herrera «Por qué Frida Kahlo habla a los noventa», que presenta a Kahlo como una diosa del movimiento feminista, es escandaloso. Todo el mundo está empeñado en hacer negocio de la vida de Frida Kahlo a través de la romantización de sus tragedias: el accidente que la paralizó en parte, su aborto involuntario, su obsesión de 25 años y el matrimonio con un cerdo.
>
> En el centro de todo el despliegue publicitario está la enorme determinación de adquirir algo en su propia confusión de dolor por amor, de desesperación por liberación, de debilidad por coraje. La vida de Frida Kahlo no fue liberadora. Su supuesto arte «ferozmente independiente» no la hace *portadora de antorchas*. Su lienzo era su alternativa a un diario, un lugar privado en el que podía verter sus pensamientos. Las imágenes que creó nacieron de una singular compulsión para ser vistas y entendidas por Diego Rivera, un misógino que no podía amarla a ella o a cualquier mujer. Esta preocupación se convirtió en la prisión para toda su vida y no la dejó ni espacio ni energía para ser una pionera.

[6] H. Herrera, «Why Frida Kahlo speaks to the 90's», *The New York Times,* edición digital, 28 de octubre de 1990 [http://www.nytimes.com/1990/10/28/arts/art-view-why-frida-kahlo-speaks-to-the-90-s.html?pagewanted=all].

Que la gente ame a Frida Kahlo y su arte es una cosa. Que ella esté siendo tratada como un modelo para las feministas es otra. La glorificación de sus tribulaciones mantiene vivo todo lo que debería ser aborrecible para la verdadera feminista. ¿Quién demonios querría ser como ella, y qué clase de vida era la suya? Si Frida Kahlo es una mujer de los años noventa, entonces a las mujeres nos espera un infierno de década[7].

La respuesta de esta lectora anónima de *The New York Times* es tan contundente como concluyente. Además de la propia transformación de la pintora en un lucrativo negocio, se alude a cómo ha habido una reinterpretación de hechos biográficos para que concuerden con las necesidades identitarias de la época, vaciándola primero de su historia personal, sus antecedentes y sus valores, para volver a llenarla con otros similares pero desactivados.

Es cierto que Frida Kahlo fue una mujer peculiar para su época, que rompió roles de género con su vestimenta o con la exposición orgullosa de su vello facial (algo también relacionado con cómo entendía el nacionalismo popular mexicano), que mantuvo relaciones sentimentales con otras mujeres (algo que no tiene por qué ser obligatoriamente feminista) y con otros hombres, a menudo como respuesta a los desmanes sexuales de su marido, que llegó incluso a serle infiel con su hermana. Es cierto, en definitiva, que Kahlo puede ser reinterpretada como una mujer que luchó contra algunos roles de su época, pero no lo es menos, como expresa la carta al director, que atendiendo a los hechos es muy difícil catalogar a la pintora como un modelo para el feminismo. De hecho, la propia Herrera, autora de su biografía canónica en EEUU, no cita en la edición de 1983 ni una sola vez la palabra feminismo. Es a través de esos seis años cuando se obra el milagro, cuando Frida Kahlo ha abandonado el olvido pagando el alto precio de dejar de ser quien era, para pasar a convertirse en un contenedor vacío, útil a un contexto donde ante la

---

[7] E. Shackelford, «Frida Kahlo; No Feminist», *The New york Times*, edición digital, 2 de diciembre de 1990 [http://www.nytimes.com/1990/12/02/arts/l-frida-kahlo-no-feminist-864890.html].

pérdida de identidades colectivas fuertes se buscan otras individuales, frágiles y a la carta. Por supuesto, en este proceso, su actividad política comunista, unida indefectiblemente a su vida y obra, fue eliminada por completo.

THERESA MAY, EL GIGANTE Y LOS EXTRATERRESTRES

El 4 de octubre de 2017 se celebra en Mánchester el Congreso anual del Partido Conservador del Reino Unido. La cita tiene una especial relevancia por la situación derivada tras el *brexit,* la salida del país de la Unión Europea. Su líder y primera ministra, Theresa May, se encuentra en una posición difícil por esta inusual desconexión, pero también por haber adelantado las elecciones a junio, con la intención de revalidar la mayoría *tory* y haber estado a punto de perderlas. Dentro de su gabinete, más que de tensiones, se habla ya de traición abierta por parte de Boris Johnson, el ministro de Exteriores, que pretende hacerse con los mandos de la derecha británica.

May se juega en el discurso de clausura del evento relanzar la imagen de los conservadores pero también la suya. A mitad de la intervención ocurre uno de esos hechos que desbaratan los planes previstos. Un humorista televisivo consigue burlar los férreos controles de seguridad y se camufla a unas pocas filas del estrado. Ante la sorpresa de todos se levanta y entrega a May un P45, un impreso oficial que se utiliza en los trámites de despido, diciendo que lo hace por orden de Boris Johnson.

La primera ministra sale del trance como puede, pero a partir de ahí pierde la concentración y se ve afectada por un terrible ataque de tos que la interrumpe en cada frase. El auditorio intenta maquillar la situación dedicándole una larga ovación en pie para intentar que se recupere. Para colmo el lema que preside la conferencia, *Construyendo un país que funciona para todos,* está mal anclado a la pared y un par de letras caen al suelo. La intervención es, efectivamente, un auténtico fracaso.

Sin embargo, nuestro interés para traer aquí este pasaje viene dado por algo que los fotógrafos captaron mientras May bebía agua para paliar su insistente tos, un brazalete que portaba en su muñeca derecha.

Una de las señas de identidad de la líder conservadora ha sido el cuidado que ha puesto siempre en elegir su vestuario, un detalle que la prensa destacó desde el principio y que fue criticado por el movimiento feminista al considerar que se estaba cosificando a la política por el hecho de ser mujer. Lo cierto es que desde una posición inversa también surgieron seguidoras de May que la consideraban un referente en cuanto a la estética. En esta polémica nadie pareció caer en la cuenta de que la primera ministra, como política profesional de larga trayectoria, es especialmente consciente de la importancia de la imagen pública en su trabajo, utilizando su vestuario como una herramienta más. Tanto es así que el brazalete que portaba en la conferencia conservadora contenía reproducciones de cuadros de la pintora de la que hemos hablado, Frida Kahlo.

El detalle no pasó inadvertido para la prensa ni para las redes sociales, generando artículos y polémica, pero en una dimensión reducida, o como mucho con la misma intensidad que el resto de anécdotas inesperadas de la cita conservadora en Mánchester. La pregunta parece obvia, ¿cómo es posible que una líder de derechas pueda lucir el retrato de un pintora que se declaró comunista?

La respuesta a esta cuestión así como el limitado impacto de la polémica se entienden por el fenómeno de vaciamiento y apropiación que hemos visto a propósito de la pintora mexicana. Tanto es así que, en los artículos dedicados al suceso, los autores se vieron en la necesidad de tener que demostrar el carácter comunista de Kahlo recurriendo a fuentes directas y bibliografía: cuando lo cierto requiere de adendas es que está empezando a dejar de serlo, o dicho de otra forma, los hechos no importan tanto como la potencia de sus reinterpretaciones.

Que May o sus asesores de imagen se atrevieran a tal grado de contradicción demuestra la dramática transformación de la Kahlo real a la Kahlo como objeto de consumo identitario, pero también algo crucial para el propósito de este libro: cómo la política contemporánea está llegando a un punto donde la distancia que separa la ideología aplicada de la que se pretende como percibida está deviniendo abismo.

Las crónicas más indulgentes con la primera ministra británica explicaron que May llevaba el brazalete con la efigie de Kahlo como símbolo de la superación de las dificultades, en el caso de la mexicana por sobreponerse a su accidente y en el de la inglesa por la difícil situación política que atravesaba en medio de la conferencia. Esta lectura de la relectura fue un intento de llenar un vacío de referentes que de otra manera resultarían incomprensibles una vez la contradicción devino polémica.

Pero si queremos ir más allá de estos ejercicios de relaciones públicas incrustados como periodismo, lo esencial es entender que May llevaba a la Frida Kahlo cosificada con la intención de apropiarse de sus características positivas volátiles, compartidas por casi cualquier persona, justo lo que en publicidad se conoce como elemento «no polarizante» y, por tanto, de gran valía para su promoción. El proceso de apropiación de valores suena casi chamánico, porque en el fondo la magia ritual e identitaria se parecen bastante.

De hecho el discurso de May, que pasó desapercibido, estaba lleno de palabras que a mitad del pasado siglo hubieran sido difíciles de oír en boca de un político conservador. La almendra de la intervención fue, por supuesto, la defensa a ultranza del libre mercado, pero envolviéndolo en conceptos como «revolución tranquila», «ruptura de la disparidad racial de oportunidades» o un «conservadurismo lleno de igualdad, justicia y oportunidades para todos»[8] para recalcar que «nunca permitirían a la izquierda pretender que tiene el monopolio de la compasión». Por supuesto May habló de la sociedad abierta y tolerante con los otros, «el hecho es que celebramos la diversidad y la diferencia». Todo esto, cabe recordar, en boca de una persona que desde su época de ministra de Interior destacó por sus políticas

---

[8] T. May, «Theresa May's Conservative conference speech, full text», *The Spectator*, edición digital, 4 de octubre de 2017 [https://blogs.spectator.co.uk/2017/10/theresa-mays-conservative-conference-speech-full-text/].

contra los inmigrantes, habiendo sido salpicada por diferentes escándalos referentes a deportaciones.

El lingüista George Lakoff explica en su libro *No pienses en un elefante* este proceso de giros y apropiaciones entre valores y palabras:

> Gracias al trabajo de sus *think tanks* intelectuales, de sus profesionales del lenguaje, de sus escritores, de sus agencias publicitarias y de sus especialistas en los medios, los conservadores han puesto en marcha una revolución en el pensamiento y en el lenguaje durante 30 o 40 años. Utilizando el lenguaje, han tildado a los liberales de elitistas decadentes [...] Al mismo tiempo, han calificado a los conservadores (cuyas políticas favorecen a la elite económica) de populares, utilizando una vez más el lenguaje, incluido el lenguaje corporal[9].

Al igual que existen dos Frida Kahlo, la real y el objeto de consumo, existen dos Theresa May, una quien es realmente, otra quien pretende ser, o mejor dicho, quien puede pretender ser gracias a unas identidades volubles y un lenguaje percibido como progresista pero enormemente consustancial al orden establecido. Quizá a los políticos, especialmente a los que trabajan para que todo siga dentro de los parámetros del orden capitalista, sí les interesa convertirse en objetos vacíos, rellenados con cualquier elemento agradable y vendidos en un mercado antes conocido como arena política.

Este nuevo paradigma va más allá de la promoción clásica del candidato que se llevaba a cabo en las campañas electorales. Si la divisa del político en el siglo XIX era su oratoria, en la segunda parte del siglo XX se hizo ineludible que además tuviera una buena imagen. La aparición de los medios de comunicación de masas, pero en especial de la televisión, destapó la necesidad no sólo de hablar bien sino de quedar bien ante las cámaras. El debate entre Nixon y Kennedy de septiembre de

---

[9] G. Lakoff, *No pienses en un elefante,* Madrid, Editorial Complutense, 2007, p. 69.

1960 se considera el momento inicial de esta nueva potencia de la imagen. Al parecer, mientras que el candidato demócrata cuidó su aspecto, el republicano no quiso maquillarse, lo que, unido a su apreciable sudoración, dio a la audiencia la impresión de que no sólo la diferencia de edad era mayor entre ambos (tan sólo se llevaban cuatro años), sino de que Kennedy era mucho más atractivo como presidente que Nixon. Quizá exista un mito en torno a este episodio, ya que realmente sólo hubo una encuesta que analizó la diferencia entre los votantes que habían seguido el programa por televisión o a través de la radio, pero lo que es seguro es que a partir de este debate ya nada fue como había sido.

A pesar de todo, lo que no se debería obviar es que en aquel cara a cara entre Nixon y Kennedy sí se habló de política explícita, evidentemente con eufemismos, medias verdades y recurriendo a un arsenal de trucos de oratoria, pero sin que ninguno fuera más allá de los límites de su identidad real. El brazalete de May o el presidente francés, Emmanuel Macron, presenciando un desfile militar al ritmo de Daft Punk (un grupo de techno pop galo) está en otro nivel que va mucho más allá del mero trabajo de imagen, es decir, aprovechar y destacar las cualidades visuales inherentes en un político para lograr que su mensaje sea más exitoso. Ya no se trata tan sólo de que la política haya tornado en objeto de consumo, sino que además utiliza el vacío de significados como moneda en su transacción comercial.

Barack Obama fue, quizá, uno de los primeros ejemplos a gran escala de esta objetivación, de este abismo creciente entre realidades y deseos, de esta brecha entre la identidad factual y construida. Además del constante espectáculo al que se sometió gustosamente durante sus dos legislaturas, su imagen quedará unida al cartel de su primera elección en 2008, aquel en el que aparecía su rostro, a modo de plantilla de arte callejero sobre tres colores planos, con la palabra *hope* o *change* bajo su efigie.

El póster fue un éxito, viralizándose en las entonces novedosas redes sociales y trascendiendo a la propia campaña para convertirse en un referente visual, siendo adquirido por el Instituto Smithsoniano para la Galería Nacional de Retratos, un museo ubicado en Washington donde se exponen obras de arte de singular factura en las que aparecen norteamericanos ilustres.

Si bien el cartel fue aprobado por el equipo de campaña de Obama no fue un encargo directo, sino realizado por un artista llamado Shepard Fairey de forma aparentemente desinteresada.

Fairey era conocido hasta entonces por su serie *Obey*, de 1989, en la que utilizaba una foto retocada de André el Gigante, un luchador de *wrestling* de los setenta, con la palabra obedece bajo el mismo. La obra, reproducida en miles de pegatinas que se distribuyeron sobre todo en entornos juveniles como pistas de monopatín, tomó su inspiración de la película de John Carpenter, *Están vivos*, donde unos extraterrestres que han adoptado forma humana toman el control de la Tierra infiltrándose en puestos de importancia institucionales y económicos. En la película, una divertida alegoría anticapitalista, aparecen mensajes subliminales en medios de comunicación y vallas publicitarias que sólo son visibles con unas gafas especiales en poder de la resistencia. Esos mensajes ocultos son expresiones como: «obedece», «consume», «el dinero es tu dios» o «confórmate y no pienses».

El Gigante *Obey* de Fairey, por el contrario, tenía un mensaje ambiguo en el que se descontextualizaba un referente y se le daba un nuevo significado poco claro. Algo completamente posmoderno. De hecho, más que arte, se podría pensar que de lo que se trataba era de una campaña publicitaria donde no se anunciaba nada, más allá de la obra en sí misma y por tanto a su propio autor.

Si el arte con fines de propaganda política tenía como intención difundir una idea, Fairey realizaba un arte propagandístico ensimismado, quedándose con su poderosa estética pero despreciando su fondo. El artista utilizó posteriormente todo tipo de motivos estéticos del arte político, desde el constructivismo y realismo soviético hasta elementos y fotografías de los Panteras Negras o el Viet Cong, a los que añadía mensajes insustanciales.

En un giro paradójico casi mareante, el arte político vaciado y descontextualizado por Fairey, volvía a la política de la mano del cartel *Hope* con Obama. Volvía a un mundo donde la política era ya una muy diferente de la que había inspirado los carteles originales, donde no se creaba una representación artística inspirada por sus figuras e ideas, sino que eran esas figuras carentes de ideas (o ideas confesables) las que necesitaban un arte vacío que les proporcionara una identidad con la que llenarse. Al final, la ficción de Carpenter se volvió una realidad, salvo que esta vez no eran extraterrestres los que controlaban nuestra vida cotidiana con mensajes subliminales, sino nosotros mismos los que colaboramos gustosos para difundir un cambio y una esperanza que tuvieron de libertad tanto como las antorchas que las feministas creyeron haber encendido para regocijo de la industria tabacalera.

II

LAS RUINAS DE LA MODERNIDAD

El Pruitt-Igoe fue un complejo residencial situado en San Luis, Misuri, EEUU. Fue ideado por el arquitecto japonés Minoru Yamasaki en 1950, siguiendo las directrices del Congreso Internacional de Arquitectura Moderna con la intención de convertirse en modelo de ciudad racional, ejemplo de ordenación urbana, planificación y progreso. La Administración pública estadounidense fue la impulsora del proyecto; detrás estaba la necesidad acuciante de reformar los barrios deprimidos que aún conformaban un gran porcentaje del plano de las ciudades del país.

La construcción, sin embargo, no fue llevada a cabo como estaba previsto, ya que la Guerra de Corea obligó a recortar presupuesto y de las casas de pequeña y mediana altura pensadas se pasó a 33 bloques únicos de 11 plantas. A pesar del inconveniente, las viviendas eran mucho más habitables que las que existían en el antiguo barrio, construidas en el siglo XIX, muchas de ellas sin sanitarios individuales, sin zonas comunes y colocadas en un trazado de calles sinuosas y estrechas, creando un hábitat insalubre, una estampa casi dickensiana.

El Pruitt-Igoe se encontró también, si no con otro inconveniente, sí con una novedad imprevista: el fin de la segregación racial por ley en 1956. La urbanización, pensada en principio con dos partes diferenciadas para negros y blancos, fue ocupada en su mayoría por población afroamericana, ya que los anglosajones, incapaces de aceptar la nueva igualdad y disponiendo de más renta, se trasladaron a los barrios residenciales de casas unifamiliares de las afueras de la ciudad.

El resultado fue que, a finales de los sesenta, con apenas 15 años de uso, lo que había sido un intento por acabar con un gueto se había convertido en otro. La zona no alcanzó nunca el 60 por 100 de ocupación, sufría unos altos índices de criminalidad y una gran parte de los apartamentos había sido vandalizada. Por el contrario, los vecinos que quedaban estaban organizados y contaban con unos fuertes lazos comunitarios, vinculándose para mejorar su entorno, construyendo parques y jardines que, aun previstos, nunca llegaron a realizarse oficialmente. Tanto las personas como el proyecto sufrieron unas condiciones de las que no eran responsables. Aun así, la lectura que se hizo por parte de la Administración fue que el Pruitt-Igoe había fracasado como modelo de vivienda pública en sí mismo. Por lo que fue sentenciado.

El 16 de marzo de 1972, a las tres de la tarde, un operario accionó un conmutador que detonó los explosivos colocados estratégicamente en los cimientos de las viviendas. Los bloques de viviendas se derrumbaron con gran estruendo, pero también con un dinamismo asombroso, como una destrucción coreografiada que elevó apenas una nube de polvo que tapó el montón de ruinas como el telón final de una función de teatro. Las cámaras de televisión que se dieron cita para retransmitir el evento recogieron el fin de la modernidad.

Al menos así lo pensó Charles Jencks, un arquitecto y paisajista británico, cuando eligió esta fecha de forma metafórica (realmente él la sitúa el 15 de julio de 1972, al finalizar la primera fase de los derribos) para dar por terminada la etapa de preeminencia de la arquitectura moderna. Según el criterio de Jencks, esta escuela y sus teóricos, como Le Corbusier o Van der Rohe, no pensaban en la gente cuando proyectaban sus edificios, sino en el ser humano. Aunque la diferencia parece escasa, la intención era dejar clara la inutilidad del proyecto universalista de la arquitectura moderna, es decir, un método de trabajo que pretendía, mediante la racionalidad y los avances técnicos, lograr entornos más habitables y funcionales en cualquier situación y contexto. Para el británico esto era un anatema, ya que no se prestaba atención a lo vernáculo, a la especificidad de la gente, efectivamente, a la diversidad. Construir para el ser humano era construir para todos y eso era ir demasiado lejos. El libro de

Jencks donde hizo estas tajantes afirmaciones se titulaba *El lenguaje de la arquitectura posmoderna*. Muy posiblemente, la mayoría de lectores tras estos párrafos se sitúe al lado de las posiciones de Jencks. Bajo nuestra mentalidad actual no concebimos que algo pueda ser válido, cierto o aplicable en todo momento y lugar, sino que son necesarios innumerables matices para que una idea pueda ser puesta en práctica. Si además es el Estado, lo público, quien está detrás de la iniciativa, vendrán a nuestra mente palabras como imposición, liberticidio o pesadilla burocrática. Nada es casual, ya que pensamos como podemos más que como queremos, mezclando nuestra experiencia directa con el sentido común dominante, en nuestro caso el del posmodernismo. Pero, como insistimos en el capítulo anterior, nada es lo que parece, al menos en esta historia, en estas páginas.

Otro personaje que mostró públicamente su desagrado con la arquitectura moderna, como Charles Jencks, fue el príncipe Carlos de Inglaterra, ya que afirmó[1] en 1987 que la reconstrucción de Londres en la posguerra fue más dañina que los bombardeos de la Luftwaffe. Y dentro de su lógica tenía razón. Como príncipe era noble, como noble su ideal era el clasicismo, es decir, la repetición de los ideales de la Antigüedad como máximo exponente de orden y belleza. Los suntuosos jardines y la ornamentación de los palacios resultan agradables y convenientes para alguien de su posición; por el contrario, planificar la ciudad mediante un método para organizar el desbarajuste de viviendas insalubres en las que se hacinaba el proletariado, una agresión a las tradiciones nacionales. La modernidad atentaba contra su mundo, ese en el que el orden era el que siempre había sido, no el que se pretendía que pudiera ser, ese donde las diferencias eran claras y rotundas entre la amable campiña inglesa, la ciudad para la gente pudiente y el resto.

---

[1] J. Glancey, «Life after carbuncles», *The Guardian,* edición digital, 17 de mayo de 2004 [https://www.theguardian.com/artanddesign/2004/may/17/architecture.regeneration].

En 1972, el mismo año de la voladura del Pruitt-Igoe, apareció también un manifiesto arquitectónico y urbanístico titulado *Learning from Las Vegas (Aprendiendo de Las Vegas)*, escrito por Robert Venturi y sus colaboradores, en el que se situaba a la capital de los casinos de Nevada como ejemplo de diversidad, imaginación, dinamismo e iniciativa frente a la homogénea imposición de la construcción moderna, a la cual atribuían que había podido ser progresista e incluso revolucionaria, pero también utópica y ortodoxa, descontenta siempre con las condiciones existentes. Para Venturi el camino debía ser justo el inverso, ya que el carácter comercial de Las Vegas había motivado al arquitecto a seguir un punto de vista positivo, no paternalista, tomando lo existente no como algo que juzgar o cambiar sino como una oportunidad para adaptar, no imponer, su disciplina. Asimismo, eximían a los arquitectos de responsabilidades morales respecto a los intereses que estaban detrás de la ciudad del juego, ya que creían que no era competencia suya. Se pasaba así del deber ser al ser, de la potencialidad arrogante a la abnegación satisfecha; o dicho de otro modo, en vez de utilizar la arquitectura como una cuña para moldear la sociedad se aceptaba que las necesidades propuestas por el mercado fueran su guía impulsora, todo su horizonte.

Pero, ¿por qué hablar de arquitectura? ¿Qué relación tiene todo esto con el viaje que iniciamos en el capítulo anterior, ese que nos llevó a esbozar cómo la política se había convertido en un objeto de consumo?

La arquitectura es un indicador preciso de la capacidad de influencia del pensamiento dominante en su presente, de las corrientes que se le oponen, de quién ostenta el poder político y, como hemos visto, también de la creciente influencia de eso llamado mercados. A través de la historia de la arquitectura y el urbanismo se pueden observar las crisis económicas, las clases sociales y sus relaciones de poder, de la misma forma que vemos las etapas geológicas en un talud que corta un terreno.

Por ejemplo, en la transformación de París impulsada por Haussmann de 1852 a 1870 se halla contenido el desplazamiento de la nobleza como clase dirigente por la burguesía, pero también el miedo de los nuevos jefes a la insurrección del naciente proletariado. Las amplias avenidas tenían como intención favorecer el comercio, pese a ser un atentado contra la sensibilidad ornamental de aquellos que se llamaron aristócratas. Pero también, por su ancho, dificultaban la construcción de barricadas anticipando una posible insurrección. La arquitectura, en definitiva, acaba haciendo de las necesidades de clase una piedra angular, dejándonos un testimonio edificado de nuestra historia.

Que asistamos, en nuestro presente, a la desactivación de la política es algo estrechamente ligado con el fin del modernismo y la llegada del posmodernismo. Esa corriente que anunció su advenimiento tras la voladura del Pruitt-Igoe, que proponía cambiar el centro de gravedad de lo arquitectónico del Karl Marx-Hof en Viena al Bellagio de Las Vegas, que del arrojo de la voluntad de cambio pasó a la cómoda excusa del ensimismamiento. Y todo sin sonrojarse.

La modernidad. Una nueva esperanza

Pero antes de llegar a ese punto estaría bien saber de qué hablamos cuando nos referimos a modernidad y posmodernidad. A modo de introducción apresurada podemos afirmar que con modernidad y posmodernidad no nos referimos a periodos históricos propiamente dichos, sino más bien al reflejo del pensamiento dominante de un periodo que vuelve al mismo para darle un carácter unificado. Tampoco hablamos de ideologías estructuradas, sino lo que define el momento general donde esas ideologías se desarrollan. Modernidad y posmodernidad son el espíritu de época, o si se prefiere un término menos paranormal, el conjunto de actitudes, formas, modos, prejuicios, miedos y esperanzas que parten de la estructura económica de una sociedad y vuelven a ella para definirla, desde sus expresiones artísticas hasta sus modos de hacer política, desde la forma de narrar las historias hasta el método elegido para contarlas, desde cómo percibimos nuestras capacidades hasta qué fines queremos alcanzar con ellas.

Las épocas históricas se acotan por la dominancia de una forma de producción. El inicio y fin de esas épocas coinciden con el punto de partida y cese de un determinado modelo de las relaciones entre las clases sociales en función de su papel en el proceso productivo. Que se pase de la Edad Media al Renacimiento, por ejemplo, no tiene que ver con un cambio de mentalidad súbito que surge de un día para otro en las mentes de los grandes hombres gracias a su genio particular. La transformación de los sistemas feudales en economías capitalistas comerciales es lo que provocará que nazca una nueva clase social, la burguesía. Ese cambio en la estructura económica es lo que permitirá también el surgimiento de los Estados unificados en sustitución de los reinos, de la Administración pública y de una moneda común respecto a un territorio, todo con el objetivo de facilitar las relaciones comerciales. Del rey como encarnación máxima se pasará a la nación, como comunidad imaginada que proporcione identidad tanto a la nueva maquinaria administrativa como a sus administrados. La necesidad de encontrar nuevas rutas comerciales desarrollará la ciencia y la técnica, dando mejores barcos e instrumentos de navegación más precisos, llegarán así los grandes descubrimientos y con ellos nuevos imperios no vistos desde la Antigüedad.

Todos estos cambios en lo económico, en la estructura de la sociedad, darán espacio para una nueva mentalidad, que desplazará a Dios como centro omnipotente de todo y volverá a situar el ser humano como medida de las cosas. Surgirá la Reforma protestante, se mirará al cielo más que con piedad con telescopios y el canon clásico, que pasó de Grecia a Roma y de ahí a la custodia en conventos y abadías, replicado manualmente por aplicados monjes, podrá ser difundido a un nivel inédito gracias a la imprenta. Para que Cervantes escribiera el *Quijote* o Velázquez pintara *Las Meninas* hicieron falta, sin duda, sus genios personales, pero también todo un nuevo contexto, un nuevo espíritu de época, que lo propiciara.

Esta acumulación de cambios da, a partir de mitad del siglo XVIII, la posibilidad de que la modernidad, hasta entonces existente pero dispersa, se acabe transformando en un proyecto llamado Ilustración. Los ilustrados empiezan a manejar dos ideas fundamentales, la primera, según Habermas es que el pensamiento está destinado a «desarrollar la ciencia objetiva, la moral y la ley universales y el arte autónomo, de acuerdo con su lógica interna»[2], la segunda es que ese pensamiento debía ponerse al servicio de la emancipación humana. Es decir, en primer lugar, que el conocimiento, limitado hasta entonces por las reglas de la religión, la tradición y en el mejor de los casos por el canon clásico, tenía que regirse por unas reglas internas y válidas universalmente. En segundo lugar, que más allá de sí mismo y de sus aplicaciones concretas, el conocimiento tenía un objetivo prioritario: mejorar la vida del ser humano. De esta forma la modernidad encarnada en el proyecto de la Ilustración planteó por primera vez la concepción del progreso, es decir, la idea de que las cosas no tenían que ser como habían sido siempre, sino de que la voluntad humana podría mejorarlas.

Según David Harvey, este proyecto

consideraba axiomático que existía una sola respuesta posible para cualquier problema. De allí se deducía que el mundo podía ser controlado y ordenado racionalmente si teníamos la capacidad de describirlo y representarlo con precisión. Pero esto suponía que existía una sola forma de representación correcta que, en el caso de poder descubrirla (y sobre esto giraban los esfuerzos científicos y matemáticos), nos proporcionaría los medios para alcanzar los fines de la Ilustración[3].

Lo realmente novedoso que aportó la noción de progreso fue que por primera vez se empezó a pensar en términos de cambio, que si bien existían innumerables problemas a los que se enfrentaba el ser humano, este podía salir victorioso ya que existía la posibilidad, el método, de encontrar una serie de soluciones únicas y universales a los mismos. Fueron precisamente estas

[2] D. Harvey, *La condición de la posmodernidad*, Buenos Aires, Amorrortu, 2008, p. 27.
[3] *Ibid.*, p. 44.

premisas, este nuevo espíritu de época, lo que dio pie a la Declaración de Independencia de Estados Unidos en 1776 y a la Revolución francesa en 1789, acontecimientos fundacionales de nuestra contemporaneidad. De lo eterno de Dios y lo inmutable del clasicismo se pasó a pensar que el mundo cambiaba, pero sobre todo que podía ser cambiado. Para que esta renovación se llevara a cabo hacía falta una pulsión creadora, pero también una destructora. Ya no bastaba sólo con avanzar, sino que para lograr el progreso era indispensable cortar las amarras con lo anterior. Artistas, pintores, músicos, políticos, filósofos y escritores se ven imbuidos en un contexto que no sólo les permite innovar, sino que casi se lo exige, que les da la facultad de crear un mundo nuevo. Saint-Simon, citado por Harvey, resume bien este optimismo moderno: «somos nosotros, los artistas, los que les serviremos de vanguardia. ¡Qué destino más bello para las artes que el de ejercer sobre la sociedad un poder positivo, tener una función verdaderamente sacerdotal y marchar enérgicamente a la vanguardia de todas las facultades intelectuales en la época de su mayor desarrollo!»[4].

La Revolución industrial es el cambio material definitivo que desde mitad del siglo XVIII permite a la burguesía pasar de ser una clase emergente a una clase dirigente, que da pie a consolidar sus revoluciones y abolir el poder efectivo de la nobleza. Fue el suelo sobre el que se asentó el sentimiento de la modernidad. Esta espiral de transformaciones libra sus batallas en el primer tercio de siglo XIX, dando como vencedor al liberalismo sobre el absolutismo, permitiendo al constitucionalismo, a la idea de derechos reglados, al concepto de ciudadanía y al parlamentarismo extenderse por todo el continente. Antiguos imperios como el español se hunden, nuevos, como el británico, se encaminan a su auge.

La nueva clase dirigente burguesa, ya asentada a mitad del XIX, puede incluso llegar a componendas con las monarquías que han resistido la ola revolucionaria: no importa tanto quién repre-

---

[4] *Ibid.*, p. 35.

senta el poder como quién lo tiene realmente. La idea de progreso, total e imparable, una vez alcanzada la cúspide deja de ser cómoda para sus nuevos y acaudalados moradores y se desplaza de lo político a lo económico. A partir de entonces, el liberalismo pasa de ser una ideología de cambio a una de conservación. Son los negocios los que han de progresar, no los derechos. La demografía europea, prácticamente estable de 1500 a 1800, se dispara. Surge una nueva clase social, indispensable para el funcionamiento del capitalismo industrial, el proletariado, aquellos que sólo tienen su fuerza de trabajo en un mundo en constante transformación. Para 1850 es evidente que los principios rectores de la Ilustración, aquellos que traerían el desarrollo por medio de la razón y la ruptura de las antiguas cadenas feudales, han cumplido sus objetivos de una forma muy parcial. Si bien han transformado la sociedad no lo han hecho de forma benéfica para todas las personas. Todos han pasado de súbditos a ciudadanos, pero algunos, la mayoría de hecho, portan ahora unas nuevas cadenas.

Sin embargo, la modernidad seguía ahí y su aliento para inspirar el cambio iba a ser aprovechado por esta nueva clase emergente. El movimiento obrero y el socialismo son tan producto de la modernidad como el poder burgués y su liberalismo. La diferencia es que mientras que el liberalismo, ya conservador, es la Ilustración hecha hipocresía, el movimiento obrero provoca una conmoción en la anquilosada Ilustración al introducir la, hasta entonces, inédita dimensión de clase. No basta sólo la idea de progreso si ese progreso no es igual para todos.

Es con Marx y Engels cuando el proyecto de la modernidad es capaz realmente de situarse en la historia, de explicarse a sí mismo y a sus etapas antecedentes, de convertirse en una herramienta de progreso total. En 1871, de nuevo en París, tiene lugar la Comuna, la primera insurrección obrera de la historia. Cuando los que sólo tenían su fuerza de trabajo se dieron cuenta de que eran ellos quienes movían el mundo ganaron algo indispensable, conciencia de sí mismos, conciencia de su identidad. El futuro parecía suyo, la modernidad había encontrado un nuevo horizonte al que dirigirse.

La modernidad. Auge y caída

Si existe una época de esplendor de la modernidad ese es el primer tercio del siglo XX. Cuando decimos esplendor no nos referimos, obligatoriamente, a algo positivo, sino al auge que las características que definían a este espíritu de época tuvieron en ese periodo.

Todo podía ser cuestionado, todo podía ser replanteado, permanentemente. Lo cual trajo unas posibilidades inéditas para las ideologías que buscaban un cambio, pero también una sensación permanente de que había pocas cosas seguras a las que agarrarse, una angustia ante la indeterminación.

Los artistas pasaron de celebrar las nuevas posibilidades que brindaba la nueva época a convertir el arte en un proyecto de combate para epatar a la sociedad. Si la permanencia ya no era un valor no tenía sentido seguir ningún canon, repetir las normas que hasta entonces habían buscado la armonía y la belleza. Las vanguardias son un fogonazo cegador pero dirigido, una explosión con sentido y dirección, una iconoclastia con motivo. Había que conmover a la sociedad y advertirla de los fantasmas que la acosaban.

El taylorismo, la organización de la producción industrial para aprovechar al máximo los recursos y obtener los máximos beneficios, fue adoptado por Ford, el industrial automovilístico. El método de la modernidad era la esclavitud de *Tiempos modernos* de Chaplin, pero también aquello que permitía a los obreros consumir aquello que fabricaban, algo que parecía progreso social pero que anticipaba un nuevo tipo de sociedad, donde los obreros trabajarían en las fábricas pero también fuera de ellas consumiendo. Edward Bernays anda en estos momentos elaborando sus métodos de ingeniería social, las antorchas de la libertad se encienden.

La modernidad se extiende por el mundo en su faceta más cruda y despiadada. El imperialismo, es decir, el movimiento de las economías capitalistas de los países europeos para acaparar las materias primas y los recursos y así mantener en funcionamiento sus gigantescas maquinarias industriales, se encuentra en su cénit, ocupando medio mundo e imponiendo sus cambios a las poblaciones locales sin conmiseración. La civilización se exporta bajo la casaca roja y el bayonetazo. La Primera Guerra Mundial es consecuencia directa de este afán de crecimiento y expansión. Tu imperio llega hasta las puertas del siguiente. La contienda, la guerra que acabaría con todas las guerras, se cobra la vida de 20 millones de personas: hemos aprendido a matar industrialmente y aquello que parecía un proyecto que traería el desarrollo social mediante la razón llena de gas las trincheras del Somme y Verdún. Pero también hace tambalear al orden establecido. En 1917, Rusia pasa del absolutismo a la vanguardia de la modernidad, siendo artífice de la primera revolución triunfante hecha por los obreros. Aquella clase social nacida en los telares de Mánchester impulsados por la razón del vapor, apenas siglo y medio después, reclama ya su sitio en la historia. El socialismo ha venido para quedarse, la proclama marxista, modernidad pura, de que la filosofía además de interpretar la historia, puede cambiarla, se ha hecho realidad.

La burguesía, temerosa de que el virus rojo se extienda, deja a un lado la coartada civilizatoria del liberalismo y lo despoja de sus ropajes de derechos y libertades. Financia al fascismo, lo arma, le da cobertura legal y legitimidad electoral. La primera batalla contra la idea de república, pero sobre todo contra el movimiento obrero, se da en España. Y aquí sucede un hecho sin precedentes. Miles de personas de todo el mundo, organizadas por la Internacional Comunista, acuden en auxilio de sus hermanos de clase, porque entienden que los une una nueva identidad por encima de naciones o religiones. El espíritu de la modernidad, expresado en el proyecto socialista, ha creado ya un nuevo horizonte en la mente de millones de personas en todo el mundo. No están dispuestas a renunciar a él.

El fascismo ha frenado la revolución en gran parte de Europa, pero a cambio se ha vuelto algo incontrolable. Lo que parecía una situación eventual para mantener el orden reclama un nuevo orden. La unidad del destino nacional agrupa a todos los ciudadanos, pero sus diferencias de clase se respetan: el monstruo recuerda cuál fue la mano que le dio de comer. Llega la Segunda Guerra Mundial. Esta vez perdieron la vida entre 70 y 83 millones de personas. El racismo victoriano, coartada para la extensión civilizatoria de los imperios del siglo XIX, es hoy una ideología de Estado, una técnica precisa. Holocausto, se intenta eliminar al pueblo judío. Las bombas de Hiroshima y Nagasaki, la razón del átomo, ponen fin en el Pacífico al último tramo de la contienda y sirven de advertencia a los soviéticos. Tras la guerra la modernidad es ya institución. El arte se refugia en el expresionismo abstracto, bandera del avance estadounidense, porque se ve incapaz no ya de cuestionar, sino de proponer un camino al que dirigirse. En Europa, uno de los escenarios del desastre, hace falta una reconstrucción, literal, desde los cimientos, pero también planificar sus sociedades para que fueran más atractivas que la URSS, verdadera artífice de la victoria sobre los nazis y faro al que muchos trabajadores miraban con respeto. David Harvey explica cuál fue el papel de la idea de modernidad en este proceso:

> Si el capitalismo quería dar solución a los dilemas del desarrollo de posguerra y de la estabilización económico-política, era necesario introducir cierta planificación e industrialización en las empresas de la construcción a gran escala, así como explorar las técnicas para el transporte de alta velocidad y el desarrollo acorde con la densidad de población. En muchos de estos aspectos, el alto modernismo tuvo grandes resultados[5].

A finales de los sesenta, en cambio, la modernidad, como ideario general de la sociedad, hace agua. Una nueva generación parece empezar a pensar en términos diferentes a lo que hasta entonces habían sido las pautas de este periodo. Las preocupaciones se centran en la lucha contra la burocracia estatal, la exploración de la individualidad, el rechazo de Occidente como referencia, la pluralidad filosófica, la diversidad ideológica. La ola revolucionaria de 1968, una conmoción que pasa por luga-

---

[5] *Ibid.*, p. 53.

res tan distantes como París, Praga, Tokio, Ciudad de México o Chicago, fracasa en sus aspiraciones de lograr un nuevo mundo que vaya más allá de una subida de sueldo o más días de vacaciones. Pero deja la semilla de algo con lo que empezamos este capítulo: la llegada del posmodernismo.

POSMODERNISMO. EL GRAN ARREPENTIMIENTO

En este universo de túneles sobre el que estas páginas se construyen volvamos de nuevo al filo de nuestro presente. Usted pone un día la televisión, tras un periplo inacabable por las decenas de canales disponibles no encuentra nada de su agrado. Decide entonces abrir una plataforma de contenidos a la carta, que le recomienda, según sus gustos y especificidades desentrañados por un algoritmo programado a tal propósito, una serie de dibujos animados para adultos. La protagoniza un caballo antropomorfo llamado BoJack, una exestrella de la televisión de los noventa que intenta volver a ser famoso vendiendo su autobiografía. El protagonista, repetimos, es un caballo humanizado con problemas de alcohol y drogas que pasa la mayor parte del tiempo manteniendo diálogos ocurrentes que se resuelven con sentencias como esta: «¡Me gusta! No he hecho nada malo porque no puedo hacer nada malo porque todos somos simples productos de nuestro entorno, que vamos rebotando por ahí como canicas en el juego de los hipopótamos tragabolas que es nuestro universo cruel y azaroso»[6].

La posmodernidad es esto. Es la aceptación del mundo fragmentario e inasible de la modernidad, que lejos de enfrentarse, se celebra con una mueca de inteligente desencanto. Es la ausencia de reglas, de un caos ordenado en el que solamente parece que mediante la ironía y el descreimiento podemos fingir algo

---

[6] M. Medina, «¿Un caballo enganchado al caballo? Vuelve la serie *BoJack Horseman* a Netflix», *El Confidencial,* edición digital, 30 de junio de 2016 [https://blogs.elconfidencial.com/cultura/series/chanquete-ha-muerto/2016-06-30/estreno-tercera-temporada-bojack-horseman_1222907/].

de comprensión. Es la vida ya completamente entregada a lo profesional, donde no hay mayor aventura que la caída en desgracia o la reinvención para ser exitosos. Es la rapidez textual y la conversación quebrada, donde la única muestra de inteligencia es esgrimir un cinismo estridente que nos libre de mostrar predilección o postura, ¿para qué elegir algo en concreto cuando podemos ser todo y nada constantemente? La posmodernidad son los textos superpuestos, donde una serie de televisión real habla de una estrella de una serie de televisión ficticia que a la vez es un trasunto del cruel juego de Hollywood. La posmodernidad es la estupefacción y la angustia hechas virtud y estado, es la ausencia total de lugares hacia donde dirigirse.

Pero hasta llegar a nuestro actual espíritu de época la posmodernidad fue otras muchas cosas y si bien nunca tuvo horizontes y objetivos –ya que hubiera sido contrario a su carácter– sí al menos presumió de reacción a los horrores que la modernidad nos dejó en el siglo XX.

Ya en 1944, Adorno y Horkheimer escribieron *Dialéctica de la Ilustración,* un libro que trataba de cuestionarse cómo era posible que el proyecto de las luces hubiera acabado en tanta oscuridad. Los intelectuales de la Escuela de Frankfurt llegaron a la conclusión – en líneas muy generales– de que en las sociedades modernas el uso de la razón era condición previa al uso de la autoridad, pero que cuando esta razón trascendía el plano de lo filosófico y pretendía organizar mediante un sistema cerrado de ideas una sociedad que le sobrepasaba en complejidad surgía el totalitarismo. El interés de la obra, más allá de su contenido filosófico, es ver que en la Europa de posguerra ya estaba presente el cuestionamiento del proyecto de la Ilustración, del camino de la propia modernidad. Sin embargo, los autores no pensaban que el proyecto de la Ilustración condujera inexorablemente hacia el desastre, sino que intentaban averiguar las causas del mismo para prevenirlo.

El posmodernismo, por el contrario, comienza más como arrepentimiento que como sentido común, como una forma de distanciamiento de lo pautado, de empezar de nuevo algo que tras las bombas nucleares y los campos de concentración parecía irreparable. En sus inicios la corriente tuvo, por otra parte, una lógica sensación de desapego a un pasado que era aún muy reciente. Además, el proyecto del socialismo real en la Europa del Este, con sus enormes contradicciones, había dejado de interesar a las jóvenes generaciones de intelectuales de clase media. Cuando la revolución se había hecho Estado y este había asumido sus funciones benéficas pero también represoras, difícilmente podía casar con unos presupuestos teóricos de pretensión rebelde.

Sería interesante antes de seguir recurrir a la definición que Terry Eagleton da de posmodernismo, por su enorme valor sintético:

> Por «posmodernismo» entiendo, en términos generales, el movimiento de pensamiento contemporáneo que rechaza las totalidades, los valores universales, las grandes narraciones históricas, los fundamentos sólidos de la existencia humana y la posibilidad de conocimiento objetivo. El posmodernismo es escéptico ante la verdad, la unidad y el progreso, se opone a lo que se entiende que es elitismo en la cultura, tiende hacia el relativismo cultural y celebra el pluralismo, la discontinuidad y la heterogeneidad[7].

La definición, además de precisa, nos indica el carácter contrapuesto del posmodernismo ya que invirtiendo los términos llegaríamos a una buena definición de modernidad. Esto nos afirma en la percepción de huida hacia adelante escasamente original de este movimiento, animado más por la negación de lo moderno que por la construcción de un nuevo ideario.

Si respecto de la modernidad, primero como espíritu de época, es decir, qué se trata en sociedad y cómo se trata, y después del modernismo, ya como proyecto de intenciones generales, explicamos que surgió de un contexto material de cambios, del posmodernismo podemos decir que operó de manera inversa: primero surgió como un proyecto académico anticipatorio para después hacerse sentido común. ¿Es, por tanto, el posmodernismo una profecía autocumplida? Si así lo fuera podríamos

---

7 T. Eagleton, *Después de la teoría*, Barcelona, Debate, 2005, p. 229.

hablar de la increíble preclaridad de sus teóricos. O preguntarnos si hubo algún otro poderoso actor interesado en aprovechar el arrepentimiento posmoderno en beneficio de sus intereses. Pero no adelantemos acontecimientos. Sin embargo, algunos críticos de la posmodernidad sí opinan que debajo de la misma hubo una transformación material de peso. Fredric Jameson, observando los trabajos de Ernest Mandel al respecto de los cambios en la producción que se empezaron a dar a finales de los setenta, dedujo que «la posmodernidad deja de ser una mera ruptura estética o un cambio epistemológico para convertirse en señal cultural de un nuevo estado de la historia del modo de producción dominante»[8]. El posmodernismo se considera así la lógica cultural del capitalismo tardío, una etapa donde lo financiero ha sustituido a lo productivo, el sector servicios al sector industrial y los flujos de dinero se alzan por encima de las fronteras nacionales.

Por el contrario, cuando Jean-François Lyotard, uno de los autores posmodernos de referencia, escribe en 1979 el libro que presentó a esta tendencia, *La condición posmoderna*, el capitalismo tardío aún no había entrado en escena con intensidad, casi era más bien una posibilidad que se contemplaba tras las crisis del petróleo y el fin del crecimiento ininterrumpido de posguerra. Su obra era una crítica contra lo que él denominaba grandes narraciones, es decir, los proyectos ideológicos de la modernidad que pretendían organizar la sociedad racional y universalmente. De hecho, más que contra las grandes narraciones, la invectiva era directamente contra el marxismo, teoría con la que la mayoría autores posmodernos dieron sus primeros pasos en el mundo académico.

Muchos de estos intelectuales habían pasado de militar en el Partido Comunista Francés o en grupos de extrema izquierda marxista al desencanto por los acontecimientos de la Primavera de Praga o por la capacidad de inclusión de la clase trabajadora francesa en el sistema de consumo y su maquinaria sistémica de consensos sociales. Perry Anderson cuenta:

---

[8] P. Anderson, *Los orígenes de la posmodernidad,* Madrid, Akal, 2016, p. 77.

En 1976, sin embargo, los partidos comunista y socialista habían acordado un programa común, y su triunfo en las siguientes elecciones legislativas parecía cada vez más probable. La perspectiva de ver al PCF en el Gobierno, por primera vez desde el inicio de la Guerra Fría, sembró el pánico entre la opinión biempensante y desencadenó una violenta contraofensiva ideológica. El resultado fue el lanzamiento a la fama de los *nouveaux philosophes,* un grupo de antiguos publicistas *soixante-huitards* patrocinado por los *mass media* y el Elíseo[9].

Cabe hacerse la pregunta de cómo es posible que unos autores que pretendían superar las teorías críticas modernas, que se presentaban como un avance rebelde al burocratizado estatismo soviético, fueran preferidos por la burguesía francesa antes que el sensato Partido Comunista. La primera respuesta nos lleva a recordar que el mundo de 1976 era muy diferente al actual. Hablamos de un contexto donde la organización sindical era abrumadora, donde la hegemonía de las ideas de izquierda era prácticamente total en la sociedad, por lo que para hacer frente a los comunistas se debía contar con alguien percibido como afín a lo rebelde, no a lo conservador. Pero en segundo lugar, y no menos importante, el poder establecido francés debió percibir, correctamente, que este nuevo proyecto ideológico era tan elástico como falto de filo. La desactivación había comenzado.

Si bajo nuestro sentido común es difícil empatizar con las teorías universales modernas, es sencillo reconocer en nuestro presente casi todos los elementos que conforman el cuerpo teórico posmoderno a partir de finales de los setenta. No se trata aquí de hacer una impugnación a la totalidad, ya que como veremos, también hubo aportaciones en principio positivas, sino de identificar esos elementos para ver cómo, en conjunción con otros factores, estas teorías han sido parte de la desactivación de la actividad política de la izquierda. Paradójicamente, mientras que el modernismo, con toda su pretensión totalizadora, era poco más que un enclave para la incubación de análisis políticos

_____
[9] *Ibid.,* p. 43.

y teorías críticas, el posmodernismo, con toda su falsa modestia de fragmentación e indefinición, sólo se dio paso a sí mismo, entrando en una espiral que lo ha convertido en «una especie de bufonada ecléctica, en el refinado cosquilleo de nuestros placeres prestados y nuestros triviales desengaños»[10].

POSMODERNISMO. LA GRAN DECONSTRUCCIÓN

Una de las ventajas de escribir un libro desde la aproximación periodística y no desde la pretensión académica es que nos podemos permitir la conjetura. Una de las ventajas de la conjetura es que, en ocasiones, es útil para señalar algo sin necesidad de demostrarlo, ahorrándonos energías y tiempo en cuestiones secundarias y a menudo indemostrables. Conjeturemos pues. Si bien se intuye una intención loable en los primeros teóricos del posmodernismo por superar un marco de análisis social y filosófico que había tendido en el campo occidental a la institucionalización y en el soviético hacia la burocratización, si bien había motivos históricos de peso para cuestionar el proyecto de la Ilustración, del liberalismo y el socialismo, también se intuye un protagonismo mediante la diferenciación, en un periodo en el que había hambre de gurús por parte de los movimientos sociales y la juventud, y en el cual el alto sistema educativo francés requería de nuevos líderes tras la conmoción de Mayo del 68. O dicho de forma más sencilla, quizá no tuvieron más remedio que diferenciarse, pero lo estaban deseando.

Algo que todo académico e intelectual de peso debería tener claro es que cuando se inicia un proceso de derrumbe, por muy controlada que se pretenda la voladura, siempre hay víctimas de por medio. De la intención original de estos teóricos al rastro final que dejaron media un abismo. De sus textos, voluntariamente crípticos, farragosos e ilegibles, a lo que se entendió o se quiso entender media un agujero negro. Perry Anderson recoge

---

[10] F. Jameson, *The Cultural Turn,* Nueva York, Verso, 1998, p. xviii [ed. cast.: *El giro cultural,* Buenos Aires, Manantial, 1999].

unas declaraciones de Jencks, el crítico arquitectónico que celebró el fin de la modernidad tras el hundimiento del Pruitt-Igoe, a mediados de los ochenta para explicar esta deriva de las altas cuestiones intelectuales a la simplificación interesada:

> Jencks ensalzaba lo posmoderno como una civilización mundial de la tolerancia plural y la elección entre una oferta superabundante que estaba privando de sentido las polaridades pasadas de moda tales como izquierda y derecha, clase capitalista y clase obrera. En una sociedad en la que la información importa más que la producción, ya no hay ninguna vanguardia artística, puesto que en la red electrónica global no hay enemigo al que vencer[11].

En un párrafo tan breve encontramos ya la codificación desde el laberinto conceptual de los nuevos filósofos franceses hacia la simplicidad arrolladora de lo neoliberal. A saber: globalismo, diversidad, hiperconsumo, fin de las ideologías, fin de las clases, sociedad de la información y tecnofetichismo. Parece que el camino se nos va aclarando.

Cuando Lyotard enunció una época helada de apabullante posmodernismo en la que se diluyen las utopías, cabría preguntarnos en qué medida ayudó él a esta glaciación ideológica. Para empezar, contribuyó con su ataque a los grandes relatos; como hemos visto, tan sólo una excusa para cuestionarse el espíritu universal del marxismo, aduciendo que no tenía sentido intentar plantear proyectos de emancipación humana tan generales una vez que el avance de la técnica y la tecnología habían desplazado el centro de los problemas sociales derivados de la producción. Puesto que ya no existía la capacidad de abordar los temas universalmente, no cabían tampoco las reivindicaciones amplias; puesto que los saberes ya no se podían enunciar de forma unificada, sólo podíamos acceder a la realidad desde la fragmentación.

Michel Foucault, posiblemente el más interesante de estos intelectuales, centró sus estudios en múltiples campos que fue-

---

[11] Anderson, *op. cit.*, p. 36.

ron desde la sexualidad hasta el análisis de las prisiones, la psiquiatría o la medicina como instituciones. También desarrolló su teoría en torno a las relaciones de poder, enunciando que además del estatal, existían múltiples relaciones de autoridad que llegaban hasta los niveles microscópicos de las relaciones humanas. Además desvinculó el concepto de poder de la economía, deduciendo que los diferentes tipos de dominación podían surgir ramificadamente de cuestiones no relacionadas con la producción. Por tanto ni la soberanía y ni su consecución se hallaban solamente en las esferas de lo estatal y lo económico, ni el poder emanaba tan sólo de las mismas, transitando transversalmente, quedando ilocalizable.

Jacques Derrida, el iconoclasta filósofo artista, legó el concepto de deconstrucción referido a las palabras y los conceptos. Si significantes y significados tenían una vinculación diáfana en la modernidad, en la posmodernidad se separaban constantemente para formar nuevas uniones. Era imposible saber el significado de un texto, puesto que las palabras no expresaban exclusivamente lo que pretendían representar, sino que alteraban sus uniones en función de las percepciones del autor, del lector y del contexto en el que se desenvolvían. Esta democracia de la polisemia traía asociada la pérdida del papel central del creador, minimizando su autoridad, ya que ni era del todo responsable de lo que quería haber dicho ni capaz de asegurar que otros entendieran lo que deseaba.

La lista podría ser más larga, incluyendo a Deleuze, Guattari, Barthes o Vattimo, siempre transitando por un sendero similar: lo importante no eran los hechos, las identidades, las intenciones, los mensajes... sino sus interpretaciones, siempre múltiples, fragmentadas e inasibles. Perry Anderson decodificó también el mensaje, pero en unas coordenadas muy diferentes a las del neoliberalismo, opinó que estas teorías y estos autores «bombardearon el significado, cubrieron por completo la verdad, burlaron a la ética y a la política y aniquilaron la historia»[12].

---

[12] P. Anderson, *Tras las huellas del materialismo histórico,* Madrid, Siglo XXI, 1986, p. 77.

Cabe preguntarse, a pesar de la durísima sentencia, si el posmodernismo dejó alguna huella positiva. Podríamos hablar de la aparición en escena de la llamada otredad, es decir, el giro de la atención teórica hacia las mujeres, los homosexuales y las minorías religiosas o étnicas. Cabe aquí señalar un par de cuestiones. Por un lado, movimientos como el feminista, el LGTB o los poscoloniales ya se estaban manifestando en los sesenta con fuerza, antes de que los posmodernistas hicieran algún gesto de atención sobre ellos. Es decir, si bien hay que reconocer que el posmodernismo acertó al hacer visibles estas luchas, no fue el que en un primer momento les dio forma ideológica. Por otro lado, no es cierto, como ya hoy se difunde generalizadamente, que el socialismo no prestara atención a algo que no fuera la clase trabajadora blanca y masculina. Aunque el patriarcado, es decir, el sistema ideológico que, más que favorecer al hombre, relega a la mujer a un segundo plano, no fue eliminado ni de la cultura de los partidos comunistas fuera del poder ni de las sociedades bajo algún tipo de Estado socialista, el hecho es que en todos ellos la cuestión feminista fue ampliamente discutida y transformada en avances materiales y leyes para lograr la igualdad de género. Además, si a mediados de los setenta existía una ideología realmente transversal a la cuestión de raza, nacionalidad, etnia o religión, esa era la del socialismo, que en sus múltiples encarnaciones estaba presente en los Gobiernos o el juego político de todos los continentes habitados, incluso especialmente en aquellas zonas del planeta consideradas el tercer mundo, en las que desempeñó un papel fundamental en los procesos emancipadores.

Bien es cierto que existía una preocupación razonable por la cuestión del poder, ya que las experiencias revolucionarias habían mutado o habían atravesado fases de durísima represión de los derechos civiles y políticos, cuando no directamente de un ataque a la Declaración de Derechos Humanos. La cuestión es que mientras que los autores del llamado marxismo occidental tenían las mismas dudas, al menos intentaban dotar a sus análisis de un contexto histórico y económico. Si bien el traslado de las formas de poder de un Estado capitalista a uno socialista puede acarrear que consigo vayan también determinadas formas de represión inherente, lo que también habría que tener en cuenta es que el ataque que todos los Estados revolucionarios han sufrido en sus primeras etapas por parte del imperialismo les ha hecho caer en un repliegue autoritario para su supervivencia. Una pregunta razonable, también, sería por qué muchos de estos autores posmodernos militaron o simpatizaron abiertamente con el maoísmo a finales de los sesenta, como alternativa a la burocratización y el aburrimiento de los soviéticos. No fue, precisamente, la República Popular China donde el encaje entre poder, represión y derechos humanos fue como la seda.

Y podríamos poner punto y final. Exceptuando la cuestión del pluralismo de voces y el cuestionamiento de los mecanismos de poder, donde a pesar de las contradicciones e imprecisiones, el posmodernismo pudo hacer un esfuerzo loable por mejorar los proyectos políticos emancipatorios, en el resto de cuestiones su actividad fue, cuando no opaca, netamente perniciosa para las aspiraciones de la izquierda.

La ruptura de la idea ilustrada de progreso condujo a la negación de la propia historia, donde el futuro era un lugar que carecía de un horizonte posible y el pasado era un proyecto desechable por principio. Se creó así una especie de presente continuo, donde se abandonaba el sentido de continuidad y por tanto de aprendizajes históricos o conclusiones para el mañana. Paradójicamente el pasado se convirtió en un cajón de sastre de donde se podía expurgar a conveniencia para aumentar un permanente eclecticismo temporal. «Al cabo de unos pocos años, la mera sugerencia de que alguna vez hubiera habido el más mínimo atisbo de progreso en la historia de la humanidad sería recibido con un mordaz desprecio por aquellos que con frecuencia se valían de los anestésicos y de los váteres»[13].

Si los textos se entrecruzan entre ellos en un baile inacabable de significados y significantes, si el contenido de la narración, de la obra, ya no pertenece al propio autor, sino que es susceptible de cualquier interpretación y deconstrucción, entonces la importancia del autor, su intención a la hora de expresar algo planifica-

---

[13] Eagleton, *op. cit.*, p. 63.

damente, carece de importancia. El intelectual, el artista, queda así reducido a un mero transmisor de pulsiones culturales indescifrables que no puede controlar. De esta forma se elimina la autoridad intelectual, pero contrariamente a lo que se podría pensar, la producción cultural no se democratiza, sino que se cosifica, siendo más importante el producto que el productor, lo que se quiere entender de las intenciones originales. Surge así un populismo cultural que, incluso pretendiéndose iconoclasta, tan sólo reproduce un fetichismo en torno a la mercancía y su aceptación exitosa. Ya no puede haber parámetros, sistema de crítica, por lo tanto el único validador es un ficticio gusto popular, que no es más que la coartada simpática a las reglas del mercado.

Se rompió incluso con el concepto de alienación, porque aun siendo este concepto marxista una crítica a las condiciones negativas de los trabajadores en la producción, su mera suposición equivaldría a situar al obrero en una posición coherente y no fragmentada, anclada a unas características fijas y no a una multiplicidad de factores. De esta forma, buscando una identidad más precisa se rompía con la identidad primaria con la que cabía la posibilidad de extraer proyectos de lucha grupales. Si todos somos una suma inacabable de especificidades entonces no puede haber un nosotros.

Sin horizonte al que dirigirnos ni pasado del que aprender, sin posibilidad de afirmar lo cierto o lo falso, sin espacio para los conceptos válidos universales, sin capacidad de comunicación, sin forma de aprehender la realidad lo que encontramos es la imposibilidad de una política coherente, sobre todo si esa política va encaminada a cuestionar e incluso sustituir el sistema capitalista dominante. El neoliberalismo utilizó el posmodernismo para desmantelar a la izquierda, para extender su amoralidad y cinismo como valores aceptables, para crear un estado de las cosas donde su proyecto no es que fuera el más apropiado, sino el único posible. Mientras que se negaba la validez universal de las ideas socialistas, el capitalismo se guardaba secretamente su parcela de modernidad, extendiéndose universalmente, sin importarle ya lo más mínimo ninguna de las excusas teóricas que aquello filósofos franceses le habían prestado.

Es la mañana del 11 de septiembre de 2001. Si la historia había avanzado con las nociones de Ilustración, progreso y lucha de clases, la negación de la propia historia hace que esta se revuelva, trayéndonos al posmoderno presente el espectro premoderno del extremismo religioso. El vuelo 11 de American Airlines y el vuelo 175 de United Airlines son utilizados, en una extraña mezcla de fanatismo y tecnología, como arietes contra las Torres Gemelas del World Trade Center. Unas horas después los edificios se desploman causando miles de muertos. Una densa capa de polvo y escombros anega el Bajo Manhattan, símbolo absoluto del neoliberalismo. Las torres, hechas ya añicos, habían sido proyectadas por Minoru Yamasaki, el mismo arquitecto del Pruitt-Igoe. Había comenzado el siglo XXI.

III

ROBOTS, MASCOTAS Y MENDIGOS

Principios de noviembre de 2017, San Francisco. Un robot de forma cónica se desplaza rodando por las aceras de Mission, un distrito de la ciudad californiana que toma su nombre de un antiguo asentamiento de frailes españoles. En el barrio, con gran presencia hispana y un clima más cálido que el del resto de la ciudad, se encuentra una de las delegaciones de la SPCA, la Sociedad para la Prevención contra la Crueldad Animal, refugio y clínica veterinaria que se dedica a rescatar mascotas y gestionar su adopción. El robot, que mide algo más de metro y medio y pesa unos 180 kilos, trabaja para la asociación animalista: unas simpáticas pegatinas de cachorros que decoran su armazón así nos lo indican. Sin embargo, el ingenio rodante no es parte de ninguna campaña publicitaria, su presencia no es una acción para concienciar sobre el bienestar de los animales domésticos.

El robot trabaja de vigilante. Se desplaza a cinco kilómetros por hora, la velocidad promedio de un humano al caminar. Cuenta con todo tipo de sensores para desenvolverse en el entorno urbano, sus ojos son cinco cámaras que le permiten analizar 300 matrículas de vehículos por minuto. Cuando se cruza con una persona se detiene y emite un extraño sonido futurista, si identifica su rostro con el coincidente en una lista negra de sospechosos avisa a la policía. Es propiedad de la empresa Knightscope (un juego de palabras entre «caballero andante» y «autoridad») y su modelo es el K5. La compañía se lo alquila a otras, como Microsoft y Uber, por seis dólares la hora, menos de la mitad de lo que cobraría un humano. Como la sociedad protectora de animales es una institución sin ánimo de lucro, le sale más rentable contratar al robot las 24 horas que a tres vigilantes por turnos.

La SPCA ha requerido los servicios de Knightscope porque tiene un problema con sus vecinos, cientos de sin techo que han construido campamentos en las aceras cercanas al complejo de la clínica veterinaria. El índice de robos y criminalidad ha ascendido, así como el consumo de heroína y metanfetamina, las jeringuillas tiradas por el suelo lo atestiguan. Por el contrario muchos de los vagabundos no se drogan ni delinquen, son *working homeless,* trabajadores sin techo, un fenómeno que se ha extendido en todas las prósperas ciudades de la bahía. A pesar de que tienen empleo, la mayoría en el sector servicios, pero también en ramas tan dispares como la enseñanza o, paradójicamente, como agentes de seguridad privada, sus bajos salarios pero sobre todo el alto coste de la vida les hacen imposible tener una residencia convencional.

Mission, que antes era un barrio popular alejado del centro a unos 20 minutos de autobús, ha seguido la misma senda que el resto de San Francisco, la de la gentrificación. La llegada de jóvenes profesionales a la industria tecnológica de la ciudad, situada en el área del mundo donde se ubican los colosos empresariales del mercado digital, disparó los alquileres y el coste de la vida a niveles estratosféricos. Los vecinos de siempre tuvieron que marchar a otras ciudades, los que llegaron para trabajar en las cafeterías de diseño donde sólo se sirve leche de soja para no contribuir con la explotación animal viven en autocaravanas, coches o tiendas de campaña en la vía pública. Algunos se deslizan poco a poco hacia la mendicidad y la exclusión.

Al parecer, el robot asustó a los vagabundos los primeros días en los que entró en servicio, sus continuas rondas y su aspecto, entre inquietante y adorable –recuerden las pegatinas de cachorritos–, dejaron estupefactos a los vecinos sin casa que levantaron su campamento de las cercanías del refugio para animales. La tecnología que les había dejado sin casa volvía ahora en forma corpórea para evitar que su presencia enturbiara el multicultural distrito. Algunos de ellos contraatacaron. Primero cubrieron al K5 con una manta, luego echaron salsa barbacoa en sus sensores, por último intentaron volcarlo. La presencia, esta vez, de vigilantes humanos armados los disuadió de continuar su lucha: el robot era una propiedad y cualquier ataque al mismo podría ser respondido con violencia justificada legalmente.

Knightscope K5 es el primer robot vigilante que patrulla las calles de San Francisco, pero no el único. Empieza a ser habitual el uso de drones voladores y rodantes para el reparto de paquetería y comida a domicilio. Son más baratos que los humanos, no se sindican, no enturbian el paisaje con su pobreza. Pero algunos provocan accidentes.

A pesar de que sus sensores les impiden, en teoría, chocar contra viandantes y edificios, los vecinos miran preocupados la proliferación de estos nuevos métodos de transporte. Fran Taylor iba paseando con su perro y se topó con K5. Su mascota comenzó a ladrar ya que el robot avanzaba hacia ellas sin, al parecer, detectar su presencia. La mujer, asustada ante aquel inesperado encuentro, se quedó petrificada. El robot se detuvo a unos metros de ella haciendo una serie de sonidos de advertencia.

Taylor, indignada, escribió a su Ayuntamiento. Se dio la casualidad de que esta vecina formaba parte de una iniciativa que pretende limitar el uso de robots de reparto en las aceras. El Departamento de Obras Públicas, tras la queja de la mujer, ha obligado al refugio de mascotas a que K5 no salga de sus instalaciones, ya que atentó contra el derecho de paso de la vecina. Si no cumplen la orden y solicitan el permiso correspondiente, recibirán una multa de 1.000 dólares diarios. Jenifter Scarlett, directora de la SPCA, declaró que podía «entender que la gente estuviera preocupada por esta nueva tecnología y que se haga preguntas al respecto, pero que también deberían estar enfadados porque una asociación sin ánimo de lucro tenga que gastar tanto en seguridad. En cinco años miraremos atrás y nos acordaremos cuando nos hacíamos *selfies* con estos robots porque eran una novedad»[1].

[1] A. Green, «Security robot that deterred homeless encampments in the Mission gets rebuke from the city», *San Francisco Business Times,* edición digital, 8 de diciembre de 2017 [https://www.bizjournals.com/sanfrancisco/news/2017/12/08/security-robot-homeless-spca-mission-san-francisco.html].

Esta historia puede parecer una anécdota, pero resume fielmente un contexto que, pese a ser específico de algunas zonas de EEUU, se está extendiendo rápidamente al resto del mundo desarrollado: zonas urbanas bajo el dominio de industrias tecnológicas o financieras, casi disociadas de su entorno, tomando la forma de Estado-nación por PIB y capacidad de influencia en la economía global, donde viven poblaciones ricas y a la vez extremadamente pobres, aunque formen parte del mercado de trabajo. Mientras que la preocupación de los de abajo es sobrevivir, los de arriba dedican sus esfuerzos a todo tipo de causas filantrópicas cubriendo apenas los inexistentes servicios públicos, pero sobre todo centrándose en causas, o bien alejadas de su esfera real de influencia, o bien relacionadas con preocupaciones éticas individuales. Mientras que los de abajo están cada vez más enfermos y su vida es menos saludable, consumiendo todo tipo de alimentos baratos y procesados, los de arriba dedican gran parte de su tiempo a la superación personal en ámbitos como la cultura, la nutrición o el deporte. Mientras que los ingenieros tecnológicos pueden preocuparse por la adopción de mascotas, los trabajadores de servicios que malviven en la calle son acosados por la tecnología.

De aquel San Francisco del LSD, las flores en el pelo y Grateful Dead hoy no queda más que una calle, Haight Ashbury, donde los turistas se pasean como en un parque temático recordando los turbulentos años sesenta. En todos los mapas para los visitantes hay también una zona marcada en rojo, el Tenderloin, debido a sus altos índices de criminalidad. La página de Airbnb, una compañía de mediación de alquileres vacacionales que pretende pasar por economía colaborativa, lo define de esta manera:

> Hogar de los servicios sociales y bares de estilo ilegal, este céntrico barrio de San Francisco es más conocido por ser el centro neurálgico de los mendigos de la ciudad, y de todos los problemas derivados de su presencia. Los viajeros más aventureros encontrarán tascas donde comer barato, impresionantes edificios históricos y coloridos murales que reflejan la diversidad de los personajes del barrio. Los artistas y los habitantes de Ten-

derloin son conscientes de la riqueza arquitectónica y la diversidad de su barrio, y trabajan para redefinirlo como el auténtico corazón de la ciudad[2].

Centro neurálgico de mendigos, problemas derivados, viajeros aventureros, diversidad. ¿Cómo hemos llegado a este completo desbarajuste entre lo pueril y lo despiadado?

DE LA REVOLUCIÓN HIPPIE AL SENTIMIENTO DEL INDIVIDUALISMO

En el primer capítulo de este libro introdujimos la idea de que la política se ha convertido en un objeto de consumo. En el segundo vimos cómo el espíritu de época de la posmodernidad fue el sustrato perfecto para mutilar la naturaleza emancipadora de la izquierda. En este tercer capítulo veremos cómo el proyecto neoliberal, hostil a la mayoría de la sociedad, consiguió hacerse pasar por algo benéfico para todos, más aún, casi revolucionario y liberador.

Del San Francisco que describe Tom Wolfe en *Ponche de ácido lisérgico* al San Francisco donde los pobres son una atracción turística perseguida por robots median cincuenta años. La creencia generalizada nos diría que aquella época no tiene nada que ver con nuestro tiempo, que sus valores cayeron en el olvido, que aquella revolución pacífica fracasó. Pero ¿y si, precisamente, aquel verano del amor estuviera íntimamente relacionado con el invierno de la codicia?; ¿y si fue al contrario, y aquellos jóvenes bienintencionados pusieron el primer clavo en el ataúd de lo que creían defender?

Con la reducción posmoderna de la historia a un cajón desordenado del que extraer sólo lo que nos conviene, los años sesenta han quedado limitados a una caricatura donde, si bien se re-

---

[2] «Tenderloin. El intenso panorama artístico de este auténtico barrio céntrico converge con la vida de la calle», en Airbnb [https://www.airbnb.es/locations/san-francisco/tenderloin].

salta su carácter conflictivo, también se seleccionan los motivos de ese conflicto y a los actores que le dieron forma. No se me ocurre mayor ejemplo de este mecanismo que la exitosa película *Forrest Gump,* donde, a través de la historia de su protagonista, un discapacitado intelectual de gran corazón y certero juicio se repasa muy parcialmente la historia de los EEUU.

Mientras que los años cincuenta se presentan como una arcadia feliz en un pueblo de Alabama, donde las tensiones raciales aparecen resueltas con la entrada de los estudiantes negros a la universidad, el final de los sesenta es representado en la manifestación contra la Guerra de Vietnam que tuvo lugar en Washington en octubre de 1967. La película, de gran habilidad narrativa, nos muestra cómo Forrest Gump es conducido por casualidad a una tribuna donde está previsto que hablen los veteranos de guerra. Allí se encuentra Abbie Hoffman, un activista de la época, fundador del partido Yippie, que da paso al protagonista. Justo cuando está hablando, un secuaz del Gobierno intenta sabotear el equipo de sonido. En respuesta, una de las organizadoras, que lleva un casco con la palabra «Paz», la emprende a golpes con el saboteador. Más tarde, una vez que Forrest Gump se ha reencontrado con el amor de su vida, presencia cómo el novio de esta, una especie de militante de izquierdas, la abofetea, por lo que el soldado tiene que salir en su ayuda golpeando al escuchimizado radical.

La única violencia que el espectador observa es por parte de los manifestantes, a modo de chanza vengativa, en estas dos escenas. No hay alusión ninguna a las cargas policiales que se produjeron en aquella marcha o a incidentes como el de los cuatro estudiantes que murieron en la Universidad de Kent, Ohio, a manos de la Guardia Nacional en 1970. La América progresista, bienintencionada pero incapaz y alocada, se encarna en el amor platónico de Forrest Gump, que representa a su vez al americano medio, apolítico conservador, que debe rescatarla de las garras de los malvados izquierdistas que la utilizan para sus oscuros fines.

En esta ficción sabemos de la llegada de la década de los ochenta por tres elementos. El primero es que el protagonista se hace rico invirtiendo en Apple, la empresa informática, que él cree una compañía frutera. El segundo es la llegada del VIH, el cual contrae su novia, que además de haber coqueteado con la política de izquierdas también lo ha hecho con la droga y la sexualidad fuera del matrimonio. El tercero es una carrera que Forrest Gump emprende, de costa a costa, sin motivo aparente y que concita la atención de decenas de personas que le siguen porque les da esperanza. Capitalismo popular, activismo simbólico y enfermedades bíblicas. De Ronald Reagan no se nos dice una palabra.

No obstante, el final de los sesenta no fue tan sólo, pese a la recurrente narración de Hollywood, cosa de Woodstock y Vietnam. Fue una ola revolucionaria que afectó al corazón mismo de la sociedad estadounidense, pero que tuvo un carácter global donde aquel conflicto fue una pequeña parte. En África y América Latina continuaron las revoluciones contra las Administraciones títeres poscoloniales, en Asia la Revolución Cultural conmocionó a la aún joven República Popular China, en Japón revueltas estudiantiles paralizaron al país. En el Bloque del Este, la Primavera de Praga hizo activarse el Pacto de Varsovia. En Europa Occidental el Mayo francés estuvo a punto de hacer caer al general De Gaulle.

En lo referido a resultados inmediatos, el Mayo del 68 no obtuvo una victoria en ninguno de sus frentes, pero en aquel momento dio la sensación de ser tan sólo la primera escaramuza de algo mucho más grande que estaba por llegar. Las características insurreccionales de la juventud europea y norteamericana no estaban enfocadas hacia unas reclamaciones centradas en el ámbito laboral o de progreso social, sino que más bien eran una enmienda total a la sociedad surgida tras la guerra. La cuestión no era lograr un mejor salario o más vacaciones, las reivindicaciones no eran por la construcción de más hospitales y escuelas, sino más bien para vehicular políticamente un descontento abstracto contra el proyecto de la modernidad, aunque, evidentemente, nadie lo expresó así.

La juventud como grupo social era aún a principios de los sesenta inexistente. Se pasaba de la infancia a una breve adolescencia y de ahí a una madurez obligada por las circunstancias materiales. Fue el Estado del bienestar, con su educación generalizada y gratuita, la época de bonanza capitalista bien distribuida, el que creó las condiciones para que los jóvenes pudieran emanciparse y comenzaran a construir identidades propias diferentes a las de la infancia y el mundo adulto. Eso propició un mercado cultural, especialmente musical, que les dotó de una bandera frente a la gris repetición de lo asalariado. Las revueltas de los mods en la costa sur inglesa en la primavera de 1964, careciendo de cualquier motivación estrictamente política, lo que expresaban, más allá del gusto por los mamporros y la adrenalina, fue una rebelión netamente juvenil contra el mundo pautado adulto. «I hope I die before I get old», cantaban The Who en *My generation*, «espero morir antes de hacerme viejo».

La ola revolucionaria de finales de los sesenta dejó, en la década siguiente, toda una pléyade de grupos de guerrilla urbana, cuando no directamente terroristas, que pasaron sin solución de continuidad del ácido al plomo, pero también miles de nuevos militantes de clase trabajadora que engrosaron las filas de los partidos comunistas, las organizaciones anarquistas y los sindicatos. Asimismo, el potentísimo aparato cultural creado, mantuvo el dominio cultural en manos, si no de la izquierda, sí de lo crítico, al menos hasta bien entrados los ochenta. Desde multitud de editoriales y prensa *underground* hasta la maquinaria de Hollywood, que tuvo que rendirse ante el nuevo cine americano, rodado y protagonizado por algunas figuras que incluso mostraron públicas simpatías marxistas.

Volviendo a EEUU, el Partido Pantera Negra fue una de las expresiones más originales y potentes al mezclar sus reivindicaciones de raza junto con las de clase, derivando rápidamente hacia las aspiraciones socialistas. Mientras que los yippies de Abbie Hoffman pretendían hacer levitar el Pentágono –en un singular episodio recogido por Norman Mailer en *Los ejércitos de la noche*–, los panteras negras organizaban la autodefensa de sus comunidades, construían comedores populares y escuelas para adultos. Esta oposición ilustra los dos tipos diferentes de activismo dentro de EEUU y por ende del mundo occidental.

De un lado, los que utilizaban la *performance,* lo cultural como fin en sí mismo y el cambio interior para lograr una nueva era y, del otro, aquellos a los que no les quedaba más remedio que empuñar el rifle para no morir y utilizar la idea de comunidad para su supervivencia. Mientras que existieron unos años sesenta donde el individuo buscaba su libertad para encontrar la de todos, también existieron otros años sesenta, olvidados, donde se recuperaron las olvidadas tradiciones del anterior momento revolucionario, los años treinta.

Adam Curtis, en su excelente documental *El siglo del yo,* retrata un experimento sociológico donde un grupo de progresistas blancos tuvo reuniones con radicales negros para, mediante la conversación sin ningún tipo de trabas, casi a modo de corriente de conciencia, lograr un principio de unión entre ambos grupos, en teoría con ansias de libertad similares pero distanciados en la práctica cotidiana. Aunque las sesiones fueron bien al principio, cuando se conversaba más en términos teóricos, con el transcurrir de los días hubo una creciente hostilidad de los negros hacia los blancos. La razón no fue tanto la afrenta histórica de la esclavitud, reconocida desde un principio por los activistas blancos, sino que el método de proceder, la insistencia en liberar al individuo de sus ataduras personales, de su policía interior, fue percibido por los activistas negros como un ataque a su comunidad. Al tratar de reducir todos sus problemas a un conflicto individual susceptible de resolverse mediante el cambio interno estaban destruyendo lo único que les daba fuerza contra el racismo social e institucional, su identidad grupal como negros.

La idea de que lo personal es político, que puede tener una lectura progresista en cuanto a que conflictos de índole individual también están influidos por el sistema, tiene una contraparte oscura que viene a reducir lo político simplemente a un problema de actitud personal, donde nuestro yo es capaz de automoldearse y por tanto de inducir un cambio secuencial en la sociedad. La derrota de la ola revolucionaria de finales de los sesenta, o mejor dicho la falta de resultados inmediatos, empujó a miles de activistas de clase media al repliegue. Mientras que la clase trabajadora combatía en los sindicatos, al activista exhippie le bastaba retirarse a la comuna, al grupo de oración budista o a la secta New Age, para encontrar la paz interior y el cambio. Ya no hacía falta el activismo político, la acción colectiva, tan sólo era necesario el gurú o el santón que nos guiara hacia nuestra liberación. Efectivamente hubo un cambio de mentalidad, pero no en la línea que ellos pensaban. Si la gente podía ser feliz en su interior el cambio social se fue haciendo irrelevante para una capa de la sociedad. El individualismo había llegado pujante por donde menos se lo esperaba, no como una expresión de egoísmo, sino como una huida hacia adelante para buscar la autorrealización. El asunto es que este tipo de iniciativas, que pretendían crear un mundo ideal al margen del mundo real, en crisis desde 1973, con la llegada del fantasma del paro, la recesión y el rebrote del fascismo, solían acabar en el mejor de los casos en auténticas decepciones y en el peor en suicidios colectivos como el del Templo del Pueblo y su demente pero locuaz pastor Jim Jones.

La New Age, el incienso y la psicodelia se fueron. Pero quedó el gusto individualista. Los estudios de mercado fueron los primeros en detectarlo. El Stanford Research Institute, en aquel entonces un Departamento dependiente de la universidad del mismo nombre, hoy ya una empresa de consultoría comercial, el SRI, desarrolló en 1978 el VALS (Values and Lifestyles), un sistema de segmentación de los consumidores basado en sus valores y estilos de vida. La industria, hasta entonces diseñada para obtener rentabilidad produciendo bienes a gran escala, se había encontrado con el problema de que había una nueva capa de consumidores a los que no conseguía llegar, que resultaban impredecibles respecto a las respuestas frente a los nuevos productos. Mientras que algunos eran exitosos entre ellos, otros, de precio, calidad y funcionalidad similar o mejor, fracasaban.

La rebelión contra las tradiciones y la conformidad había pasado en diez años, de 1968 a 1978, del ámbito político al ámbito estrictamente personal y ¿cómo se estaba manifestando esta ansia por la individualidad? A través del consumo. Los exhippies necesitaban seguir sintiéndose diferentes, pero como el activismo político y la acción colectiva eran percibidos como inútiles ahora gastarían su dinero para expresar su individualidad. Este ser uno mismo mediante el consumo entraba en contradicción con el sistema de producción en masa, de ahí que algunos productos, identificados por las más variopintas razones como especiales o peculiares, fueran más exitosos entre esta capa de población que otros, independientemente de su calidad, funcionalidad y precio.

El VALS categorizaba a los consumidores en una gráfica con dos ejes, el vertical donde estarían los recursos y el horizontal donde estarían las motivaciones primarias. Así se obtendrían ocho tipologías de consumidores:

- Innovadores: Estos consumidores están a la vanguardia del cambio, tienen los ingresos más altos y una autoestima tan alta que pueden permitirse en cualquiera o todas las autoorientaciones. Están ubicados arriba del rectángulo. La imagen es importante para ellos como una expresión de gusto, independencia y carácter. Sus elecciones de consumo están dirigidas a las «cosas buenas de la vida».
- Pensadores: Estos consumidores con recursos altos forman parte del grupo de aquellos que están motivados por ideales. Son profesionales maduros, responsables y bien educados. Sus actividades de ocio se centran en sus hogares, pero están bien informados sobre lo que sucede en el mundo y están abiertos a nuevas ideas y cambios sociales. Son consumidores prácticos y tomadores de decisiones racionales.
- Creyentes: Estos consumidores con bajos recursos forman parte del grupo de aquellos que están motivados por ideales. Son consumidores conservadores y predecibles que favorecen los productos locales y las marcas establecidas. Sus vidas se centran en la familia, la comunidad y la nación.
- Triunfadores: Estos consumidores con recursos altos forman parte del grupo de aquellos que están motivados por los logros. Son personas exitosas orientadas al trabajo, que obtienen su satisfacción de sus empleos y familias. Son políticamente conservadores y respetan la autoridad y el *statu*

quo. Son favorables a productos y servicios establecidos que muestran su éxito a sus pares.

- Luchadores: Estos consumidores con bajos recursos forman parte del grupo de aquellos que están motivados por los logros. Tienen valores muy similares a los triunfadores, pero tienen menos recursos económicos, sociales y psicológicos. El estilo es extremadamente importante para ellos, ya que se esfuerzan por emular a las personas que admiran.

- Experimentadores: Estos consumidores con recursos altos forman parte del grupo de aquellos que están motivados por la autoexpresión. Son los más jóvenes de todos los segmentos, con una edad media de veinticinco años. Tienen mucha energía, que invierten en ejercicio físico y actividades sociales. Son consumidores ávidos que gastan mucho en ropa, comida rápida, música y otras actividades juveniles, con especial énfasis en nuevos productos y servicios.

- Creadores: Estos consumidores con bajos recursos forman parte del grupo de aquellos que están motivados por la autoexpresión. Son personas prácticas que valoran la autosuficiencia. Están enfocados en lo familiar y tienen poco interés en el mundo en general. Como consumidores, aprecian los productos prácticos y funcionales.

- Supervivientes: Estos consumidores tienen los ingresos más bajos. Tienen muy pocos recursos para ser incluidos en cualquier autoorientación del consumidor y, por lo tanto, se ubican debajo del rectángulo. Son los más viejos de todos los segmentos, con una edad promedio de sesenta y un años. Dentro de sus limitados recursos, tienden a ser consumidores leales a la marca[3].

Más allá de la utilidad real de este estudio psicográfico, usado fundamentalmente por la publicidad, lo interesante es ver cómo el concepto de estilo de vida, de diferenciación mediante nuestra relación con el consumo y lo que queremos expresar

---

[3] «VALS», en Wikipedia [https://en.wikipedia.org/wiki/VALS].

con él, viene dado por los cambios que se habían producido en la sociedad norteamericana tras la ola revolucionaria de finales de los sesenta. Si enlazamos con el primer capítulo, el de «Las antorchas de la libertad», recordarán cómo se había utilizado una postura política, ideológica o de valores para vender o crear un producto a partir de ella y cómo el resultado final había sido que la política se había transformado en un producto en sí misma para responder a estas necesidades identitarias débiles, surgidas del fin de la acción colectiva y la ruptura de la conciencia de clase. Es justo a finales de los setenta cuando este nuevo mecanismo se despliega en la sociedad.

Abbie Hoffman, fundador del partido Yippie, aquel que aparecía dramatizado en *Forrest Gump,* había tenido un compañero de correrías, Jerry Rubin, un singular e iconoclasta activista de un ego tan grande como de una efectividad política tan nula. Como el simpático protagonista de la película fue uno de los iconos de las protestas contra la Guerra de Vietnam y, como él, fue uno de los primeros en invertir en la compañía de ordenadores Apple. En los ochenta Rubin era ya un neoliberal convencido, que pensaba que la verdadera revolución era la emprendida no por la liberación de las mentes, sino por la liberalización de los mercados, dando un giro de lo *yippie* a lo *yuppie,* acrónimo para *young urban professional* (joven profesional urbano), condensador identitario del individuo engendrado por y al servicio de la sociedad bajo el dominio del libre mercado. La transición se había completado.

Margaret Thatcher llega a primera ministra de Gran Bretaña en 1979, Ronald Reagan es presidente de los EEUU en 1981. En su discurso inaugural dejó la frase que sentenciaría a nuestro tiempo: «En la crisis actual, el Gobierno no es la solución a nuestro problema; el Gobierno es el problema»[4].

---

[4] R. Reagan, «Inaugural Address», *The American Presidency project,* 20 de enero de 1981 [http://www.presidency.ucsb.edu/ws/?pid=43130].

El 10 de octubre de 1975, Margaret Thatcher es elegida como líder del Partido Conservador del Reino Unido. Sucedía a Edward Heath, cuyo Gobierno había caído un año antes en unas elecciones convocadas casi a modo plebiscitario tras una huelga de mineros que paralizó al país. Thatcher, que llevaba en política desde finales de los cincuenta y había sido ministra de Educación en el defenestrado gabinete, no era una figura popular. De rostro serio, facciones angulosas y voz aguda era conocida popularmente como la *ladrona de leche,* ya que había intentado retirar este alimento de los comedores escolares públicos.

En su discurso de aceptación trazó las líneas de lo que sería su filosofía, más que de gobierno, de política:

> Algunos socialistas parecen creer que las personas deberían ser números en un Estado computarizado. Nosotros creemos que deberían ser individuos. Todos somos diferentes. Nadie, gracias a Dios, es como cualquier otra persona, por mucho que los socialistas pretendan lo contrario. Creemos que todos tienen derecho a ser diferentes, pero para nosotros cada ser humano es igualmente importante.
>
> [...] El derecho de un hombre a trabajar como desee para gastar lo que gana en poseer propiedades y para tener al Estado como sirviente y no como amo son parte de la herencia británica. Estos derechos son la esencia de una economía libre. Y de esa libertad dependen todas nuestras otras libertades[5].

En estos breves párrafos se resume no sólo el thatcherismo, sino todo un cambio discursivo que permitió a la derecha, primero británica, más tarde mundial, llevar adelante su revolución neoliberal con la connivencia de una gran parte de la po-

---

[5] M. Thatcher, «Speech to Conservative Party conference», *Margaret Thatcher Foundation*, 10 de octubre de 1975 [https://www.margaretthatcher.org/document/102777].

blación que, incluso viéndose afectada negativamente por los cambios, los percibió como positivos.

Hay dos elementos clave. Por un lado está el de la diferencia. *Unequal* en inglés tiene dos acepciones: una, la de desigual; otra, la de diferente. Thatcher supo conjugar ambas y confundirlas, transformar algo percibido por la mayoría de la sociedad como negativo, la desigualdad económica, en una cuestión de diferencia, de diversidad. Ya no se trataba de que fuéramos desiguales porque un sistema de clases basado en una forma económica, la capitalista, beneficiara a los propietarios de los medios de producción en contra de los trabajadores, sino que ahora teníamos el derecho a ser diferentes, rebeldes, contra un socialismo que buscaba la uniformidad.

Esta diversidad, y aquí viene el segundo elemento, se traducía no en clases sociales, sino en individuos emprendedores y laboriosos que destacaban sobre el resto. Así enriquecerse, lejos de ser resultado de la codicia y del sistema, esto es, un resultado material del desigual punto de partida de los individuos, la herencia y una estructura que beneficiaba a los propietarios sobre los productores, se había transformado en una actitud derivada del espíritu aventurero y emprendedor de determinados individuos mejores que la mayoría. No había ya nada malo en ello, al contrario, colaborar con el capitalismo buscando tu enriquecimiento era una forma de ser diferente.

Thatcher no sólo consiguió una coartada eficaz para transformar argumentalmente un sistema injusto y adulterado de inicio en una partida válida donde se premiaba a los mejores, sino que quebró el habitual juego de la política británica, cada vez menos beneficioso para la derecha. Conservadores y laboristas, pese a sus diferencias en política económica seguían, como en toda Europa Occidental, los acuerdos tácitos de la posguerra.

Ese pacto entendía que había que respetar la propiedad privada, pero que el mercado debía estar regulado por el Estado para evitar crisis como la que había dado pie al fascismo y por tanto a la Segunda Guerra Mundial. El Estado poseía los sectores estratégicos de la economía (transportes, energía, comunicaciones, materias primas, suelo...) y procuraba una redistribución de la riqueza mediante un sistema impositivo que le permitía mantener un sistema de pensiones, una sanidad y educación públicas y otros servicios comunes. De esta forma, el juego político se circunscribía a un terreno donde los conservadores pugnaban por mantener tradiciones y los progresistas por introducir nuevos elementos en el debate. Las ideas que en EEUU dieron el New Deal de Roosevelt, en Europa tomaron forma a finales de los años cuarenta en el Estado del bienestar.

Thatcher se permitió no sólo acabar con este consenso, confrontando abiertamente con la organización económica pero argumentándolo de forma atractiva, sino que esto le permitió hacer concesiones progresistas como mostrarse favorable a despenalizar la homosexualidad masculina, el aborto, facilitar las leyes de divorcio o situarse en contra de cuestiones tradicionales como la caza de la liebre. Junto con esta nueva postura de reconocimiento de la diversidad, que empezó a confundir al electorado, sumó la utilización de un populismo descarado, presentándose como «la hija del tendero», algo que hacía referencia paradójicamente a un orgullo de clase (media), esta vez no como conflicto, sino como ejemplo de que la tenacidad y el trabajo duro te pueden conducir a cualquier parte. Además la nueva líder de los *tories* usó una suerte de macartismo argumental al identificar su ideología con el Reino Unido, arrebatando metafóricamente la nacionalidad a quien se le opusiera.

Si Thatcher hubiera hablado claramente de sus planes no sólo nunca hubiera llegado a primera ministra, sino que seguramente la gente la hubiera lanzado de cabeza al Támesis. En aquellos momentos de emergencia neoliberal la sociedad era aún culturalmente hegemónica para la izquierda, tanto que algunos votantes tradicionales de derechas no hubieran visto con buenos ojos el despiece del Estado que estaba previsto. Por el contrario, junto con el ascenso de aquella nueva figura, había un nuevo tipo de votantes que ya habían sido detectados por los estudios de mercado. Personas, como hemos visto en la anterior parte de este capítulo, que viniendo de procedencias diversas, en algunos casos progresistas o incluso insurreccionales, anhelaban sentirse diferentes una vez que la perspectiva de transformar el mundo parecía posponerse indefinidamente.

Los nuevos votantes no querían formar parte de ninguna clase social, aunque de hecho lo fueran, ya que ser parte de una clase, una categoría dentro de la producción capitalista, no se elige, como no se elige que te afecte la gravedad o respirar oxígeno en vez de amoniaco. Los nuevos votantes vehiculaban sus aspiraciones de una forma muy diferente a la de la acción política colectiva. Su diferencia se expresaba mediante el consumo, su identidad estaba relacionada con los llamados estilos de vida, su diversidad (realmente más que suya la que el mercado pudiera proporcionarles) era la forma que tenían de destacar ante otros, incluso para quedar por encima de otros.

El amigo americano, Ronald Reagan, que siguió una línea muy similar de discurso, tenía además otro par de comodines que en Reino Unido no existían o se daban de forma menos notable. Por un lado el proverbial rechazo de la población blanca a la equiparación efectiva de derechos con las minorías raciales. Si en Inglaterra la mayoría de inmigrantes procedían de países del antiguo Imperio británico, en Norteamérica la mayoría de hispanos, procedentes de la ola migratoria de los cincuenta, y negros, los bisnietos de la esclavitud, eran ciudadanos de pleno derecho. El racismo hacia estas comunidades se transmitió a través de la clase. Si la mayoría de negros e hispanos tenían un menor poder adquisitivo y ocupaban peores cargos en la Administración y el sector privado era por culpa de su holgazanería, si no genética, sí derivada de los programas de ayudas sociales de los demócratas, decía el reaganismo. Aupando ejemplos individuales de hombres exitosos de alguna minoría racial se quería ejemplificar que el problema no era sistémico, sino de actitud, de laboriosidad y esfuerzo. En el fondo esto no era más que una forma refinada de racismo, que obviaba las causas de atraso social de estas comunidades, todas sistémicas, para, retorciendo la situación, cimentar el proyecto político de los neoliberales.

El otro elemento era la religión. No se trató tan sólo de que el ala más reaccionaria del protestantismo norteamericano apoyara con fondos y multitudinarios sermones a Reagan o que incluso la secta Moon, el cuantioso invento de un anticomunista coreano, invirtiera un gran potencial económico y humano en el candidato republicano, sino de que Reagan pasó a ser una especie de papa laico de todos estos grupos. Así comentaban este maridaje en un artículo del diario *El País,* del año 1984, titulado «Dios nos ha enviado a Reagan»:

> En la nueva derecha cristiana también se comparte ese miedo rojo, pero se hace mucho más hincapié en otro fantasma que recorre América y que se llama humanismo secular. Los religiosos conservadores americanos atribuyen al término un criterio demarcacional casi metafísico que pondría nerviosos a los viejos filósofos del Círculo de Viena e incluyen bajo el mismo rótulo enfermedades tan variadas como la homosexualidad, el feminismo, la pornografía y la educación sexual en las escuelas públicas[6].

Este apoyo de los ultraconservadores religiosos deja ver un elemento esencial que a menudo se obvia en los análisis de la llegada al poder de Thatcher en 1979 y de Reagan en 1981. Si bien el discurso fue clave para sus victorias, es decir, el aparato ideológico que retrató a los progresistas como una casta burocrática en Gran Bretaña y unos despilfarradores elitistas en EEUU, que pintó la desigualdad como una oportunidad de desarrollo individual y las políticas redistributivas como un liberticidio, este no fue producto de unos cuantos asesores de campaña ni se improvisó en unos pocos meses. Detrás estaba todo el potencial, el esfuerzo consciente de décadas, de la gran burguesía anglosajona.

El neoliberalismo se presenta siempre como un proyecto de índole económica. Una actualización de la teoría clásica que propugna la desregulación del sector financiero, la revisión a la baja de los derechos laborales y la privatización de las empresas

---

6 C. Cañeque, «Dios nos ha enviado a Reagan», *El País,* edición digital, 31 de agosto de 1984 [https://elpais.com/diario/1984/08/31/internacional/462751208_850215.html].

públicas. Reducir, en definitiva, el papel del Estado en la economía y fomentar la competencia y el libre mercado en detrimento de la colaboración, la planificación y el sindicalismo. Pero realmente es mucho más sencillo: el neoliberalismo es el proyecto de las elites occidentales para, a partir del fin de la Segunda Guerra Mundial, recuperar su mermada influencia en la política y por ende en la sociedad.

La revolución neoliberal, la reacción conservadora, no es más que una restauración victoriana, un proyecto exitoso para eliminar los resultados de las revoluciones, primero, y del Estado del bienestar, después. De situar las cosas en un punto previo a la historia del siglo XX donde se tenía claro quién mandaba, que la naturaleza del Estado era la de servir a los intereses de los más ricos y donde, más que la democracia, lo electoral era un mero trámite para maquillar la dictadura de los capitalistas. El resto, incluido el fanatismo de libre mercado, es una fantasía en el horizonte porque, cuando las cosas funcionan, es gracias a la iniciativa privada y, cuando fracasan, lo hacen por culpa de una excesiva presencia del Estado en la economía. De esta forma ninguna reforma es definitiva, ninguna privatización suficiente y lo público, que desaparece donde hace más falta, se hace más fuerte allí donde es requerido: el control y la represión.

En 1947, mientras que el Gobierno laborista de Clement Attlee dio inicio a su campaña de nacionalizaciones de los sectores estratégicos en el Reino Unido, en Suiza se fundaba la Sociedad Mont Pelerin, donde se dieron cita Hayek, Friedman, Popper y Von Misses, para sentar las bases de lo que sería su contraofensiva. Si la socialdemocracia era tolerada en los países europeos fue, esencialmente, porque tras la guerra había que poner alguna medida de contención a la enorme autoridad que la Unión Soviética tenía entre los trabajadores, que aún tenían fresco el recuerdo de cuáles habían sido las causas de la contienda y quiénes sus protagonistas. Que los grandes propietarios hubieran vuelto súbitamente al capitalismo salvaje anterior a la guerra hubiera unido sus destinos al del zar Nicolás II. Transigieron, tiraron por la borda parte de su poder para salvar su barco, pero no perdieron un solo minuto en conspirar para retomar su poder de nuevo.

La Sociedad Mont Pelerin, el Instituto Americano de Empresa, la Freedom House, la Fundación Heritage, el Instituto Cato, el Instituto Manhattan o la Rand Corporation, generosamente financiados por las grandes empresas, fueron algunos de los nombres que durante las décadas de los cincuenta, sesenta y setenta trabajaron denodadamente para convertir a un grupo de marginados académicos, la Escuela de Economía de Chicago, en únicos referentes mundiales en lo económico y por dotar a los desnortados conservadores de unas nuevas armas que les permitieran recuperar el poder no para gestionar el Estado del bienestar, sino para destruirlo a la par que se enfrentaban al gran enemigo comunista. No se trataba tan sólo de reformar aspectos de la relación entre el mercado y el Estado, se trataba de crear una nueva sociedad, salvo que, esta vez, se contaría con la aquiescencia de una parte de la población entusiasmada por un nuevo espíritu de individualidad mientras que la izquierda era asediada por la duda posmoderna.

La Comisión Trilateral, un organismo auspiciado por David Rockefeller, presentó en 1975 un documento desarrollado por Samuel Huntington, Michel Crozier y Joji Watanuki titulado *La crisis de la democracia*. El profesor José Manuel Roca lo explica de la siguiente manera:

> En él se afirmaba que las demandas de los ciudadanos eran excesivas y se habían vuelto más apremiantes para lo que podía responder el Estado. Había un exceso de derechos y reclamaciones sociales que excedía de la capacidad del Estado para satisfacerlos y de agilidad para atenderlos, agravado por nuevos grupos de interés (minorías, colectivos), y en Europa, por la existencia de ideologías antagónicas, por la influencia de la izquierda y de indisciplina social. Igualmente se habían agravado los procesos de deliberación, que alargaban la toma de decisiones y posteriormente imponían la vigilancia sobre la ejecución de los acuerdos. En resumidas cuentas, hacían falta más órganos ejecutivos y menos deliberación, más control social y menos participación, según el informe, que proponía frenar las demandas de los ciudadanos, limitar sus exigencias y

fomentar la apatía en vez de la participación, es decir, reducir la democracia[7].

Entre los discursos públicos de Reagan y Thatcher y los informes de las organizaciones que los habían amparado mediaba, más que un sentido de sinceridad, un sentido de oportunidad. Ambos se basaban en las mismas ideas reaccionarias, pero mientras que en la retórica electoral se buscaron los nuevos puntos débiles de la sociedad para explotarlos, el marco teórico, sin el calor de los focos, se mostraba impenitentemente honrado: el desarrollo democrático era incompatible con la vuelta del capitalismo salvaje.

Si los paladines del libre mercado tenían una nueva satisfacción que llenar, la necesidad emocional individualista, una nueva forma de articular el discurso conservador y todo el apoyo técnico, económico e intelectual de organizaciones financiadas por los más ricos, sólo les hacía falta el contexto adecuado para el asalto definitivo. Este se dio en la crisis general del capitalismo de los setenta, que habitualmente se reduce a las sucesivas crisis de petróleo y materias primas que vinieron a partir de 1973, pero que tuvo múltiples causas como la dislocación del sistema monetario en el cambio del dólar/oro, el agotamiento del modelo fordista tanto en la vertiente del consumo como en la vertiente laboral o la relación entre salarios, productividad e inflación. En EEUU, además, la derrota en Vietnam y el escándalo Watergate profundizaron el cuestionamiento de las estructuras políticas. Los neoconservadores, lejos de amilanarse, parece que hicieron caso al aforismo maoísta: caos bajo los cielos, qué magnífica situación.

Mientras que el último desencadenante para la llegada al Gobierno de Thatcher fue el Invierno del descontento, una serie de huelgas entre 1978 y 1979 que paralizaron el Reino Unido, Reagan llegó impulsado por una situación más progresiva de estupefacción social ante lo que se contemplaba como el fin del sueño americano y su liderazgo mundial. Mientras que, posiblemente, los líderes sindicales británicos estaban por delante de la mayo-

---

[7] J. M. Roca, *La reacción conservadora*, Madrid, La Linterna Sorda, 2009, p. 151.

ría de su sociedad, en EEUU no existía una respuesta de izquierda coordinada y capaz de influir en el tablero político, sobre todo teniendo en cuenta la laminación violenta y represiva que el Partido Comunista había sufrido desde el macartismo de los años cincuenta. La nueva izquierda de finales de los sesenta supo cuestionar su momento con acierto, pero fue incapaz, 10 años más tarde, de recoger los frutos de su trabajo.

Si unas páginas atrás nos acordábamos de Tom Wolfe y su *Ponche de ácido lisérgico,* en el que se recogían las aventuras de un grupo de *freaks* a medio camino entre la vanguardia cultural, la psicodelia y el gamberrismo, el mismo autor, 20 años después, publicaba *La hoguera de las vanidades,* una sátira sobre los ejecutivos de Wall Street, donde su codicia y arrogancia – y la cocaína correspondiente– les hacían creerse los dueños del universo. Y en cierta manera tenían razón ya que, exceptuando la guerra nuclear, nada parecía poder detenerlos. En todo caso, el cambio de 1968 a 1987, años de publicación de las dos novelas, se había dado; los protagonistas de la literatura y la realidad ya eran otros.

Los Gobiernos de Thatcher y Reagan fueron exitosos si atendemos a su cometido original, el de implantar en la sociedad un nuevo ideario que justificara el poder omnímodo de los más ricos y el de situar la economía no como una herramienta de la democracia, sino como un ente en sí mismo. El profesor Vicenç Navarro resume así esta disparidad entre resultados económicos y consecuencias sociales:

> Los indicadores macroeconómicos pueden ir bien y en cambio la calidad de vida de grandes sectores de la población, e incluso de la mayoría de la población, puede no ir bien. En Estados Unidos, por ejemplo, se vió que la subida del crecimiento económico y la disminución de desempleo que tuvieron lugar en la década de los ochenta durante la Administración del presidente Reagan fueron acompañados de un importante deterioro de los indicadores de calidad de vida de grandes sectores de la población. Una situación semejante se produjo en la Gran Bretaña durante la Administración Thatcher. La razón de

esta aparente paradoja es que los indicadores macroeconómicos de crecimiento económico y de paro no miden ni la distribución social del paro, ni la calidad del empleo, ni la distribución de la renta nacional, indicadores todos ellos de una enorme importancia para entender la calidad de vida de un país[8].

Este resultado, que parecía contradecir la lógica económica de desarrollo fordista, es decir, que aunque el principal motor fuera el beneficio empresarial para que este se diera los trabajadores tenían que tener la capacidad adquisitiva para comprar los bienes que fabricaban, no fue una consecuencia inesperada o indeseada, sino más bien un objetivo buscado. Había que crear empleo y enriquecer a una parte de la sociedad muy determinada, fortalecer a una clase media de profesionales relacionados con los sectores financieros, tecnológicos y comunicativos para que sirvieran de guardia pretoriana al nuevo orden en detrimento de la clase trabajadora industrial. No hacía falta gobernar para todos, aunque así se dijera, para crear una firme base electoral, sino que bastaba con recurrir a la unión entre neoliberalismo y el nuevo concepto de estilos de vida para crear un segmento no sólo fiel sino con capacidad para influir aspiracionalmente en el resto de la sociedad que no se beneficiaba de estos avances. Daba igual que el paro, el descenso de las condiciones de vida o directamente la pobreza se concentraran en sectores mayoritarios de la población mientras estos, en vez de organizarse y luchar, se sintieran culpables y aspiraran a ser como los nuevos héroes de las películas.

Aunque el cine, una de las principales maquinarias de consenso social, aún arrastraba gran parte de la crítica y ferocidad de los setenta, la pantalla empezó a mostrar una nueva clase de protagonistas que, bajo la excusa del entretenimiento, trasladaban a la opinión pública una catarata de estos nuevos valores. Mientras que *Los Goonies* emprenden su aventura para frenar un desahucio, un debutante Tom Cruise interpreta en *Risky*

---

[8] V. Navarro, *Bienestar insuficiente, democracia incompleta,* Barcelona, Anagrama, 2002.

Business a un jovencito de clase media alta que vive unos inolvidables días al lado de una prostituta. Los ejecutivos se multiplican en la pantalla: llevar tirantes, medrar sin escrúpulos y convertir los índices bursátiles en una aventura son ahora un tema de interés, tanto que incluso una película de pretensión feminista como *Armas de mujer* se apunta a la tendencia. Del antihéroe perdido en un mundo hostil, *Taxi Driver,* se pasa al antihéroe que se sabe aprovechar de ese mundo hostil, glorificando al delincuente hecho a sí mismo en *El precio del poder.* La tecnología pasa a ocupar un papel predominante en las cintas, por encima de la música o la contracultura: los nuevos modelos no aporrean guitarras sino teclados. Así, de *Fiebre del sábado noche*, que contaba con un Tony Manero proletario y arrogante frente a lo convencional, pasamos a *TRON* donde el conflicto se sitúa dentro de un videojuego y su protagonista dudamos que supiera dar un solo paso de baile. Es en la nunca bien ponderada *Robocop* donde, a través de una aparente cinta de acción, se nos advierte, ya casi al final de la década, de los peligros de la tecnología en manos de grandes corporaciones que dominan ciudades empobrecidas a su antojo (¿recuerdan el principio de este capítulo?).

A través del cine, concretamente de la trilogía de *Rambo,* podemos ver el desarrollo de la política exterior norteamericana, resumida en lo bélico. Reagan y Thatcher libraron guerras en las que sabían que no podían perder, guerras como la invasión de Granada o de las Islas Malvinas, guerras sin una importancia estratégica real destinadas al consumo interno para mayor gloria del renacido patriotismo. El otro frente fueron las guerras en las que no se participaba directamente, El Salvador, Nicaragua, Irán, Iraq y Afganistán, donde EEUU tuvo un papel decisivo a la hora de proporcionar apoyo estratégico, logístico y de armamento. El escándalo del Irán-Contra resume muy bien la amoralidad de la diplomacia del plomo estadounidense, ya que la superpotencia vendía armamento a su entonces aliado Iraq pero también bajo cuerda a su enemigo Irán, para que con el dinero negro obtenido poder financiar las operaciones de contrainsurgencia en Centroamérica. Si John Rambo, en su primera aparición, aún muestra algún guiño progresista, al enfrentar a un veterano de Vietnam con un reaccionario policía, *Rambo: Acorralado Parte II* gana en la pantalla la guerra que se perdió en las selvas de Indochina, cauterizando el orgullo herido con celuloide. Es en *Rambo III* cuando Sylvester Stallone viaja al lejano Afganistán para ponérselo difícil a los soviéticos, aliándose, adivinen, con los talibanes. Lo que ahora se contempla como un guion demencial en su momento sólo retrató la realidad: las fotos de integristas islámicos dando la mano en el despacho oval a Reagan o los artículos de prensa hablando de Bin Laden como un luchador por la libertad están en la hemeroteca para quien los quiera buscar.

La política bélica llegó incluso hasta su condición espectacular con la Iniciativa de Defensa Estratégica, un programa cuasi ficticio para, en teoría, destruir un ataque nuclear de misiles balísticos de la URSS mediante rayos láser y satélites. Lo cierto es que la iniciativa era técnicamente irrealizable –lo sigue siendo hoy en día–, pero las impactantes y novedosas imágenes creadas por ordenador para su presentación y el nombre que le pusieron los medios, «La guerra de las galaxias», hizo que algo que no era posible resultara factible y hasta atractivo en las mentes de millones de personas.

La industria armamentística se desarrolló bajo el reaganismo de forma exponencial, por un lado para obligar a una URSS en declive a destinar más recursos de los que podía asumir al campo militar y por otro como estímulo para revitalizar la economía estadounidense. Sí, a pesar de toda la parafernalia neoliberal sobre la reducción del papel del Estado en la economía, en los años ochenta, tras la URSS, el segundo país donde el sector público tenía más peso en la inversión era EEUU.

Aunque Ronald Reagan tuvo que afrontar en su primer año de mandato una huelga de controladores aéreos, que solventó de forma paradójica «nacionalizando» el servicio al recurrir a los militares para reventarla, la que tuvo que librar una dura batalla en el terreno laboral fue Margaret Thatcher, en la huelga de la minería de marzo de 1984 a marzo de 1985. *La Dama de Hierro,* como había sido bautizada por la prensa soviética, nombró a los huelguistas como el *enemy within* (el enemigo interno), declarando un estado de excepción encubierto en los condados donde se produjo el conflicto, llevando las tácticas de guerra sucia empleadas en el Úlster a Yorkshire.

La huelga no fue buscada por los mineros, sino que se trató de un acto defensivo frente al ataque del Gobierno conservador que pretendía cerrar varias minas, aún en manos públicas, aduciendo su baja rentabilidad. El ataque fue cuidadosamente planificado con el objetivo primario de acabar con el NUM, el poderoso sindicato minero que había sido el responsable de la caída del anterior Gobierno *tory*. Pero no fue tan sólo una venganza, sino que lo que subyacía tras las gráficas de pérdidas era el objetivo de dividir al sindicalismo británico y privatizar las minas como ejemplo punitivo para el resto de sectores. La huelga, de un año de duración, el mayor conflicto laboral europeo de posguerra, estuvo a punto de ser ganada en un par de ocasiones por los mineros, pero el dubitativo Partido Laborista y la cúpula sindical pensaron que se había llegado demasiado lejos, que aquellos cierres podían ser reversibles, que después de Thatcher vendría algo nuevo. Y fue cierto. Lo nuevo es que hoy ya no queda un solo pozo de carbón operativo en Gran Bretaña y que la afiliación sindical, que en la llegada de Thatcher al poder, en 1979, era de más de la mitad de los trabajadores, unos 13 millones de personas, hoy apenas alcanza los seis millones de afiliados, menos de un 20 por 100 de la población activa.

Eric Hobsbawn sintetiza ya en 1993 el desenlace de los Gobiernos de Reagan y Thatcher de una manera sombría pero acertada, al concluir que el neoliberalismo:

> Ha llevado a una revitalización de la creencia en una empresa privada y en un mercado irrestrictos; a que la burguesía haya recuperado su confianza militante en sí misma hasta un nivel que no poseía desde finales del siglo XIX y, simultáneamente, a un sentimiento de fracaso y a una aguda crisis de confianza entre los socialistas. Mientras que los políticos de derecha, probablemente por vez primera, se vanaglorian del término capitalismo, que solían evitar o parafrasear debido a que esta palabra se

asociaba con rapacidad y explotación, los políticos socialistas se sienten intimidados a la hora de emplear o reivindicar el término socialismo[9].

UN LOGRO APÓCRIFO: LOS AÑOS DE CLINTON Y BLAIR

Que el proyecto neoliberal ha tenido éxito en sus postulados clasistas y regresivos es incuestionable, lo cual no implica que las ideas propugnadas por Reagan y Thatcher tuvieran un impacto inmediato y global. Durante los años ochenta, de hecho, la socialdemocracia vivió un auge en países como Francia, España, Grecia y Portugal, tras su proceso revolucionario, además de seguir siendo hegemónica en los países nórdicos. El panarabismo, aunque convertido ya en dictaduras militares de diverso signo y virulencia, era un polo independiente a las teocracias del golfo Pérsico. Irán había vivido su revolución en 1979, con el resultado del triunfo de los ayatolás, lo que no implica que la misma pudiera haberse decantado hacia el lado comunista. Las revoluciones en Nicaragua, El Salvador y Afganistán acabaron en las mal llamadas guerras civiles, realmente intervenciones imperialistas para frenar los procesos emancipatorios. El mundo de los años ochenta, incluso mostrando ya un claro avance de la reacción conservadora, continuaba siendo un escenario donde el conflicto capital-trabajo era el central, donde Gobiernos conservadores respetaban los acuerdos sociales. Fuera de la esfera anglosajona, sólo había fructificado como plan económico en las sangrienta dictadura de Chile.

Sin embargo, el plan ya empezaba a ser percibido como global. Haro Tecglen, en un artículo de 1982 en la revista *Triunfo,* titulado «Bajo el signo de Reagan», comentaba esto a propósito de la influencia de los nuevos apóstoles del capitalismo salvaje en la socialdemocracia:

---

[9] E. Hobsbawm, *Política para una izquierda racional,* Barcelona, Crítica, 1993, p. 14.

El foco conservador, encabezado por Reagan o por el misterioso y equívoco personaje que es el papa Wojtyła, por un tipo característico como es el de Margaret Thatcher, tiene el suficiente poder como para evitar que los socialismos lleguen al fondo de sus doctrinas; y como para hacer –desde su infiltración en las Administraciones, la banca, los Ejércitos y la Iglesia, que ya no es la de los sacerdotes obreros– que estos socialismos electorales puedan estrellarse. O al menos intentarlo[10].

Las palabras de Haro Tecglen son publicadas 10 meses antes de la victoria del PSOE el 28 de octubre de 1982, esto es, cuando Felipe González era aún una esperanza para millones de personas y no el oscuro cabildero que es hoy. En ese momento la OTAN de *entrada no*, el desmantelameinto industrial no aparecía en ningún programa electoral y el ingreso en la Comunidad Económica Europea se contemplaba con ilusión. Lo que significa, más allá de lo que realmente era ya el PSOE después de Suresnes, más allá de lo que acabó significando el felipismo, que la llegada de un partido que se decía obrero y socialista al poder tras cuarenta años de dictadura debería ser leída como la aplastante hegemonía de la izquierda en la sociedad española de esos años, incluso a pesar de la derrota de la potencialidad protorrevolucionaria del lapso 1976-1979. En el párrafo que escribe Tecglen se percibe ya que el neoliberalismo es mucho más que un programa económico, que afecta a todas las instituciones sociales y que incluso, parece, va a tener la última palabra en las decisiones o inacciones de estos nuevos y jóvenes socialdemócratas. Como así fue.

Es en la década de los noventa, cuando Felipe ha pasado a ser el señor González y el envejecimiento prematuro ha hecho mella en su rostro, cuando en el ámbito anglosajón se da un giro inédito en años con la llegada a la Casa Blanca del demócrata

---

10 H. Tecglen, «Bajo el signo de Reagan», *Triunfo Digital,* 1 de enero de 1982 [http://www.triunfodigital.com/mostradorn.php?a%F1o=XXXVI&num=15&imagen=12&fecha=1982-01-01].

Bill Clinton en 1993 y con la entrada por la puerta de Downing Street del laborista Tony Blair en 1996. Contrariamente a lo que se piensa, el ocaso de Felipe González no fue extemporáneo al ascenso del progresismo anglosajón, sino que anticipó lo que iba a ser el programa político de la tercera vía. Pero no adelantemos acontecimientos.

Si el siglo XX empezó en 1917, el evento que marcó no sólo los años noventa sino que clausuró aquel corto siglo tuvo que ver con su inicio. Sucedió el día de Navidad de 1991, con el arriado de la bandera roja en el Kremlin. La URSS había tocado a su fin. Imaginamos que por el rostro de Juan Pablo II corrieron pías lágrimas de alegría, ya que en su imaginario no podía ser casualidad que el día del nacimiento del Señor coincidiera con el fin del ateo «Imperio del mal». El papa, que pasó por cercano y popular durante su pontificado, era un reaccionario polaco fuertemente anticomunista y restauracionista que, emulando a Reagan y Thatcher, hizo lo posible por destruir a su «sindicalismo» particular, la teología de la liberación, una visión del cristianismo, especialmente arraigada en Latinoamérica, que propugnaba una Iglesia de base al servicio de los más pobres.

La calidad divina de Juan Pablo II es desconocida; la humana se resume muy bien en el siguiente pasaje. El obispo de San Salvador, monseñor Romero, acudió al Vaticano para denunciar ante el papa las tropelías cometidas por los paramilitares de ultraderecha al servicio de la dictadura, entre ellas la del asesinato del sacerdote Octavio Ortiz. Cuando consiguió ser recibido por el pontífice, no sin sortear antes a la recia burocracia papal, intentó enseñarle documentos y pruebas de las matanzas y violaciones, a lo que Wojtyła respondió despreciativo que no tenía tiempo para tanta lectura:

> Sorprendido, con las lágrimas en los ojos, el obispo de San Salvador abrió el sobre que guardaba la foto del rostro del sacerdote Octavio Ortiz destruido. Le contó la historia del origen campesino del cura, la tarde en que lo ordenó, el día en el que fue apresado por el Gobierno sólo porque estaba enseñando a

los muchachos de un barrio humilde de San Salvador el evangelio. «Lo mataron con crueldad y hasta dijeron que era guerrillero...» Viendo la foto de refilón, Karol Wojtyła le preguntó: «¿Y acaso no lo era?»[11].

Si la caída de la URSS fue motivo de celebración para la curia católica, no lo fue menos para los mercados y sus representantes políticos. No es objeto de este libro analizar la trayectoria de la URSS ni su disolución, pero en lo que nos toca, sí hay que apreciar que el papel de Thatcher y Reagan en el episodio ha sido magnificado. Siendo sin duda relevante, la URSS tuvo que afrontar en los ochenta una concatenación de causas derivadas de las reformas políticas de la Perestroika y la dificultad para planificar centralizadamente una economía cada vez más compleja por un aparato estatal vertical y burocratizado. La URSS se hundió, pero lo hizo al estilo del Pruitt-Igoe, casi como una voladura interna y controlada.

La desaparición del Bloque del Este fue un acontecimiento traumático para todos los comunistas, fueran cercanos a la órbita de la URSS, Pekín o hubieran desarrollado el modelo propio del eurocomunismo, pero también para el resto de la izquierda, incluida la socialdemocracia. Si bien las imágenes que la mayoría de gente recuerda de la URSS, por su insistente repetición, son las de los desabastecimientos del final de sus días, lo cierto es que el proyecto del socialismo real seguía siendo un faro de posibilidad y un contrapeso al poder capitalista mundial hasta mitad de la década de los ochenta. Pero también aquel colapso propició, sobre todo en la izquierda europea occidental, una sensación de haberse librado de un peso histórico que nadie sabía bien a dónde se dirigía. El espacio que quedó tras las ruinas del Muro fue visto como una posibilidad para repensar la izquierda, para empezar de nuevo, para no cometer

---

[11] I. Gallo, «El día que el Papa Juan Pablo II humilló a Monseñor Romero en el Vaticano», *Las 2 Orillas,* 24 de marzo de 2017 [https://www.las2orillas.co/el-dia-en-juan-pablo-ii-humillo-monsenor-romero-en-el-vaticano/?utm_source=Las2Orillas&utm_campaign=f6b74ea725-_25_05_15_Mailing_Las2orillas&utm_medium=email&utm_term=0].

los terribles errores del pasado. Pero también para otros fines mucho menos benéficos.

Tanto demócratas como laboristas llevaban algo menos de una década y media sin ganar unas elecciones generales, lo cual no implica que toda la sociedad hubiera caído en la ensoñación neoliberal. Thatcher tuvo que dimitir a consecuencia de la crisis de la Poll Tax, una reforma fiscal que pretendía que todos los ciudadanos, independientemente de su renta, pagaran un impuesto para financiar la Administración local. La medida provocó una campaña de protestas que acabó con graves disturbios en Londres. Seguía existiendo una izquierda organizada, pero no era suficiente para ganar en lo electoral.

La cuestión era que la abstención se producía en mayor medida entre los votantes de izquierdas. En medio de la amplia gama política, al contrario, existía una clase media que si bien no era mayoritaria, con la abstención de la izquierda de clase trabajadora, sí resultaba decisiva en las elecciones. Esta clase media estaba formada por personas sin un credo político explícito, ya que no encajaban en las categorías habituales hasta aquel entonces de izquierda y derecha. Lo cual no implica que no tuvieran ideología, bien al contrario, llevaban consigo un fuerte sentimiento de individualismo. Esta gente con un estilo de vida imbuido por el neoliberalismo era la que los Gobiernos de Reagan y Thatcher habían desarrollado en sus mandatos como guardia pretoriana electoral.

Otro de los desarrollos de estos años, como recordamos, fue el de los campos de la publicidad, el *marketing* y los estudios de mercado. Estos estudios se fijaban, fundamentalmente, en este segmento de la población, con capacidad adquisitiva pero con una identidad débil al haber abandonado la de clase, que llenaban con el agasajo del mercado hacia su individualidad. Los *focus groups* eran reuniones donde unas 10 personas eran cuestionadas por un entrevistador, generalmente en un ambiente distendido, sobre sus deseos y necesidades. El objetivo de esta técnica era romper el armazón del discurso razonado respecto a sus necesidades como consumidores y descubrir cuáles eran sus anhelos más personales para saciarlos con productos.

En las primeras elecciones que ganó Bill Clinton en 1993 se utilizaron estos *focus groups* para averiguar cuáles eran los deseos de estos votantes, no tanto en el plano del discurso político racional sino en lo primario. La idea era que como existían unos votantes demócratas fijos y unos republicanos que eran imposibles de conseguir, había que centrar los esfuerzos en este segmento de la sociedad que coincidía con el de los consumidores aspiracionales e identitarios.

Clinton prometió un recorte de impuestos a la clase media basado en estos grupos de estudio y, aunque no necesariamente por esa promesa, ganó las elecciones. La medida, que no fue popular entre muchos votantes y militantes demócratas, prometía ser compensada recortando el gasto militar y subiendo los impuestos a los más ricos. El problema fue que la Administración Clinton se encontró con un gran déficit oculto que les hizo imposible llevar a cabo su plan. Esos votantes indecisos de clase media se sintieron engañados y dieron la victoria a los republicanos, de nuevo, en las legislativas de 1994.

Clinton, con la desesperación tradicional de todo presidente norteamericano que teme pasar a la historia habiendo sido elegido para un solo mandato, contrató a Dick Morris y Mark Penn como asesores de campaña para ganar las elecciones presidenciales de 1996. Morris y Penn aplicaron estas técnicas de estudio de mercado pero a un nivel masivo, realizando encuestas no sobre ideología, sino sobre valores y estilos de vida, a estos votantes indecisos desde un gigantesco Call Center de Denver. La confianza de Clinton en este nuevo sistema de análisis era tal que pasó de tomarlo como una técnica electoral a moldear sus políticas de acuerdo al mismo.

Los votantes-consumidores indecisos no estaban preocupados por los grandes temas de la agenda política, sino por nimiedades que dieron lugar a las promesas electorales de lo diminuto. Si Clinton tenía que prometer implantar un chip en las televisiones para evitar que los hijos de la clase media vieran porno, lo prometía; si Clinton tenía que prometer instalar un teléfono móvil en cada autobús escolar para lo que los hijos de la clase media viajaran presuntamente seguros, lo prometía. El problema era que nadie parecía darse cuenta que esos deseos, esas aspiraciones e incluso esos temores de aquellos votantes indecisos no eran precisamente suyos.

La campaña de Tony Blair, el nuevo aspirante laborista para las elecciones de 1997, fue calcada de la de Clinton, tanto que uno de los publicistas británicos que trabajó en la primera, Philip Gould, fue una de las principales cabezas pensantes de la segunda. Para Gould, que a pesar de su buena posición profesional había estado comprometido siempre con el laborismo, la derrota de 1992 fue una espina que se le había quedado clavada. A pesar de que él ya utilizó los *focus groups*, los dirigentes laboristas no tomaron en consideración sus conclusiones que apuntaban a la promesa de una bajada de impuestos, esencialmente por considerarla contraria a los principios del partido. Gould enfocó esta derrota aduciendo que los dirigentes laboristas eran una elite que pretendía creer saber lo que convenía al pueblo imponiendo paternalmente una serie de medidas que eran contrarias a los nuevos estilos de vida deseados.

Blair tuvo su Suresnes particular al eliminar la histórica cláusula IV del Partido Laborista que defendía la propiedad común de los medios de producción, distribución e intercambio. En una entrevista de campaña, el nuevo candidato laborista decía mirando a cámara mientras conducía su utilitario en mangas de camisa que «de hecho, el Partido Laborista está con la clase media. Con aquellos que aspiran a hacerlo mejor, que tratan de avanzar en la vida y ser ambiciosos para ellos y sus familias», declaró también que pensaba que «sólo había un partido: que las empresas vayan bien. Y ese partido es el New Labour».

Tras ganar su primera elección, en el discurso de la victoriosa noche electoral, Tony Blair habló desde la tribuna a un público exultante, que le contemplaba como un héroe por haber acabado con más de 15 años de Gobiernos conservadores. «Lo que la gente te da la gente te lo puede quitar. Nosotros somos ahora los sirvientes, ellos son ahora los amos» dijo el nuevo primer ministro laborista, replicando unas ideas que parecían progresistas, pero que eran muy similares en fondo y forma a las que había pronunciado una candidata conservadora en 1975, «tener al Estado como sirviente, no como amo»[12].

Lo que el publicista Philip Gould interpretaba como el antiguo elitismo dirigente laborista había sido barrido por las opiniones de un tipo de personas que identificaban la política como un mercado: si ellos pagaban impuestos, ellos comprarían el producto electoral que mejor se adaptara a su identidad aspiracional, no a sus necesidades reales. La diversidad de consumidores frente a la masa anónima de la clase trabajadora, toda una declaración posmoderna. Y con ese supuesto elitismo se habían ido también todas las políticas históricas socialdemócratas e incluso las antiguas inclinaciones marxistas, ambas muy debilitadas por una ansiedad de victoria y por el derrumbe del Bloque del Este.

Estas políticas enfocadas al yo, en cambio, contenían diferentes huevos de serpiente que han hecho nido en la izquierda hasta nuestros días. Desde entonces se ha instalado la idea de que la izquierda no puede ganar unas elecciones presentando un programa de izquierdas puesto que no será comprendido por ese difuso concepto llamado gente, que ha servido para extender el sector de la clase media a todos los segmentos. Se olvida así al abstencionismo y sus causas, muy amplio en todas las democracias occidentales y formado en su mayor parte por personas de clase trabajadora.

Toda esa capa de clase media ampliada bajo los Gobiernos de Thatcher y Reagan, voluble en sus tendencias electorales, no se percibe como explotados por el libre mercado, porque suelen tener ocupaciones bien remuneradas o por poseer pequeños negocios y propiedades, pero sobre todo por verse a sí mismos como individuos con aspiraciones que prosperarán gracias a ese libre mercado, independientemente de lo que luego suceda en la aspereza del capitalismo salvaje.

Esas esperanzas, esos miedos y esas aspiraciones, esa identidad débil posmoderna, no son ni siquiera propios. De igual for-

---

[12] A. Curtis, «El siglo del yo», en YouTube [https://www.youtube.com/watch?v=Z_xG-2HNUzU&index=4&list=PLwQsHBaHV_WI68b58tfYfjBEXnb7Gfekq].

ma que se suple con productos se crea a través del mercado. Que eso llamado gente se haga de la noche a la mañana experta en vinos, haga cola durante horas para comprar un nuevo modelo de móvil o sea capaz de gastar un dinero que no tiene en una marca muy concreta de ropa, no es una aspiración netamente humana, como comer y vivir bajo un techo, sino evidentemente un deseo inducido por el mercado de una manera muy similar a como Bernays hizo creer a las sufragistas que fumar era un signo de libertad, uniendo artificialmente necesidades primarias o motivaciones progresistas con productos o tendencias de consumo.

Al trasladar este mecanismo a la política se olvida que los sirvientes públicos, en palabras de Blair, al final no responden ante sus amos, que no son los ciudadanos en general sino una capa muy concreta de ciudadanos neoliberales, y ni siquiera ante este segmento como personas, sino ante sus deseos que son impuestos por un refinado sistema de persuasión. La política, como herramienta democrática, queda así reducida de un debate racional en sociedad a un producto de consumo.

Tras casi 40 años de proyecto neoliberal esta capa de ciudadanos de clase media se ha hecho absolutamente hegemónica. No porque todo el mundo se haya convertido en un pequeño propietario o trabaje en sectores comunicativos, financieros o tecnológicos, sino porque la relación entre la identidad débil y el mercado de consumo se ha hecho mayoritaria. De esta forma, aunque las desigualdades siguen aumentando año tras año, las aspiraciones identitarias no se colman mediante la acción colectiva, sino mediante el consumo de bienes tangibles pero también de ideas que parecen política pero que son un *doppelgänger* de la misma.

Lo que se presentó como una manera de ganar electoralmente a los partidos conservadores en EEUU y el Reino Unido, como una táctica de campaña, como un método meramente comunicativo y argumentativo, acabó afectando al propio programa político, ya de por sí mermado, de la socialdemocracia. Anthony Giddens, el sociólogo que dio soporte académico al New Labour mediante la llamada tercera vía, desarrolló su teoría prácticamente de forma paralela a esta transformación definitiva de la política en objeto de consumo. No fue así una inspiración para el Nuevo Laborismo, sino una justificación *ad hoc* al mismo.

The Sun, el periódico sensacionalista británico, una fosa séptica editada en formato tabloide, pasó de apoyar durante 20 años a los conservadores a pedir el voto para Tony Blair. Su propietario, el magnate Rupert Murdoch, que además tiene bajo su emporio a los grupos audiovisuales News, Fox y Sky, fue un apoyo clave para las campañas de Reagan y Thatcher. De hecho, en 1981, cuando *la Dama de Hierro* atravesaba un bajo momento de popularidad, el multimillonario se reunió secretamente[13] con ella para tratar la compra del centenario periódico británico *The Times.* Ambos tenían necesidades y ofrecimientos.

Años después, con una Thatcher ya en ese dulce momento en que se escriben libros de memorias, se dan conferencias a cambio de grandes emolumentos y se presta apoyo moral a venerables ancianos como Pinochet, la antigua primera ministra británica dejó una frase que resume perfectamente esta colonización total de la política por el neoliberalismo. Según cuenta Conor Burns, un diputado conservador británico, mientras que agasajaba a su antigua jefa de filas con una cena privada le preguntó cuál creía que era el mayor logro de su carrera política, a lo que Thatcher contestó «Tony Blair y el Nuevo Laborismo. Obligamos a nuestros oponentes a cambiar su forma de pensar»[14].

Clinton y Blair, que llegaron como héroes tras acabar con las largas décadas de dominio conservadoras acabaron sus mandatos de forma, más que triste, delincuencial. El norteamericano no por su bufonada sexual, sino por haber derogado la ley Glass-Steagall que separaba a las entidades bancarias de ahorro de las de inversión, poniendo la primera piedra para la crisis fi-

---

[13] A. Travis, «Murdoch did meet Thatcher before Times takeover, memo reveals», *The Guardian,* 17 de marzo de 2012 [https://www.theguardian.com/media/2012/mar/17/rupert-murdoch-margaret-thatcher].

[14] C. Burns, «Margaret Thatcher's greatest achievement: New Labour», *Conservative Home,* 11 de abril de 2008 [http://conservativehome.blogs.com/centreright/2008/04/making-history.html].

nanciera de 2008. El británico por haber participado en la carnicería de Iraq, una guerra esencialmente aún en curso y que según el Opinion Research Business ha costado la vida en 2007 a más de un millón de personas.

IV

EL MERCADO DE LA DIVERSIDAD

Si el primer capítulo de este libro es un calentamiento, un ponernos en situación, los dos siguientes son un viaje de transformación, una explicación de cómo hemos llegado hasta aquí. Pasamos en este cuarto de un trayecto no exhaustivo por el tiempo a un recorrido por el lugar actual, nuestro aquí, que coincide con estas primeras décadas de siglo XXI pero, sobre todo, con la sociedad poscrisis en el mundo occidental. El insistente protagonismo del contexto norteamericano no es una cuestión de simpatía o cercanía, sino de necesidad y obligación. La potencia económica e imperial que situó primero el centro del mundo en el Imperio británico y después en sus colonias renegadas hace que nuestra sociedad se haya visto marcada por lo que allí sucede de forma ineludible, aún más desde el inicio de la reacción neoliberal de finales de los setenta y la globalización capitalista de una década después. Con este cambio del acontecimiento al lugar iniciamos un nuevo bloque en el que ese lugar, nuestro aquí, nos mostrará las consecuencias de los cambios de las pasadas décadas. Tras conseguir el mapa para llegar a la Isla Calavera por fin comenzamos a explorarla. Ajústense el salacot.

Jeni Ni es una pequeña empresaria estadounidense en el sector de la moda. No tiene un taller de confección o una tienda donde vende sus vestidos, sino que ha abierto un servicio en línea de *customizable look,* es decir, un método de ropa personalizada donde las prendas creadas por otros diseñadores pueden ser alteradas en pequeños detalles por los compradores en una página web. El servicio, no la empresa, pretende proporcionar a los usuarios, no a los clientes, una «experiencia personal» en el ámbito de la ropa con el objetivo de «acercar el lujo a todo el

93

mundo»[1], o al menos a los que puedan pagar 2000 dólares por sentirse diferentes. Además el proyecto de Jeni es respetuoso con la sostenibilidad y el medio ambiente, a modo de garantía de que con nuestra compra contribuimos a un mundo mejor. El Día de Acción de Gracias, el cuarto jueves de noviembre, se rememora un tributo que procede del siglo XVI donde se agradecía al Altísimo el buen resultado de las cosechas. Jeni Ni prepara la cena para sus invitados, pero este año ha introducido una variación en el menú. Ha sustituido el tradicional pavo por capón, un gallo que es castrado a los cuatro meses para obtener una carne más abundante y jugosa. No ha descubierto esta variedad de ave en ningún recetario sino que, como otros muchos habitantes de la *aldea global*, sigue semanalmente la ficción televisiva *Juego de Tronos*, una serie situada en un medievo fantástico donde hay intriga política, dragones y los protagonistas coronan sus celebraciones con capón. A Jeni, además de la cuestión gastronómica, le parece algo muy sofisticado presentar un plato a sus invitados como el que disfrutan sus héroes televisivos. Su novio, Holland Smith, un consultor de moda de Los Ángeles, piensa lo mismo, hasta que unos días después descubre el método empleado para que un gallo acabe transformado en capón. La emasculación avícola le hizo sentirse horrorizado por la «tortura adicional» que sufrían los animales, «hay algo en tu lado masculino que simplemente... te relacionas con él un poco más»[2]. Holland y Jeni rompieron unos meses después.

Ambas historias, la de éxito empresarial y la de la accidentada cena de Acción de Gracias, además de compartir protagonista, están publicadas en 2017 en dos de las biblias del periodismo económico neoliberal, el *Wall Street Journal* y la revista *Forbes*, las

---

[1] C. Shatzman, «New Site Frilly Makes Customizable Made-To-Order Fashion With Just A Few Clicks», *Forbes*, edición digital, 29 de agosto de 2017 [https://www.forbes.com/sites/celiashatzman/2017/08/29/new-site-frilly-makes-customizable-made-to-order-fashion-with-just-a-few-clicks/#3575cb1e4ba8].

[2] E. Erheriene, «Here's a Quick Fix for Thanksgiving: Try Serving a Castrated Chicken», *The Wall Street Journal*, edición digital, 20 de noviembre de 2017 [https://www.wsj.com/articles/thanksgiving-capons-taste-great-the-fixings-are-controversial-1511195389].

cuales dedican amplias secciones a eso llamado estilos de vida, epígrafes que no se dedican a contar cómo vive el norteamericano medio de la forma en que lo hubiera podido hacer Truman Capote a mediados de los cincuenta, sino a comentar la extraordinaria aventura que supone seguir las tendencias por parte de los jóvenes profesionales urbanos del siglo XXI. Ambas historias resumen a la perfección nuestro lugar.

La primera porque habla de economía sin hablar de economía, convirtiendo los negocios en emprendimiento, una suma de ideas brillantes, de *startups* como base de la sociedad norteamericana, dando una imagen simpática y juvenil del hecho empresarial. La realidad es que estas empresas emergentes son una burbuja que apenas representa un porcentaje significativo del PIB, además de que la mayoría fracasan en sus primeros años de vida. Por otro lado todo transcurre en la comodidad y la asepsia de lo *online,* en el supuesto respeto al medio ambiente. La clase trabajadora que fabrica las telas en algún taller asiático permanece fuera de plano porque, lo importante, es destacar que con este nuevo modelo de compra el individuo es más él mismo, afirma con mayor intensidad su estilo de vida que si comprara su ropa en una gran cadena donde podría encontrarse con otra clase media que no lo es tanto. El empresario ahora toma el nombre de emprendedor, el cual no posee una empresa sino que gestiona un proyecto, cuya intención no es vender sino ofrecer un servicio, no para que un cliente lo compre sino para que un usuario lo disfrute creativamente.

En el terreno de lo personal todo sucede de una forma parecida. Los individuos se fundamentan por sus actividades laborales. Limpiar con una fregona los suelos de una estación de metro es trabajar, quien diseña ropa o complementos tan sólo se desarrolla profesionalmente. Pero además la *self-expression* sucede también en la vida cotidiana, que se ha convertido en una actividad profesional en sí misma. Vivir implica conocer cómo hay que vivir y cada acción nimia se convierte en una forma de fortalecer la autorrealización, aunque la leamos en una revista o la veamos en una serie que comparten otros tantos millones de personas. El conflicto existe, pero se reduce a controversias que afectan siempre a nuestra identidad individual. La pareja de la historia no discute por el modelo estructural de la industria alimentaria, algo que nos afecta a todos y sólo puede ser mejorado mediante la acción colectiva, discute porque uno de ellos se siente conmovido por la castración de un pobre gallo con el que se identifica probablemente más que con el vecino que pernocta entre cartones a un par de manzanas de su domicilio. Nuestro yo construido socialmente anhela la diversidad pero detesta la colectividad, huye del conflicto general pero se regodea en el específico.

Mientras que cada vez somos más previsibles, nos parecemos más al estar moldeados por la persuasión del mercado, nunca hemos necesitado tanto ser tan diferentes, pensarnos tan diversos. Esta ansiedad por la diferencia se manifiesta en el consumo, tanto de bienes materiales como de bienes intangibles, pero ocupa todas las parcelas de la vida, incluso las más íntimas.

Tentaciones, el suplemento de tendencias de *El País* que empezó a mediados de los noventa como una revista cultural con ánimo independiente, lo que no era más que un eufemismo para tratar la conversión de la contracultura de las tres anteriores décadas en producto de consumo, fue una referencia para la juventud que quería diferenciarse del resto. Así, quien no encajaba con Los 40 Principales o Cadena Dial, las radio-fórmulas de pop comercial de PRISA, podía leer *Tentaciones,* que funcionaba más que como una publicación de crítica cultural como un ente prescriptor, es decir, su fin no era informar al público si tal producto cultural era bueno o malo de acuerdo con unas categorías consensuadas, sino si tal o cual producto cultural era necesario para ser una persona especial.

En 2017, *Tentaciones* sigue siendo un suplemento de prescripción cultural, pero además ha ampliado sus horizontes a casi todas las facetas cotidianas necesarias para ser *cool*. Entre ellas el sexo que, si bien siempre ha sido un buen material comercial periodístico, hoy se utiliza para acentuar la enorme diversidad de la que parece que disfrutamos. *Tentaciones* dedicó artículos al *contouring*, el maquillaje y la cirugía vaginal para que este órgano sea estéticamente agradable (desconocemos con base en qué criterios); a Wikitrans, la guía definitiva para no perderse en las nuevas sexualidades; a la atracción sexual hacia los globos; a la gente que quiere tener sexo en el baño de un avión; se preguntaron si las cosquillas eran el nuevo porno; nos hablaron de las mujeres que tenían orgasmos mientras conducían para ir a trabajar; nos descubrieron la dendrofilia, el *stationary fetish*, la ficciofilia, la anortografofilia y el *medical fetish,* es decir, la excitación sexual por los vegetales, el material escolar, los personajes de ficción, las faltas de ortografía y el material médico[3].

Quizá algún lector o lectora de este libro se excite acariciando únicamente el tapete de ganchillo de una mesa camilla, lo cual nos parece estupendo. No se trata aquí de hacer mofa de las prácticas sexuales, por muy inverosímiles que resulten, o mucho menos de condena, siempre que sean consensuadas entre adultos. Sí de hacer notar la enorme ansiedad que destila todo el asunto. Lo sexual también parece haberse convertido en una extensión de las identidades frágiles, habiéndonos convertido en consumidores de singularidades como forma de acentuar nuestra diferencia. Por otro lado, en 2015 en España, 48 niñas de entre diez y catorce años y 5.751 adolescentes de entre quince y diecisiete años fueron madres y un 40 por 100 de los nacimientos primerizos fueron de mujeres de cuarenta años o más[4]. Aunque, evidentemente, no vamos a reducir la sexualidad a la reproducción, destaca la poca atención que despiertan temas como una deficiente educación contraconceptiva o unos padres primerizos cada vez más mayores, consecuencia directa no de una decisión personal sino de las precarias condiciones laborales. Así, los temas materiales parecen salir de la agenda pública mientras que el fetiche de la peculiaridad se asienta en ella.

Ronald Inglehart, sociólogo de la Universidad de Míchigan, es director de la Encuesta Mundial de Valores, un estudio que se lleva a cabo desde 1981 en más de cien países y que intenta

---

[3] «Sexo», en *El País, Tentaciones* [https://elpais.com/agr/sexo/a].
[4] Europa Press, «España es el segundo país con más madres primerizas a partir de los 40», *Cadena Ser,* edición digital, 9 de agosto de 2017 .[http://cadenaser.com/ser/2017/08/09/sociedad/1502256703_365206.html].

averiguar cuáles son las aspiraciones y los ideales de la gente y cómo afectan a la sociedad y la política. Inglehart ha deducido algo que por otra parte parece esperable. Cuando los sistemas son capaces de colmar las preocupaciones más esenciales de las personas, como vivienda, comida o trabajo, sus preocupaciones van cambiando de lo definido como valores materiales a los inmateriales. Así en el primer grupo podemos encontrar cuestiones de índole económica o de seguridad mientras que en el segundo aparecen asuntos como la participación o las libertades.

Sin embargo, el cambio que tratamos en estas páginas, aunque lo parezca, no entra dentro de esta percepción de valores relacionados con la cobertura de las necesidades básicas de la vida. En el mundo occidental, desde los años cincuenta, podemos afirmar que la mayor parte de la población tenía garantizados, por el consecuente periodo de expansión de la economía tras la guerra y los sistemas de redistribución de la riqueza, bienes imprescindibles como comida, agua, energía o vivienda, incluso otros como sanidad, educación o servicios sociales. Parece lógico, como decíamos, que cuando no tienes que luchar por la mera supervivencia e, incluso, gracias a la sindicación y la lucha colectiva se consiguen vacaciones retribuidas o ocho horas para el descanso y otras ocho para el tiempo libre exista un espacio mental tanto para el disfrute como para cuestiones de índole más elevado.

El cambio del que hablamos, de la acción colectiva al individualismo y de lo material a lo simbólico, llega sobre todo una vez que se ha conseguido persuadir a una gran parte de la sociedad de que los bienes representan valores más allá de los propios que poseen inherentemente y que, a través de la adquisición de esos bienes-valores, es posible aspirar a formar parte de una categoría satisfactoria en la que todo el mundo es desigualmente importante y específico, diverso.

Esa categoría satisfactoria, generalmente conocida como clase media, vivió auténticas impugnaciones en los sesenta y setenta, pero se fortaleció, como hemos visto en los capítulos precedentes, en las dos últimas décadas del siglo XX. Con la llegada del nuevo milenio la clase media se ha constituido ya como un ente totalizador de toda la sociedad. La clase media, que no es una clase en sí misma en términos de su relación con la producción, sino una construcción entre lo cultural y el poder adquisitivo, se ha extendido a todos los estratos de la sociedad no de una forma material, es decir, a modo de riqueza, sino mediante una forma percibida y aspiracional. El neoliberalismo es capaz de redistribuir, pero sólo lo hace mediante ensoñaciones.

La clase media, que fue una ficción pensada para el control social, cumple eficazmente su función. Los ricos pueden fingir lo que no son, parapetarse cómodamente tras este telón para no ser percibidos como tal porque, al fin y al cabo, el teléfono móvil más caro que pueden adquirir, el mejor técnicamente, es el mismo que el que un obrero puede comprar ahorrando unos meses de su salario. Es quizá esta faceta donde el neoliberalismo ha obtenido sus únicos avances en la igualdad, en la vulgarización del lujo a través de la tecnología. Psicológicamente la tecnología de consumo ha supuesto una cuña para la unidad y autopercepción de la clase trabajadora. Si en un país como España, aún a mediados de los años ochenta, tener un par de televisores a color era un bien casi de lujo, la producción masiva de estos productos en las gigantescas factorías de Asia mediante una explotación escandalosa ha abaratado enormemente la fabricación de lo antes considerado *high-tech*. La telefonía móvil, que llegó a ser en sus inicios un símbolo de estatus, es hoy un artículo al alcance de cualquier persona, que nos iguala en la ensoñación de pertenencia a la clase media. La tecnología es hoy accesible a todos, pero sigue teniendo un halo que nos hace pensarla como progreso y bienestar cuando no es más que un mercado desarrollado recientemente.

La tecnología convertida en bien popular de consumo es un baluarte que ha mantenido la percepción de pertenencia a la clase media incluso tras la crisis financiera de 2008, que hizo descender las condiciones de vida de una gran parte de la población occidental de forma notable. El problema es que las televisiones en HD, las consolas de última generación o los sistemas de sonido envolvente se hacen inútiles cuando no tienes casa donde colocarlos porque te han desahuciado de ella o porque la subida de los alquileres, en una nueva burbuja especulativa que se consolida mientras ustedes leen estas páginas, te impide acceder a una. ¿Quién vino a salvar la percepción satisfactoria de nuestra individualidad? La diversidad simbólica.

En estos últimos años la prensa se ha llenado de abreviaturas y anglicismos que nos han hecho agradable nuestra precariedad vital. Así, la primera generación de jóvenes que vivirá peor que sus padres desde 1945 es ahora bautizada en la prensa como *sinkies, single income, no kids* (lo que traducido viene a ser una pareja con un bajo nivel de ingresos que no le permite tener hijos). Si en *El pisito, novela de amor e inquilinato,* Rafael Azcona nos contaba las desventuras de una pareja en el Madrid de posguerra que no podía casarse porque no encontraba casa, ahora compartir vivienda, no como una opción sino como una obligación, se denomina *coliving*. Si los traperos y la chamarilería eran parte del paisaje habitual barojiano, ahora existen aplicaciones para móviles con las que vender, para completar el sueldo, todo el *good stuff* acumulado inútilmente en los años de aparente bonanza. *Trabacaciones,* salario emocional, *job-sharing* o *mini-job* han ocupado páginas en prensa para contarnos que no es tan malo cobrar la mitad, que el trabajo nos hace felices y que trabajar en vacaciones resulta placentero. Quizá, de esta riada de imbecilidades la más insultante es la del *friganismo.* El artículo «2017, el año que nos dijeron que la pobreza era *cool* y la precariedad es *trendy*» explica el concepto de la siguiente manera:

> La normalización de la pobreza en los medios de comunicación comenzó a fraguarse a finales de 2016. Fue entonces cuando descubrimos que comer de la basura es una moda entre los hipsters y que además tiene nombre de sesuda corriente filosófica: *friganismo.* En aquellas mismas fechas, miles de personas hacían colas en los comedores sociales mientras organizaciones de defensa de la infancia advertían que 1 de cada 3 niños en España padecía malnutrición[5].

[5] @PabloMM, «2017, el año que nos dijeron que la pobreza es *cool* y la precariedad es *trendy*», *CTXT,* edición digital, 30 de diciembre de 2017 [http://ctxt.es/

Nuestros miedos y nuestras culpabilidades también están expuestos a este gusto por lo individual. Podemos sentir preocupación por no llegar a fin de mes, pero no podemos exponerla en público, ya que eso nos haría parecer débiles y poco adaptados. El trabajador desempleado está solo en una situación de búsqueda de empleo, reinventándose y aprovechando la oportunidad que toda crisis ofrece, o al menos eso nos dicen los libros de autoayuda. Un individuo que se sabe explotado por un sistema económico reacciona de forma virulenta frente a esa explotación, incluso a veces de forma virulentamente razonada, buscando la unión con otros que comparten su situación y organizándose para revertirla. Un individuo que se siente culpable es, por el contrario, fácilmente manipulable y buscará la manera de evitar esa carga incluso pisando a los que están en su mismo estado para escapar del pozo.

Pero también nuestros miedos se sofistican, en ese intento de diferenciar nuestra individualidad. No podemos parecernos ni para temblar juntos. Cada diciembre los editores de diccionarios y las instituciones académicas de la lengua eligen las palabras del año. En el pasado 2017 varias palabras fueron elegidas como las más representativas, entre ellas feminismo. Pero también una nueva serie de vocablos que, en EEUU, han servido para definir miedos hasta ahora desconocidos. Está el *hotumn* traducido aquí como *veroño* para definir la *ecoansiedad* que nos produce el calentamiento global. Es decir, lo importante no es el hecho cierto, material, de que el planeta se está calentando, lo que provoca un cambio climático de consecuencias desastrosas, sino cómo se siente nuestro yo de acuerdo con este hecho. Así el atemorizado ciudadano no se juntará con otros atemorizados ciudadanos para exigir a sus Gobiernos que frenen las emisiones de CO_2, sino que comentará, entre opiniones sobre el vino y el giro argumental de su serie preferida, que ha encontrado un terapeuta especializado en *ecoanxiety* con el que se está tratando.

---

es/20171227/Politica/16970/precariedad-1984-orwell-infraviviendas-mini-jobs.htm#.WkdZvGtLxdo.Twitter].

Sin duda, mi preferido dentro de estos nuevos temores es el que se manifiesta a través de las *meatmares*, las pesadillas que tienen los veganos cuando sueñan que comen carne. Lo interesante es que no son pesadillas al uso, ya que el durmiente no sufre en ellas, sino que disfruta comiendo un buen filete. No se trata de un mal sueño, sino que su identidad vegana entra en conflicto con sus deseos naturalmente primarios. Veamos cómo nos explicaba el hecho la revista *Mother Jones:*

> Nuestras preocupaciones culturales respecto al consumo de carne están relacionadas con el alto coste que tienen para el medio ambiente (el ganado representa aproximadamente el 15 por 100 de nuestras emisiones de gases de efecto invernadero). A veces, estas preocupaciones también afectan al sueño de los vegetarianos. Lo que los expertos en psicología, antropología y estudios sobre alimentos creen que causa las *meatmares* (sí, son reales) [...] es la manera en que la cultura se vuelve contra usted y cuestiona la decisión de rechazar la carne[6].

Las nuevas preocupaciones y los miedos explicitan cómo funciona el sistema del individualismo de la diversidad simbólica. Un tema de una importancia real, el calentamiento global o el modelo de industria alimentaria, es reducido a una respuesta que simboliza un cambio pero nunca desde el esfuerzo grupal o la crítica sistémica, sino desde nuestra individualidad, lo que nos provoca una satisfacción al distanciarnos del de al lado. De la misma forma que consumimos carne o televisores, comida orgánica o teléfonos móviles, consumimos también identidades, de hecho relacionadas con esos productos. Si la respuesta de los hippies desencantados con la revolución que no llegaba, como vimos, fue la de cambiar su yo interior para cambiar el mundo, cambiar su yo interior en comunas, sectas o grandes conciertos de rock & roll, la respuesta de nuestro aquí

---

[6] K. Yoder, «From "Hotumn" to "Meatmares": A New Vocabulary for a Year of Environmental Chaos», *Mother Jones,* edición digital, 28 de diciembre de 2017.

es la de reafirmar nuestro yo individualmente consumiendo identidades específicas.

DIVERSIDAD COMPETITIVA. YO SOY MÁS ESPECIAL QUE TÚ

Si el neoliberalismo dice creer en algo es en la competitividad. En el campo económico esta competitividad se da en ocasiones mucho más contadas de lo que nos cuentan. El neoliberalismo, insistimos, es experto en ensoñaciones, pantallas, espectáculos, incluso cuando lo que toca es hablar de sí mismo. Mientras que exige a los de abajo una competitividad brutal, vendida cada vez más como una forma de autorrealización, las grandes empresas compadrean con los reguladores, se reparten mercados y llegan a acuerdos bajo mesa permanentemente. La gran burguesía, desde luego, sigue conservando su conciencia de clase intacta, su pertenencia de grupo y recuerda perfectamente su papel histórico. Justo por esto los más ricos son los más colaboradores, reuniéndose constantemente para ver cómo pueden exprimir un poco más al personal y presentarlo como algo sensacional. La imagen del ejecutivo agresivo es cierta en la medida que el ejecutivo es el alto funcionario del gran capital, pero no su propietario. Así puede haber pugnas en lo procedimental, en cómo repartir concretamente el botín de tal o cual escaramuza empresarial, pero en lo que no se duda es en colaborar para mantener el sistema de saqueo permanente como estilo de vida de los grandes propietarios.

Una de las formas más efectivas de persuasión es a través del entretenimiento. Mientras que cuando vemos un informativo sabemos de qué pie cojea la cadena y estamos en guardia, al ponernos delante de un programa de variedades, familiar y divertido nuestras defensas ideológicas se relajan. Al fin y al cabo, ¿qué maldad pueden tener ese simpático cocinero o ese adorable joven que aspira a triunfar en el mundo de la música?

En España se han popularizado los programas de cocina o talentos artísticos donde una serie de concursantes, tras unas duras pruebas de selección entre miles de candidatos, ingresan en una academia donde prestigiosos profesores les enseñan los secretos de la gastronomía o la canción. Cada semana hay una gala donde los alumnos-concursantes presentan en público sus habilidades recién adquiridas con diversa suerte. El jurado o los profesores nominan a los peores para que abandonen la academia, pero quien decide quién es condenado al ostracismo del fracaso es el público. Efectivamente «España» se alegra y entristece, llora y ríe, arrebata los sueños o permite que se cumplan por medio de una votación telemática.

Si la telerrealidad empezó con *Gran Hermano* donde una serie de jóvenes eran recluidos en una casa, el público ha ido dando progresivamente la espalda a un formato donde los protagonistas sólo hacían el zángano. *Operación Triunfo* o *Master-Chef* transmiten a los telespectadores algo más. Y ese algo más no es el mundo de la cocina o la música (con lamentables resultados, por otra parte) sino la idea de competitividad. La idea de que lo importante es el éxito y de que para alcanzarlo hay que ir desechando a tus iguales, dejándoles por el camino. ¿Por qué los formatos no pueden consistir simplemente en la presentación del propio aprendizaje de las materias? ¿Por qué las galas no son un espectáculo donde el público admire los avances que un método de enseñanza puede obrar en una persona no formada? Porque de lo que se trata es de vender competitividad y esfuerzo.

Los programas de talentos ya eran habituales en la radio de la España franquista, en ellos se insistía siempre en el rescate del sujeto de clase *humilde*. En una traslación a la providencia nacional-católica, el pobre labriego con voz celestial o la pobre chacha de Entrevías con oído para el cuplé eran ungidos por la suerte de la oportunidad, pudiendo grabar un disco o ganando una cantidad testimonial de dinero en aquellos concursos presentados por locutores de acento impostado. La clase trabajadora se redimía de sus veleidades revolucionarias demostrando habilidad artística, como los nativos sudamericanos hacían patente su condición humana tocando el violín ante algún enviado del Vaticano. La clase trabajadora, aun en una representación tan ruin, tenía cabida.

Ahora en estos programas de talentos desconocemos por completo la procedencia de los concursantes, su «humildad». A lo sumo se destaca si alguno viene de una posición extremadamente precaria, casi lumpen, para dejar claro la diversidad de la que goza nuestra sociedad: estamos todos, que somos clase media, y luego algún desgraciado que también tiene su oportunidad para esforzarse. Así es como se percibe la diversidad popularmente, como algo positivo, que nos enriquece porque muestra nuestra diferencia. En este libro, evidentemente, no se está a favor de una uniformidad aria de la sociedad, como ya se habrán dado cuenta si han llegado hasta aquí. Por el contrario, lo que todas estas páginas pretenden desvelar es justo la trampa de la diversidad: cómo un concepto en principio bueno es usado para fomentar el individualismo, romper la acción colectiva y cimentar el neoliberalismo.

La última y exitosa edición de *Operación Triunfo* está siendo celebrada por ser un programa respetuoso con la diversidad. En el espacio participan una pareja de profesores homosexuales y además un par de concursantes-alumnos, uno de ellos transgénero, que han iniciado en la academia una relación sentimental. La comunidad LGTB ha celebrado el hecho, ya que considera que dar visibilidad a un colectivo que sufre agresiones constantes es una buena idea para normalizar su presencia en la sociedad. Y está en lo cierto. De la misma forma que estamos en lo cierto al pensar que se utiliza una justa reivindicación para blanquear el mensaje de competitividad que traslada todo el formato. Si además del entretenimiento añadimos el progresismo que supone visibilizar en pantalla lo LGTB, absolutamente nadie pensará que estamos siendo expuestos a una persuasión neoliberal descarnada. Efectivamente toda una operación triunfo para las ideas dominantes del capitalismo.

Pero, ¿acaso son malos el esfuerzo y la excelencia, la superación, el querer ser mejores? ¿Son acaso los izquierdistas unos vagos redomados, unos amantes de la mediocridad y el estancamiento? Este es justo el mecanismo que, al igual que la apropiación de unas reivindicaciones justas como las antorchas de la libertad o lo LGTB, el neoliberalismo utiliza para imponerse en nuestra sociedad. No se trata de que el esfuerzo sea malo por sí mismo o la superación un aspecto que desechar, sino de la utilización perversa de estos valores. Cualquier persona de clase trabajadora no hace otra cosa que esforzarse, desde que nace hasta que muere. Lo insultante, lo dañino, es cuando un integrante de la clase burguesa, que no ha aprendido a atarse los cordones solo hasta los catorce años, te habla del esfuerzo individual como una categoría exclusiva.

El esfuerzo y la excelencia son el trampantojo que las clases dirigentes utilizan para encubrir su sistema de explotación y la desigualdad de oportunidades. En pleno modernismo, cuando todo tenía la aspereza de una quijada al sol, un burgués victoriano no se avergonzaba ni necesitaba encubrir su condición. Es más, si además pertenecía a las elites británicas, reclamaba su derecho para saquear sin pedir disculpas a sus proletarios nacionales y a los salvajes, que eran el resto del planeta. Eran ellos, y, como eran ellos, tenían un sagrado derecho para hacer lo que hacían. Entre el supremacismo racial nazi y el casaca roja, como ya dijimos, simplemente median unas décadas y la sofisticación industrial del sistema de exterminio, uno a bayonetazos y otro con Zyklon B.

Fue el modernismo revolucionario, la respuesta de clase trabajadora a través de la ideología socialista, es decir, el que un grupo mayoritario de la sociedad se percibiera a sí mismo como grupo y desarrollara una forma ordenada de afrontar sus problemas, lo que metió el miedo en el cuerpo a la burguesía, que aprendió que debía moderar sus formas y su codicia si no quería acabar con los pies por delante. De ahí todo el electoralismo y el Estado del bienestar, de ahí todas las persuasiones y mediaciones culturales para hacer desaparecer a los ricos de escena y situarnos en ese narcoléptico sueño de la clase media

Toda la prensa rosa, desarrollada con especial insistencia desde los años sesenta, se basaba justo en esto, en intentar dar una imagen agradable, elegante y cosmopolita de la riqueza. Mientras que la burguesía conspiraba en secreto con sus *think tanks,* sus grupos de presión y sus académicos para volver a tener todos los resortes de poder bajo su mando, la imagen que se promocionaba era la del desenfadado empresario que conducía su Aston Martin por la Costa Azul francesa vistiendo un impoluto traje confeccionado en Savile Row. Que en los sesenta se encuentre *la vie en rose* burguesa, quizá una de las expresiones más elegantes de la industria del lujo, tiene que ver con la fundación de lo aspiracional. Hasta entonces, cualquier persona quería tener lo que tenían los ricos: a partir de ese momento, querían ser como eran ellos. La diferencia es bastante apreciable.

Si los ochenta se recuerdan como un horror estético es, entre otras cosas, por la aparición de los nuevos ricos, una subclase beneficiada por los nuevos mercados beneficiados por el reaganismo. Este colectivo no poseía realmente fortunas a la medida de las de los patricios de los mercados consolidados y por supuesto carecía de su poder de influencia y decisión. Pero tenían el suficiente dinero para gastarlo en todo tipo de horteradas innombrables. Efectivamente habían alcanzado la fortuna, pero eran incapaces de administrarla estéticamente sin hacer ostentación. Harry Ellis, el ejecutivo de *La jungla de cristal* que cierra entre rayas de coca acuerdos como operaciones financieras con terroristas, nos da una idea aproximada del cuadro.

Si el esfuerzo y la excelencia se transmiten a través del entretenimiento, también colonizan nuestras vidas más allá de la «carrera» profesional. Luis de la Cruz, autor de *Contra el running. Corriendo hasta morir en la sociedad postindustrial,* comenta esto a propósito de la epidemia actual, recurrente desde los ochenta, de la práctica desenfrenada de algo que se asemeja al atletismo:

> El *running* nace en la sociedad estadounidense con la necesidad de poner en forma a las clases medias sedentarias. Tenemos que situarnos en esa Norteamérica del televisor como centro del hogar [...] Las ideas que hay detrás del *running* son sospechosamente similares al discurso de los libros de autoayuda y de emprendimiento. Se promueve el espíritu de superación y de perseverancia pero siempre enfocado a la productividad personal, a la competitividad y al individualismo. Los periódicos económicos entrevistan a altos ejecutivos a propósito del *running,* las escuelas de negocio forman grupos para

correr [...] Este discurso conecta muy bien con las grandes masas que aspiran a ser clase media [...] el discurso creado alrededor del *running* sirve a los intereses de la clase dominante de extender la ideología del capitalismo contemporáneo, una ideología que incluye el individualismo extremo y la aversión al trabajo en equipo. Hay una visión moral del correr, no es sólo una práctica deportiva ya que está bien visto y está relacionado con el culto al cuerpo. Se asocia ser una persona exitosa con practicar deportes bien vistos por el *establishment*. Por esta razón es recurrente la imagen de políticos corriendo en campaña electoral[7].

En la revista *The Atlantic* también encontramos otro artículo que habla sobre la práctica de deporte como elemento simbólico. En él se nos dice de que los estadounidenses acuden cada vez más a estos templos deportivos como lo harían a los religiosos, porque «reúnen a personas en una comunidad y les dan un ritual para llevar a cabo». Los gimnasios se presentan así como una alternativa al creciente número de personas que no se sienten representadas por ninguna religión, cifra que en EEUU ha crecido de un 16 por 100 en 2007 a un 23 por 100 en 2015. Esta actividad es una «nueva forma de buscar la claridad mental y las experiencias espirituales. El gimnasio es una manera popular para este tipo de búsqueda, en parte porque imita la forma de los servicios religiosos tradicionales»[8].

Si el hecho religioso es un sentimiento eminentemente de comunidad conducido por un sacerdote que nos revela la palabra divina, en esta lectura encontramos algo muy poco alenta-

[7] F. Grodira, «El discurso creado alrededor del *running* sirve a los intereses de la clase dominante», *El Confidencial,* edición digital, 22 de octubre de 2016 [https://www.elconfidencial.com/alma-corazon-vida/running/2016-10-22/contra-el-running-corriendo-morir-ciudad-posindustrial-gentrificacion-capitalismo_1278395/].

[8] Z. Romanoff, «The consumerist church of fitness classes», *The Atlantic,* edición digital, 4 de diciembre de 2017 [https://www.theatlantic.com/health/archive/2017/12/my-body-is-a-temple/547346/].

dor que aquí se manifiesta en una cuestión intrascendente. Si el sacerdote es el monitor deportivo, la religión aquí no es el deporte sino, una vez más, la superación y el esfuerzo. Incapaces de librarnos de la persuasión de la competición en el terreno laboral, la llevamos a campos ajenos, manifestando una vuelta de la irracionalidad al buscar encaje en un grupo artificial ante el páramo posmoderno y neoliberal. Habiéndonos sacudido de encima nuestra realidad de clase nos hemos convertido en individuos arrogantes en nuestra identidad. La dureza de la vida, como la del lobo solitario, despierta una reacción de afinidad al grupo, aunque no siempre tan poco relevante como la de acudir a un gimnasio.

Otro de los aspectos donde podemos ver esta preeminencia del individualismo de la diversidad simbólica es en internet. Si hace unos párrafos hablábamos de la chabacanería de los nuevos ricos de los ochenta, los del sector tecnológico se distinguieron por ser muy diferentes. Sólo hay que ver la fotografía de la plantilla de Microsoft cuando eran tan sólo una pequeña empresa de 11 personas en Albuquerque, Nuevo México. Además de Bill Gates y Paul Allen, los restantes siete hombres y dos mujeres parecen salidos de un concierto de Crosby, Still & Nash. No es solamente una cuestión de estética. En sus inicios la industria informática estaba compuesta por no pocos individuos con mentalidades progresistas o que directamente venían de entornos libertarios y contraculturales. A pesar de que el neoliberalismo siempre ha puesto a los genios de Silicon Valley como ejemplo de *self-made man,* de emprendimiento de quien empieza en un garaje y acaba construyendo un rascacielos, el sector tecnológico estuvo fuertemente subvencionado con fondos públicos para lograr su desarrollo. Mientras que aquellos jóvenes melenudos pensaban que la microinformática e internet servirían para abrir nuevas posibilidades en campos como la educación, el capitalismo vio una forma de rentabilizar su tiempo a base de procesos computerizados.

El tecnooptimismo, a pesar de ser una corriente de raigambre moderna, nunca cuenta con que las herramientas adoptan la intención de la mano que las empuña. Hoy todas las tendencias de nuestra sociedad se ven convertidas en ceros y unos, sin más. Hay espacio para el activismo político, como un espacio enorme para los negocios. Hay hueco para la información, la educación y un gran emplazamiento de mentiras, desinformación y atraso. Internet puede que altere nuestros espacios y tiempos, pero tiende más a ser un espejo de las ideas hegemónicas que un espacio de libertad.

En ese sentido, los *youtubers*, en su mayoría jóvenes que empezaron usando la plataforma de vídeos para divagar humorísticamente sobre videojuegos, animación japonesa y cualquier tópico adolescente, hoy son ya líderes de opinión que arrastran audiencias masivas y ganan sumas importantes de dinero gracias a la publicidad contextual. Los que son realmente famosos son una exigua minoría que, contradictoriamente, se puede reconocer porque llegan a escribir libros, en un extraño juego donde la letra impresa aún sigue conservando su aspecto de legitimidad. Algunos de ellos se distinguen por reproducir todo tipo de prejuicios clasistas, machistas y xenófobos, y la mayoría despunta por un fuerte sentido de la competitividad.

YouTube, al igual que las redes sociales y casi todos los sectores de negocio de internet, se promociona como un servicio, aunque no deje de ser una gran empresa. Con la invención del usuario se dio una paradoja exitosa, ya que millones de personas en todo el mundo, pensando que utilizaban gratis estos servicios, estaban trabajando para compañías de estudios de mercado sin saberlo, bien cediéndoles sus datos, gustos y tendencias, bien creando contenidos para las mismas. Algo así como si los inventores del cinematógrafo hubieran cedido su sistema gratis a condición de que todos los derechos de explotación de las películas hechas en la historia fueran suyos y de que la gente rellenara una encuesta muy precisa sobre valores y estilos de vida en la puerta del cine.

Además estas empresas nunca se hacen responsables de los contenidos de sus redes o plataformas. De esta manera las compañías actúan sólo *a posteriori* de las denuncias de otros usuarios, siempre con arbitrariedad y opacidad, alegando una imposibilidad técnica que no parece tal cuando en YouTube se puede encontrar la violencia más explícita pero no hay un solo desnudo en toda su plataforma. Sea como fuere, la primera compañía de vídeos en *streaming* se suele poner de perfil ante el derecho a la imagen y la dignidad en casos donde los *youtubers* han vejado a mujeres, mendigos y trabajadores.

Por otro lado, existe una especulación de lo tecnológico en términos de ascenso social. Poner como ejemplo de éxito a unas cuantas decenas de individuos que consiguen vivir de sus astracanadas en internet es tendencia porque vale para justificar ese presunto emprendimiento frente a una juventud machacada laboralmente. El problema es que el invento da para lo que da y siempre es necesario ir un paso más allá para destacar entre los miles de aspirantes a vivir de esta fantasía.

Es cierto que no todos los *youtubers* producen contenidos ofensivos, como también que hay una competición permanente para no quedarse atrás, con frecuentes enganchones entre ellos. La cultura del *youtuber* es cultura basura no por comparación con una serie de criterios elevados y estéticos de la cultura formal, sino porque es tremendamente autorreferencial y cerrada, no enlazando nunca elementos de fuera de la misma, sino replicando sus propios esquemas, llegando así, tarde o temprano, a ese punto en que se cruzan las barreras de la dignidad personal. Y en eso es bastante deudora de la telebasura televisiva.

La televisión, como ya vimos hace unos párrafos, aúna a la perfección la reproducción del individualismo con el cortejo a la diversidad. La GLAAD, la alianza gay y lésbica contra la difamación, es una organización sin ánimo de lucro dedicada a promover imágenes veraces y objetivas de la comunidad LGTB en los medios de comunicación para eliminar la homofobia y la discriminación basada en la identidad de género y orientación sexual. Surgió en Nueva York en 1985 como respuesta a las informaciones poco veraces, sensacionalistas y homófobas que la prensa dio sobre el emergente VIH.

Publica anualmente un informe sobre la situación de lo comunicacional en relación con su campo de actuación, observando el tratamiento que los medios estadounidenses dan a la comunidad LGTB. En el estudio de 2017 se concluyó que de 901 personas relevantes que aparecían en televisión 58 pertenecían a esta comunidad, lo que significaba la cifra más alta que se había registrado desde que la asociación observa los medios. Sarah Kate Ellis, su presidenta, en un artículo de *The Guardian,* comentaba lo siguiente:

> La televisión es un hogar crítico para las historias LGBTQ y la representación importa más que nunca. En un momento en que la Administración Trump intenta invisibilizar a las personas LGBTQ, representar a las personas LGBTQ en toda nuestra diversidad en programas de televisión es un contrapeso esencial que le da a las personas LGBTQ historias con las que relacionarse y mueve al público en general para apoyar a las personas LGBTQ y sus familias[9].

Sin embargo, el informe se lamentaba por la poca diversidad de este colectivo representado, ya que la mayoría de los personajes que aparecían en pantalla eran hombres blancos. Encontramos así, unido a la cuestión de la representación de la diversidad simbólica, un nuevo elemento: la diversidad que compite contra sí misma. Si en un contexto neoliberal carente de conciencia de clase los individuos llenan su identidad débil de clase media con el consumo de diversidad simbólica, tarde o temprano esas identidades simbólicas tienden a competir cuando ocupan un mismo espacio. Así, la comunidad a la que hace referencia esta asociación comprende gais, lesbianas, bisexuales, transgénero, queer, no binarios o asexuales, por lo que la propia diversidad se acaba desgajando para ser aún más precisa, más representativa, pero también más competitiva. Además debe conjugarse con la cuestión racial, ya que otras asociaciones hacen el mismo ejercicio con las minorías raciales. De

---

[9] Guardian Staff, «LGBTQ characters at record high on TV yet diversity is lacking, report shows», *The Guardian,* edición digital, 9 de noviembre de 2017 [https://www.theguardian.com/tv-and-radio/2017/nov/09/report-shows-lgbtq-characters-at-record-high-on-tv-yet-diversity-is-lacking].

esta manera, lo que es una digna y justa reivindicación, que la televisión refleje la sociedad real de la que es parte, acaba convertida en una competición por ver qué diversidad importa más.

La razón es sencilla, aunque siempre se olvida: no hablamos de una diversidad material, que existe en la sociedad, por supuesto, sino de su representación como un producto que las identidades individualistas consumen y que, como todo producto, tiene que acabar compitiendo en un mercado. El mercado de la diversidad, en el que por supuesto la clase trabajadora, a la que por una cuestión estadística las personas de estos colectivos pertenecen de forma mayoritaria, es una realidad totalmente desaparecida.

Modern Family es una telecomedia especialmente respetuosa con el concepto de diversidad que retrata a un grupo unido por diferentes relaciones de parentesco. En ella hay un matrimonio de clase media, donde la mujer desempeña un papel dominante respecto a su marido. De sus dos hijas adolescentes, una es desenfadada y seductora, mientras que la otra es inteligente y crítica. El padre de esta mujer es un pequeño empresario, algo cascarrabias y tradicional, aunque está casado con una colombiana, superficial, muy atractiva, que utiliza sus encantos para manipularle ligeramente, aunque al final tiene un gran corazón. El hijo de ella es un niño con algo de sobrepeso. El hermano de la protagonista, hijo también del empresario cascarrabias, es un homosexual «serio», mientras que su marido es una «loca con pluma». En los episodios todos viven situaciones hilarantes propias de una ágil comedia de enredo.

Lo interesante es ver cómo los guionistas, posiblemente con el apoyo de varios técnicos en *marketing,* utilizan la diversidad simbólica para darle un aire progresista a su espacio. De esta forma respetan a todos los colectivos posibles y los representan, ganando una mayor audiencia. Hay algo de feminismo, algo de LGTB, minorías raciales e incluso un poquito de la gruñona pero entrañable América de derechas; de todo menos algún personaje de clase trabajadora que tenga problemas para llegar a fin de mes, sea despedido de su trabajo o viva un divertido episodio montándole una huelga al encargado del Walmart.

En un episodio, la pareja gay decide adoptar un crío. Sin embargo, hay una pareja de lesbianas que también quieren justo a ese niño. En el capítulo se desarrolla una absurda y cómica competición por ver cuál de las dos parejas causa una mejor impresión a los servicios sociales. La protagonista principal habla con su cuñado para sugerirle que lleguen a un acuerdo con las lesbianas, ya que, al fin y al cabo, ambos matrimonios homosexuales pertenecen a la misma comunidad. Sin embargo, la ocurrente respuesta deja totalmente descolocado al telespectador. Comenta que él, como hombre, tiene mucho en común con una mujer heterosexual, ya que a ambos les gustan los hombres y pueden hacerse confidencias al respecto. También dice que un hombre homosexual tiene bastante en común con un hombre heterosexual, ya que ambos son varones y pueden disfrutar de cosas de chicos y criticar a las mujeres tomando unas cervezas, pero que, sin embargo, no encuentra nada que una a un hombre gay con una mujer lesbiana, que de hecho sus relaciones son conflictivas porque quieren arrebatarles su protagonismo como cabeza visible de lo LGTB.

Caben dos posibilidades. O el guionista que escribió el pasaje es un saboteador, o, sin darse cuenta, resumió perfectamente en qué consiste el mercado de la diversidad y su carácter competitivo neoliberal. Justo es esto. El pasaje nos explica cómo nuestras identidades basadas en lo específico, no en lo grupal, parecen representarnos, pero que sólo nos acaban haciendo romper el grupo al que realmente pertenecemos. Así, gais y lesbianas, unidos por una obvia reivindicación común, son escindidos por ver cuál es más homosexual, representativo y competitivo en el mercado de la diversidad. Es una serie de televisión, pero a menudo conocemos mejor una época rebuscando en sus vertederos que admirando sus museos. El entretenimiento nos hace reír, nos transmite valores dominantes y de vez en cuando su descripción es tan brutalmente sincera que inesperadamente desmonta la función.

La clase trabajadora aunque es la mayoritaria en sociedad ha desaparecido por completo del mapa de la representación. Es decir, que mientras que durante la mitad del siglo XIX y casi todo el siglo XX fue una clase para sí, después de un proceso de identificación teórica por el marxismo y de un proceso de organización por parte de los movimientos comunista y anarquista, en el siglo XXI sigue siendo una clase en sí, aunque desconoce la existencia de sí misma. Si la modernidad nos trajo la conciencia de que el ser humano tenía capacidad de cambiar la historia para su beneficio mediante la razón, esto es, la idea de progreso, la posmodernidad rompió la noción de historicidad, de gran relato, de horizonte, dejando a la izquierda desarmada para afrontar sus cometidos. El proyecto del neoliberalismo destruyó la acción colectiva y fomentó el individualismo de una clase media que ha colonizado culturalmente a toda la sociedad. De esta manera hemos retrocedido a un tiempo premoderno donde las personas compiten en un mercado de especificidades para sentirse, más que realizadas, representadas.

Este mercado de la diversidad, en un último gesto casi de burla, ha ocupado el mundo del trabajo como las legiones romanas ocuparon Cartago: pasando el arado, sembrando la sal y maldiciendo la tierra. El *Financial Times* nos adelantaba las que serían las «tribus empresariales» del año 2018, en un artículo presuntamente irónico que se burlaba de las absurdas categorías laborales que ellos mismos promocionan constantemente. Así podíamos encontrar a becarios ambiciosos, gerentes *millennials,* gurús de la administración o conferenciantes principiantes.

Fiverr se define a sí misma como «la plataforma de servicios independientes más grande del mundo para que los emprendedores se centren en el crecimiento y creen un negocio exitoso a costes accesibles»[10], es decir, una especie de red social para que traductores, diseñadores, publicistas y otro tipo de profesionales creativos ofrezcan sus servicios a empresas. Esta

---

[10] [https://www.fiverr.com/].

nueva manera de articular la relación laboral hace que la categoría de trabajador desaparezca contractualmente, convirtiéndose en una especie de unidad de producción independiente que además compite con otras autoexplotándose. Fiverr publicó un anuncio donde se veía a una joven seria, morena, guapa, pero bastante delgada y con notables ojeras. El texto que acompañaba a la imagen decía, rebasando la última frontera del descaro: «Tú te tomas un café para comer. Sigues adelante cueste lo que cueste. La privación de sueño es la droga que has elegido. Tú debes de ser un emprendedor»[11]. No sólo estas nuevas compañías plantean un modelo pensado para destruir la acción colectiva desde uno de sus principales «acuíferos», el mundo del trabajo, sino que nos lo plantean de una forma aspiracionalmente agradable. No pasa nada por trabajar 12 horas al día, no dormir y no comer, porque tú no eres un vulgar trabajador, sino un emprendedor que compite con otros para alcanzar el éxito, parecen decir. Descriptivo, deprimente, destructor. Al menos la campaña provocó airadas críticas en redes sociales. Ahora los protagonistas de sus anuncios salen sonriendo y tienen un aspecto saludable.

Al final el futuro era esto. Ni siquiera la letanía con la que empezaba *Trainspotting*, la novela de Irvine Welsh, pudo haber previsto tal cosa, por eso ha llegado el momento de actualizarla:

> Elige la vida, elige una familia, elige una carrera, elige una aplicación de móvil que convierta tu vida en una encuesta de satisfacción o que maquille como oportunidad individual la carencia que más te duela. Elige incluso ser partícipe de una gran broma siniestra, esa que te ofrece una *app* de nombre suizo y que vale para especular con acciones a futuro. Elige un empleo chateando con tu jefe, uno por unas horas y sin contrato. Elige tu restaurante o el mejor paso de Semana Santa puntuado por

---

[11] E. Scott, «People are not pleased with Fiverr's deeply depressing advert», *Metro,* edición digital, 10 de marzo de 2017 [http://metro.co.uk/2017/03/10/people-are-not-pleased-with-fiverrs-deeply-depressing-advert-6500359/?ito=cbshare].

gente como tú. Elige una pareja, con buenos genes, fértil, con sus finanzas saneadas. Elige a tu candidato, para el Gobierno o el *reality*. Elige una enfermedad mental y su psicofármaco. Elige una minoría a la que odiar. Elige una minoría a la que pertenecer. Elige tus tradiciones. Elige nuestra no ideología, elige nuestra no vida, elige nuestra diversidad. Elige que nosotros elijamos por ti.

V

LA TRAMPA DE LA DIVERSIDAD

Miércoles 8 de noviembre de 2017, Nueva York. Varios cámaras de televisión y periodistas han estado esperando lo que parecía que iba a ser una jornada memorable pero que al final ha quedado reducida a un espectáculo entre lo circense y lo catártico. En las semanas anteriores Nathan Wahl, un ciudadano anónimo de veintiocho años, ha convocado un evento llamado *Scream helplessly at the sky* a través de Facebook para protestar en el primer aniversario de la victoria en la elecciones presidenciales de Donald Trump. Algo así como gritar al cielo impotentes, al estilo del recorte de periódico donde el abuelo de la serie animada *The Simpsons* aparece gritando a las nubes.

Según la página del evento, más de 15 mil personas están interesadas en ir a Washington Square a dar voces, a gritar al cielo contra Trump. Los medios imaginan las interesantes escenas que el *happening,* convocado a las siete de la tarde, les va a brindar para abrir sus informativos. La realidad es que en la plaza, pasada media hora del momento de inicio, apenas hay unas 150 personas. Algunos gritan durante unos minutos entre risas, otras mujeres llevan el *pussyhat*, un gorro de lana rosa como símbolo feminista de rechazo al presidente, un grupo toca unos timbales con los que amenizan el ritmo del acto.

Allí también han acudido los partidarios de Trump con sus gorras rojas en las que se lee *Make America great again.* Aunque han ido dispuestos a todo para reventar la convocatoria, la escasez de asistentes hace que a lo sumo todo quede en unas risas de burla. Rachel Dunn, una vecina de Brooklyn que pasaba por allí, comenta a la prensa que «la izquierda no ha tenido una participación tan buena como hubiera deseado. Están conmemorando una derrota. Esa no parece la mejor manera de movilizar una noche a la gente»[1].

Este suceso explica cuáles son las dinámicas del activismo político actual, si no de forma totalmente representativa, sí al menos como síntesis. Enumerando podemos encontrar que quien convoca estos eventos, que no actos de protesta o manifestaciones, no es una organización política de algún tipo, sino un ciudadano anónimo, generalmente joven, urbano y de clase media. Del cual se desconocen sus afinidades políticas, pero que, sin embargo, se mueve por sentimientos difusos de rechazo, en este caso anti-Trump. Aparece aquí otra característica, la figura carismática a la que se detesta o admira, incluso ambas cosas a la vez en un corto periodo de tiempo. El evento no gira alrededor de algún hecho reseñable, alguna medida concreta tomada por el presidente, sino que es una impugnación abstracta a su persona, ni siquiera a su política. Además, el acto no tendrá un cierre al uso donde unos líderes leerán un manifiesto o pronunciarán unos discursos, no es ideológicamente duro en el sentido de estar guiado por una serie de reivindicaciones organizadas; su finalidad es el acto en sí mismo, donde un grupo de personas expresan su disconformidad de maneras simbólicas, en este caso gritando o con sombreros de lana rosa. Los opositores a la protesta se organizan de forma parecida. La mujer anónima de Brooklyn, de la cual desconocemos sus simpatías al respecto, no entiende nada, tan sólo hace la certera apreciación de que gritar como símbolo de impotencia para conmemorar una derrota no parece una buena manera de movilizar a la gente, y achaca la mala estrategia a la izquierda.

Si en los capítulos anteriores vimos el camino que hemos seguido hasta llegar aquí y cómo la diversidad se había convertido en un mercado competitivo al servicio del neoliberalismo, en este veremos cómo ese mercado de la diversidad ha afectado a

---

[1] V. Hajric, «New York City Anti-Trump Protesters Scream at the Sky on Election Anniversary», *The Inc.nyc,* edición digital, 10 de noviembre de 2017 [http://theink.nyc/new-york-city-anti-trump-protesters-scream-sky-election-anniversary/].

la política de izquierda, tanto a la institucional como a la activista. El hecho de elegir el concepto de activismo para definir esta parte de la política crítica no es casual. Podríamos hablar de izquierda transformadora, ese eufemismo para agrupar a los movimientos de aspiración revolucionaria sin revolución, pero no lo haremos, ya que, además de que parte de esos movimientos sí participan en las instituciones, otra parte notable de lo que queremos abarcar no se siente «cómoda» con el concepto de izquierda, ya que lo considera desfasado, manchado y escasamente transversal.

Así tendríamos en nuestro campo de juego a lo referido como la gente, que intenta definir a aquellas personas sin adscripción política fija que moldean su ideología a través de sus experiencias inmediatas y el sentido común dominante. Y por otra parte el activismo, una suma difusa y heterogénea de individuos y grupos, los cuales se organizan descentralizadamente, carecen de líderes visibles y estables, se movilizan frente a acontecimientos traumáticos e ideológicamente no tienen ninguna adscripción directa con la izquierda del siglo XX, lo que no resta para que sean tachados por los medios y percibidos por la gente como izquierda radical.

¿Cuál es entonces la ideología del activismo? Pues precisamente la respuesta a esta pregunta es la que nos dará una de las claves para averiguar cómo opera la trampa de la diversidad en el activismo contemporáneo. La otra clave es la que impulsa este capítulo y este libro, por qué la izquierda parece tener cada vez mayores dificultades para llegar a sus simpatizantes potenciales mientras que la derecha parece contar con más apoyos fuera de sus capas de influencia habitual.

Recuerden que en los años ochenta la clase media se vio reforzada por las políticas de la reacción conservadora de Reagan y Thatcher. Este grupo social, más que una clase en sí misma, es un estrato intermedio definido por su poder adquisitivo y sus valores y estilos de vida. La clase media se constituyó como pilar principal del neoliberalismo por su relación aspiracional con el consumo, no comprando objetos o estilos de vida porque los necesitara y los viera útiles, sino como una forma de reforzar su estatus, su autoexpresión. Así surge una diversidad con valor diferenciador, pero también desigual, que proporciona a estas personas un anclaje a su identidad débil, una forma de sentirse diferentes y valiosos.

Su relación con la política, especialmente en lo electoral, era muy parecida. No querían formar parte de ningún grupo y por supuesto no se consideraban parte de ninguna clase social. A lo sumo querían huir del concepto de clase trabajadora, al parecerles uniformador y poco atractivo, aunque muchos formaran parte de ella, mientras que aspiraban a formar parte de las clases altas. Así esta clase media, esta clase aspiracional, tenía un espíritu trepador y su relación con lo electoral se limitaba a exigir siempre desde su preciada individualidad medidas que parecía que favorecían su espíritu emprendedor, aun cuando a veces fueran en contra realmente de sus propios intereses.

Las bajadas de impuestos se convirtieron en la joya de la corona de las promesas electorales, aunque a menudo esto redundara en peores servicios públicos que estas personas de clase media, pese a su buen nivel económico, no podrían cubrir con su cartera. Las explicaciones que les darían y se darían a sí mismos para estos desajustes siempre irían en la línea neoliberal de la ineficiencia y el despilfarro de lo público. Así, por ejemplo, una gran parte de la clase media se manifestó en contra de programas de vivienda o sanidad públicos, porque pensaban que les harían pagar más impuestos, a pesar de no poder pagar una cobertura sanitaria privada o sufrir la especulación del suelo. Pasado un tiempo, la culpa de tener peor atención médica o de que sus hijos tuvieran dificultades para acceder a una vivienda no la tendrían las bajadas de impuestos que apoyaron, sino aquellos que no dejaban al mercado lo suficientemente libre o los perezosos trabajadores de clase «baja» que querían aprovecharse de sus impuestos sin dar un palo al agua. Leído resulta pueril y desesperante, pero el mecanismo de individualizar las tendencias políticas funcionó.

A pesar de que esta clase media se percibe sólo como clase a la hora de compararse con los inmediatamente inferiores a ellos, sus ideas siempre se les antojan propias. Así su narrativa vendría a decir que toman todos decisiones muy parecidas porque comparten una serie de estilos de vida como la ambición o el emprendimiento, pero nunca, como realmente pasa, por estar sus deseos y aspiraciones totalmente mediatizados por las ideas hegemónicas del neoliberalismo.

¿Por qué esta clase empezó a tener tanta importancia en la política entendida casi exclusivamente como procedimiento electoral? Por, recuerden, ser votantes indecisos pero participar fielmente en las elecciones, resultando su voto esencial para la victoria tras la progresiva deriva abstencionista de la clase trabajadora que tradicionalmente apoyaba a la izquierda. Los partidos socialdemócratas, especialmente el Nuevo Laborismo, empezaron a recurrir a mediados de los noventa a sistemas de análisis de mercados para lograr saber cómo contentar con sus promesas a esta clase media.

En vez de averiguar las causas de abstención de los trabajadores, los antiguos socialdemócratas se echaron en brazos de la clase media, confiando en los expertos en *marketing,* publicidad y demoscopia para ganar las elecciones, cosa que consiguieron con Blair y Clinton, más que en sus programas políticos tradicionales. El cambio no fue sólo el giro a la derecha de las políticas reales de los progresistas, que realmente ya era evidente mucho antes de mediados de los noventa, sino que estas políticas neoliberales empezaron a ser tomadas como progresistas al ser adoptadas por ellos. Si tanto la izquierda como la derecha decían lo mismo, aquello no era tan sólo una forma de hacer política, era la única forma de hacerla. Lo coyuntural se convirtió en estable, la traición presentada como renovación en motivo de orgullo y en una forma de ganar elecciones.

Pero además el cambio en la relación entre votantes y partidos también se alteró. Hasta entonces los principios ideológicos tenían un peso decisivo y la gente más que votar a un partido era de un partido. Se era laborista o socialista tanto como se pertenecía a una profesión o al barrio donde se vivía. Los trabajos y las casas eran para toda la vida, como las ideologías, por tanto las personas se sentían orgullosas de la maestría en su profesión, de su entorno y de su partido.

Sin embargo, a partir de ese difuso momento de las dos últimas décadas del siglo XX todo empezó a cambiar. Los trabajos ya no eran estables, se cambiaba a menudo de casa y se empezó a votar como si se estuviera comprando en un supermercado. Los comentaristas políticos neoliberales presentaron esto como un periodo de adultez de la democracia, ya que el ciudadano había dejado de votar sentimentalmente para hacerlo con la cabeza, al parecer, eligiendo entre unas opciones políticas de forma racional como un inversor lo haría con los valores en la bolsa. La realidad es que las cosas sucedieron de acuerdo al símil del supermercado y no a la explicación de los expertos.

En un supermercado los consumidores no siempre compran lo que más les conviene, a menudo pagando un alto precio. No lo hacen por una decisión meditada y racional sino porque el envase tiene colores llamativos o el producto ha sido situado convenientemente cerca de la caja. No se trata de que los trabajadores votaran con los sentimientos, el corazón o de manera irracional, sino más bien al contrario, lo hacían con la razón, con la ideología, a pesar de las terribles decepciones que sufrían a menudo por sus partidos. Y se puede decir, sin sombra de duda, que era una forma más coherente de relacionarse con la política que la de la clase media que no quería pagar impuestos aunque eso en última instancia la perjudicara.

Si, como vimos a modo introductorio en el primer capítulo, la imagen y la presentación del político, sus maneras electorales, siempre habían tenido importancia a lo largo del siglo XX, en el siglo XXI el político había quedado destinado a ser un cascarón vacío para portar una serie de valores que coincidieran con los apreciados en sociedad, esto es, los valores de clase media. De ahí que Obama utilizara en su cartel un paradójico arte político descontextualizado o que Theresa May se atreviera a portar un brazalete con una Frida Kahlo reconstruida como ejemplo de superación ante las adversidades. Tras este vaciado las únicas ideas aceptables para hacer política eran maniatar esta actividad con una teoría económica, pero sobre todo una ingeniería social, llamada neoliberalismo.

La clase media desde los ochenta fue colonizando a toda la sociedad, siendo hoy, más que la clase hegemónica, la única percibida. Los trabajadores creen ser clase media, los ricos pretenden serla. Mientras que los primeros se convierten en escaladores, los segundos difuminan su poder tras este rito nivelador. Esta uniformidad narrativa, la forma en que nos explicamos como personas y, por tanto, explicamos nuestra relación con la sociedad, ha trasladado junto con el concepto de clase media su ansiedad por diferenciarse, su identidad débil, su angustia existencial. ¿Cómo se cura la clase media esta ansia de diferenciación? Mediante el mercado de la diversidad: una serie de identidades individualistas y competitivas que impiden nuestra acción colectiva y nuestra percepción como clase trabajadora para sí misma.

La ficción televisiva es una útil hemeroteca para ver cómo se ha producido este desplazamiento de conceptos identitarios, políticos e ideológicos. *Anillos de oro* o *Turno de oficio* fueron dos teleseries españolas de gran éxito a mediados de los ochenta. Ambas estaban protagonizadas por abogados y, pese a tener algún toque de comedia, eran producciones dramáticas que pretendían mediante esta profesión hacer un fresco del país y sus circunstancias. Ser abogado en la España de los ochenta era pertenecer a la clase media sin ningún género de dudas, ser parte de un grupo aún poco numeroso de profesionales universitarios, independientes, bien pagados y con prestigio social. Sin embargo, los personajes de estas series representaban a personas de izquierdas que en *Anillos de oro* trataban temas como el divorcio, el adulterio, la homosexualidad o el aborto, y en *Turno de oficio* se las veían con aquellos que no podían costearse una defensa privada. De una cierta manera, la potencia de las ideas de izquierda era aún tan hegemónica en el país que estos personajes representaban a una clase media que quería ser clase obrera y que, para conseguirlo, utilizaba su profesión no para medrar y enriquecerse sino para ayudar a los más desfavorecidos.

10 años después, a mediados de los noventa, otra serie llamada *Médico de familia* utilizaba un formato similar pero a la vez dramáticamente diferente. El médico protagonista era un hom-

bre afable y de buen corazón, viudo y con tres hijos. La producción, más cómica que dramática, trataba los temas desde una óptica moralista y conservadora. Los escenarios habían dejado de ser los centros urbanos, trasladándose a las urbanizaciones residenciales. Los conflictos emocionales eran ya del tipo de la tensión sexual no resuelta, algo útil a la hora de mantener la atención del espectador pero inexistente en la vida real. La relación que mantenía este profesional de clase media con la clase trabajadora ya no era la paternalmente benéfica de los abogados televisivos de los ochenta, sino una paternal a secas, es decir, de amable superioridad. Los trabajadores aparecían representados por celadores y enfermeras y sobre todo por la chacha andaluza, que ponía el punto cómico por su prototípica locuacidad, ignorancia y chabacanería. La serie ya no tenía una pretensión realista, sino una aspiracional. La intención ya no era retratar la sociedad sino decir a la sociedad cómo tenía que ser. Mientras que hoy, *Anillos de oro* o *Turno de oficio,* con sus errores y aciertos, sí retratan su momento, *Médico de familia* nos vale para saber qué valores y estilos de vida se promocionaban aspiracionalmente, es decir, como avanzadilla de la colonización de la clase media como identidad a la que querer pertenecer.

Tanto en este ejemplo televisivo como en el papel que desempeñaron los técnicos de estudios de mercado en el ascenso de Blair y Clinton, cabe la posibilidad de creer que estamos insinuando una especie de conspiración o al menos de dirección por parte de las cabezas del libre mercado. Aunque *think tanks* y demás herramientas de creación del ideario neoliberal habitualmente infiltran sus ideas utilizando todo tipo de tácticas oscuras, estos fenómenos se deben a la primacía de determinados campos profesionales y de la ocupación de estos campos de importancia por la clase media real. Los valores y estilos de vida de este subgrupo han colonizado la sociedad no por un fenómeno mágico, sino por su importancia adulterada en lo electoral, pero también porque estas personas ocupan puestos clave en las industrias culturales, comunicacionales y creativas. Cuando tienes las herramientas para narrar a una sociedad, acabas haciendo que se parezca a ti.

Aznar ganó las elecciones generales de 1996 y sería aventurado decir que la culpa la tuvo *Médico de familia*. Evidentemente el descrédito socialista tras los casos de corrupción, las políticas contrarias a los trabajadores, la implicación de sus líderes en casos de terrorismo de Estado y la crisis económica de 1993 tuvieron bastante que ver. Lo que sí es cierto es que aquel joven José María Aznar se parecía mucho más al doctor afable y televisivo que su oponente Felipe González, o al menos mucho más que el comunista Julio Anguita. Aznar no ganó aquellas elecciones por una serie de televisión, pero sí aquella serie de televisión mostró la pujanza del grupo social de la clase media como modelo aspiracional y, por tanto, de la ideas que decía representar el Partido Popular.

Incluso así, Aznar llegó al Gobierno diciéndose de centro reformista y explicando que él de joven era un simpático progre, es decir, fingiendo ser un progresista porque, aunque el neoliberalismo ya había llegado a España como política económica, aún era emergente como identidad social. Significativas resultan las declaraciones que el expresidente tributaba a Manuel Azaña en la presentación de sus *Diarios,* en la que tomó parte:

> Aznar define a Azaña como «un moralista, alguien que no quiere dejar de consignar el ideal, aunque tema que la adversidad lo haga finalmente imposible». También destaca que a Azaña «la política como espectáculo, como diríamos hoy, no le interesa, como dice con expresión fuerte, le revienta»; sin embargo, «la política sin bajezas», el poder con mayúsculas, le apasiona. Según el presidente del Gobierno, la vida política española ha mejorado mucho con relación a los tiempos de Azaña, porque «quienes gobernamos podemos sentir el impulso y la ayuda de muchos de nuestros colaboradores y también, en ocasiones que sería de desear fueran más frecuentes, de nuestros rivales»[2].

---

[2] J. Comas, «Aznar presenta los diarios robados de Azaña», *El País,* edición digital, 18 de diciembre de 1997 [https://elpais.com/diario/1997/12/18/cultura/882399601_850215.html].

Es en su segunda legislatura, junto con las dos de José Luis Rodríguez Zapatero, cuando la clase media coloniza definitivamente el imaginario colectivo. Como dijimos hace unas páginas, la tecnología de consumo desempeñó un papel importante en la autopercepción, pero también elementos como la entrada en el euro, el turismo internacional, el segundo automóvil, la inmigración y la especulación inmobiliaria. El interés aquí no es analizar la composición del mercado de trabajo, la capacidad real adquisitiva de los trabajadores y la desigualdad, sino hacer patente que los años de la burbuja inmobiliaria dieron el asiento definitivo a la identidad individualista y aspiracional.

Podíamos comprar *home-cinema*, hacer un viaje a Punta Cana, conducir una berlina, vivir en un chalet, invertir en bolsa y, además, quienes nos servían las hamburguesas, cuidaban a nuestros mayores o repostaban nuestro coche eran de Rumanía o Ecuador. El cóctel perfecto, junto con una industria del entretenimiento ya tomada por las ideas neoliberales, para que millones de trabajadores creyeran abandonar su condición asalariada y proletaria y pensaran ser algo más, eso a lo que se supone que tenían que aspirar. La dura realidad, a partir de 2008, demostró que aquellas veleidades no eran más que humo. La caída fue muy dura, pero la identidad permaneció, salvo que, esta vez, tomaría la forma de estupefacción e indignación. Aunque eso ya es otra historia.

Hoy todos somos clase media, aunque algunos lo son más que otros. La cajera de Zara que cobra 800 euros al mes cree pertenecer a la clase media, porque así se lo dicen por la tele, porque la clase trabajadora es algo de lo que avergonzarse y escapar, y porque, quizá, puede acceder a tal bien de consumo que considera de lujo. El consultor de Zara que cobra 3.000 euros al mes es también clase media, aunque dependa de un salario, apenas vea a sus hijos y se medique por la tensión que le crea su empleo. Él se lo ha ganado, él lo vale, él aspira a más y esos vagos de clase «baja» que viven de sus impuestos no se lo van a arrebatar. Y Amancio Ortega, uno de los hombres más ricos del mundo, casi también es clase media, porque los periódicos nos cuentan que lleva una frugal vida, practica la filantropía y viste con la ropa de su empresa. La cuestión no es lo que realmente se es, lo que se tiene, por qué se tiene, sino lo que se cree ser, lo que se aspira a ser. La realidad es que entre la cajera y el consultor hay muchas menos diferencias reales que de ambos frente al multimillonario, que esencialmente lo es por esa parte del valor que cajera, consultor y los esclavos orientales crean con su trabajo y del que Amancio se apropia. Lo peor no es que la cajera y el consultor admiren a Amancio, lo peor es que ambos, pese a creerse de clase media, se perciben absolutamente solos en un mundo implacable, por lo que necesitan rellenar su débil identidad con un competitivo, meritocrático y diverso individualismo.

POLÍTICAMENTE CORRECTOS. LA TRAMPA DE LA DIVERSIDAD EN EL SOCIOLIBERALISMO

Si hace un par de capítulos hablábamos de cómo Felipe González había precedido a Tony Blair, lo hacíamos en el sentido de ver cómo el PSOE había adelantado al Partido Laborista girando sus políticas a la derecha casi desde que pisaron el Palacio de la Moncloa en 1982. El PSOE utilizó políticas redistributivas en cuestiones como la educación, la sanidad, los servicios sociales o las infraestructuras, pero sus reformas laborales y fiscales ya estaban encauzadas en la senda neoliberal. Incluso así, su fraseología electoral, esto es, la relación pública con sus votantes, seguía siendo de izquierdas. Sirvan como ejemplo las apelaciones de Alfonso Guerra en la campaña de 1996 citando la película de Ken Loach, *Tierra y libertad*.

Los Gobiernos de Zapatero compartieron ministro de Economía con los de González: Pedro Solbes. Su política económica siguió la misma senda neoliberal, pero no ya como una opción o algo que había que maquillar, sino como lo obvio, lo esperable, lo único sensato y posible. Entre ambos estaba el Nuevo Laborismo y Tony Blair.

A lo sumo se intentó dulcificar el discurso hablando de investigación y desarrollo, nuevas tecnologías y economía verde. El socioliberalismo, versión ibérica de la tercera vía, prometía un mejor nivel de vida reduciendo más el papel del Estado en la economía, diferenciándose de los neoliberales explícitos por conservar algunas facetas de lo público para llegar allí donde el mercado no podía llegar. Si los conservadores y progresistas del siglo XXI estaban de acuerdo en lo esencial, ¿de qué discutían entonces?

Llegaron a España las guerras culturales, conflictos en torno a derechos civiles y representación de colectivos que situaban lo problemático no en lo económico o lo laboral y mucho menos en lo estructural, sino en campos meramente simbólicos. El matrimonio homosexual, la memoria histórica, el lenguaje de género o la educación para la ciudadanía empezaron a ocupar portadas de los medios y a crear polémica.

¿Estamos afirmando que los ejemplos mencionados carecen de importancia? En absoluto. Es importante que un grupo social pueda tener los mismos derechos civiles que el resto o reconocer desde las instituciones nuestra historia y la dignidad de los republicanos olvidados. Lo que decimos es que estos conflictos culturales tenían un valor simbólico en tanto que permitían a un Gobierno que hacía políticas de derechas en lo económico validar frente a sus votantes su carácter progresista al embarcarse en estas cuestiones.

La política española se empezó a parecer cada vez más a la norteamericana no sólo por la presencia abrumadora del bipartidismo, que del consenso del Estado del bienestar había pasado al consenso del neoliberalismo, no sólo por la presencia de la clase media como clase aspiracional para todos, sino además porque habíamos importado conceptos como el de la corrección política y el centro de gravedad del debate se había desplazado de la redistribución económica a la representación simbólica.

La corrección política y las políticas de representación no surgen en EEUU por casualidad. Es justo en este país donde la izquierda ha tenido muy poca capacidad de alterar las causas estructurales de los conflictos y donde su presencia en sociedad, desde los ochenta, se volvió cada vez más menguante. Así la izquierda, más académica que de calle, con más poder cultural que presencia sindical, se centró allí donde podía actuar, es decir, en influir en los resultados de los conflictos en vez de cambiar las causas que los producían. Lo interesante aquí es ver que, cuanto menos capacidad de cambiar lo material tiene una corriente política, con más insistencia tiende a buscar las formas de influir a través de lo simbólico.

Es cierto que separar radicalmente cuestiones materiales y culturales, políticas redistributivas y de reconocimiento no es del todo acertado. Alex Callinicos se pronuncia al respecto:

> Cuando examinamos las desventajas que sufre un determinado grupo debido a lo que uno podría llamar en sentido lato su identidad cultural –raza, nacionalidad o lo que sea–, observamos que esas desventajas suelen comprender lo que se podría denominar los agravios de la falta de reconocimiento –desprecio, estereotipos, etc.–, así como también determinadas discapacidades económicas [...] Sin embargo, solucionar su sufrimiento depende de la forma crucial de que recuperen el acceso al recurso productivo básico[3].

Podríamos deducir así que, cuando un grupo social tiene un problema de representación, este suele venir de una situación que le ha impedido ser parte de la estructura económica o que le ha relegado a funciones consideradas menos importantes. Así los conflictos de representación serían en parte una consecuencia directa, o arrastrada, de los conflictos materiales.

El racismo hacia los negros no era precedente a su función como mano de obra esclava, era la justificación para poder esclavizarlos. Una vez perdida su condición de esclavos, el racismo permaneció en la esfera cultural, siendo más virulento dependiendo de su clase. Todos los negros en EEUU pueden sufrir actitudes racistas, pese a la igualdad formal de derechos, pero es más probable que se encuentren con este conflicto si son empleados del sector servicios que si trabajan en el sector de los videojuegos.

En EEUU los movimientos por los derechos civiles consiguieron la igualdad legal. Tras este avance tuvo que llegar la

---

[3] A. Callinicos, *Igualdad,* Madrid, Siglo XXI, 2003, p 104.

lucha por la representación, es decir, por aparecer como ciudadanos de pleno derecho además de serlo. Para lograr esto se tuvo que eliminar, por ejemplo, el lenguaje racista, romper con los estereotipos, aumentar su presencia en la vida social y política. Así se ganó la batalla de los consensos en torno a los resultados del conflicto racial, no sin décadas de lucha por parte de las comunidades afectadas.

En EEUU no se puede emplear públicamente la palabra *nigger*, de gran connotación peyorativa para los afroamericanos. Si recuerdan, en la descripción del Tenderloin, el barrio pobre de San Francisco, que hacía la compañía Airbnb, aparecía sin remilgos la palabra «vagabundo», pero no se hacía ninguna referencia a la raza de estos, la mayoría negros.

Encontramos así un claro escollo en el asunto de las políticas de representación. Lo primero es que no tienen en cuenta la clase social. Así surge un sofisticado desprecio hacia los pobres, a los que podemos ir a ver a sus barrios como si fuéramos a un zoo, pero, por el contrario, no podemos decir de ellos que son negros. Es decir, el neoliberalismo asume con bastante celeridad las políticas de representación, pero las utiliza con esmero para encubrir la falta de políticas redistributivas. La cuestión es que esta utilización de la diversidad, lejos de desvelar su carácter marcadamente hipócrita, es percibida por el resto de la ciudadanía como una discriminación positiva, volviéndose en contra de los grupos minoritarios.

Aunque en muchos casos se arrastre un odio cerval hacia estos colectivos, la razón de no ver este mecanismo de apropiación no tiene que ver tan sólo con una ceguera ética, sino con una sobreexplotación de las políticas simbólicas. Las Administraciones progresistas han ampliado el espacio de la diversidad exponencialmente, centrándose, ya ni siquiera en los derechos civiles, sino en las formas, las maneras y el lenguaje, con el objetivo de llenar el hueco cada vez más grande que deja su inacción en lo económico y material.

Intentemos ejemplificarlo. Por un lado, sobre la cuestión de la apropiación, alguien que necesita una silla de ruedas quizá agradezca que nos refiramos a él como una persona con diversidad funcional antes que como un minusválido. Pero también agradecerá que su ayuntamiento destine una partida presupuestaria para adaptar calles y edificios para facilitarle la movilidad. No debería tener que elegir entre una y otra política, entre redistribución y representación. El problema es que a menudo se harán esfuerzos por adaptar la documentación administrativa al nuevo lenguaje pero no por transformar materialmente su entorno.

Por otro lado, existe una aceptación acrítica del neoliberalismo por parte de las minorías, como en el llamado *gaypitalismo,* donde los modos de vida de los miembros prominentes de la comunidad homosexual se adaptan a los valores dominantes del libre mercado. Así la consecución de los derechos LGTB se concibe como una cuestión de acceso a los bienes y el respeto que la sociedad tributa como una cuestión meritocrática. De esta manera, se está trasmitiendo el mensaje de que los problemas que encuentra un homosexual no son sistémicos, sino derivados de la actitud del individuo.

No se espera, evidentemente, que el ser homosexual traiga asociado automáticamente un vínculo con la izquierda; sí se debería promover una reflexión en torno a que aceptar la maneras del libre mercado no implica sólo llenar Chueca de pintorescas tiendas, sino una tendencia a la individualización de las problemáticas de la comunidad LGTB, de naturaleza estructural. Shangay Lily comentaba al respecto que «tristemente los *gaympresarios* han conseguido convencer a la comunidad y la sociedad en general de que los logros del Orgullo Gay se deben medir en virtud de sus beneficios económicos […] ese argumento es puro neoliberalismo, privatización en acción que deja a la masa trabajadora, los de abajo, las transmaricabollos precarias, fuera de los supuestos logros de la lucha gay»[4].

Como consecuencia de la sobreexplotación de la diversidad, al quedar la agenda pública cada vez más ocupada por este tipo

---

[4] S. Lily, «Gaycapitalismo, orgullo empresarial», *Público,* edición digital, 7 de febrero de 2014 [http://blogs.publico.es/shangaylily/2014/07/02/gaypitalismo-orgullo-empresarial/].

de conflictos, tratados desde el prisma neoliberal, se da la sensación de que discutimos más sobre lo anecdótico que sobre lo efectivo. Surge así en el debate público un conflicto de intereses centrado en el mercado de la diversidad, donde la parte mayoritaria de la población que no pertenece a estos grupos discriminados reclama su espacio de atención negativamente, no cargando contra la utilización cosmética de las políticas representativas, sino contra los grupos que las demandan, considerando que son ellos quienes monopolizan el debate. Lo políticamente correcto queda así marcado como engañoso y su uso toma un carácter negativo.

Se produce una reacción, un efecto *boomerang,* que hace que lo políticamente incorrecto sea percibido como algo rebelde. La derecha, algo que veremos en un capítulo posterior con más extensión, ha aprovechado este conflicto en el mercado de la diversidad para volver a poner en la agenda pública sus ideas más retrógradas, salvo que esta vez pueden presentarlas como contestatarias e inconformistas. Lo políticamente incorrecto aparece como una lucha por la libertad de expresión cuando no es más que libertad de agresión, de insulto y de estigmatización.

Las políticas simbólicas o representativas funcionan, y de hecho tuvieron gran éxito cuando surgieron a finales de los sesenta. Nombrar y reconocer a los demás como querían ser nombrados y reconocidos, otorgarles los mismos derechos, fue percibido como algo positivo por parte de casi todos. Fueron su sobreexplotación y, sobre todo, su divorcio de las políticas materiales, junto con el cambio de mentalidad hacia el individualismo, los que han hecho de ellas algo negativo. El resultado es que el racismo, la homofobia y el machismo se están constituyendo como parte de la identidad general del que quiere ser diferente, no correcto, rebelde y no pertenece a ninguno de estos grupos. O cómo la diversidad simbólica bajo el neoliberalismo, operando en el mercado de la diversidad, engendra un contrarrelato terrorífico.

La izquierda debería recordar que no se trata de pensar cómo hablamos, sino de hablar como pensamos.

UN LÍO CON MUCHA GENTE. EL MERCADO DE LA DIVERSIDAD EN EL ACTIVISMO

Íñigo Errejón, uno de los líderes de Podemos y máximo exponente del populismo progresista en España, comentaba para la revista argentina *Crisis,* a principios de diciembre de 2017, las razones del auge y estancamiento de su partido:

> Prometimos una victoria rápida que cuando no se produjo desencantó a los simpatizantes, que son nuestra mejor toma de contacto con la realidad social española, porque los militantes vivimos siempre en una realidad propia. La ilusión también está signada por las lógicas televisivas y mercantiles: los portavoces de Podemos nos convertimos en una especie de iconos pop, una fuerza política nueva sin ningún lastre del pasado, con la promesa de que se puede ganar y todo se puede cambiar. Y cuando hay un parón o eso no se produce de inmediato, una parte de la gente dice «me prometiste que esto iba a ser otra cosa», «me prometiste que si yo me compraba este aparato me iba a producir felicidad, y la verdad es que me ha producido felicidad un rato y luego no ha rendido todo lo que decía en el prospecto»[5].

A finales de septiembre de 2017 un congreso de columnismo periodístico ha sido anunciado en la ciudad de León, España. La polémica ha surgido porque en una primera edición de su cartel no había mujeres entre las ponentes. Una usuaria de la red social Twitter comenta que «si sólo nos ofrecen la versión blanca, masculina, androcéntrica, cis y de mediana edad tendremos problemas para avanzar en cualquier sentido».

Ignatius Farray es un humorista que participa en un exitoso programa de radio que se sigue mayoritariamente a través de YouTube. Farray, por sus comentarios, trayectoria y aspecto, no pare-

---

[5] P. Vázquez y M. Santucho, «Errejón vuelve: la patria es el orden», *Crisis,* edición digital, 4 de diciembre de 2017 [http://www.revistacrisis.com.ar/notas/errejon-vuelve-la-patria-es-el-orden].

ce una persona típicamente de derechas, pero su poshumor critica habitualmente lo que se entiende como izquierda. Es, efectivamente, alguien «políticamente incorrecto». A principios de enero de 2018 escribe en Twitter: «Me he encontrado a una persona que necesita ayuda pero no es ni MUJER, ni LGTB, ni DISFUNCIONAL, ni pertenece a ningún COLECTIVO RACIAL DESFAVORECIDO, así que le he pegado una paliza por FACHA»[6].

En estos tres ejemplos encontramos una buena radiografía de en qué consiste el estado del activismo o la política del «artista anteriormente conocido como izquierda».

La primera característica es que, atendiendo a las palabras de Errejón, la transformación de la política en un producto no sólo se conoce sino que se acepta. Así el líder político se convierte en un icono pop, vacío y ahistórico «sin ningún lastre del pasado» que mantiene con sus votantes una relación mercantil, «me prometiste que si yo compraba este aparato me iba a producir felicidad». Lo ya visto en Clinton, Blair, Zapatero y Obama se traslada sin prejuicios a la política del cambio, un cambio abstracto del que, si bien conocemos algunos datos sobre el punto de partida, qué es lo entendido como susceptible de transformarse, desconocemos en gran medida a dónde quiere llegar, su horizonte. ¿La felicidad, tal vez?

En el comentario de la usuaria de Twitter respecto al congreso de columnistas encontramos la expresión de un conflicto de representación. Lo importante no es lo que esos columnistas escriban y piensen, para quién trabajan, cuáles son sus motivaciones, cuál es su papel en la estructura del sistema de medios como control social. Casi todos los periodistas invitados eran de derechas, pero lo que desató la polémica fue el hecho de que no había mujeres entre los ponentes. Además la activista no sólo alude a este hecho, sino que, atendiendo al mercado creciente de la diversidad, intenta ser respetuosa no dejándose a nadie fuera. Aplica una inclusión de género, raza, cultural, de orientación sexual y de edad. Parece un consenso positivo la necesidad

---

6 I. Farray, en Twitter [https://twitter.com/ignatiusfarray/status/95176845 8194235394?lang=es].

de que un acto público recoja la diversidad de nuestra sociedad, sin embargo, no tanto que exista diversidad ideológica o de clase. Las trabajadoras quedan fuera de la ecuación. ¿Esta activista estaría satisfecha si en el congreso hubiera paridad de género aunque la mitad de las mujeres periodistas invitadas fueran de derechas y de entornos sociales de clase alta? Si con las mujeres es sencillo calcular la aritmética de su representación, ¿cómo lo hacemos con los demás colectivos?

Por último, el humorista representa una reacción a la forma en que las políticas de la representación operan. Al hacer poshumor, desconocemos si su reacción es con ánimo injurioso o divertido, nuestra interpretación queda así por encima de la intención original. Por otro lado, su crítica viene a decir que las mujeres, los LGTB, las personas con diversidad funcional o las que pertenecen a un grupo racial desfavorecido están por encima de una persona «normal», esto es, un hombre, heterosexual, blanco y que no tenga problemas cognitivos, psiquiátricos o de movilidad. Farray, por supuesto, no critica el mercado de la diversidad, es decir, la forma que adoptan las diferencias bajo el neoliberalismo, no critica la utilización con fines cosméticos de ese mercado de la diversidad por parte de la política socioliberal, su apropiación y sobreexplotación, critica a los colectivos en sí mismos, culpabilizándolos no sólo de tener una excesiva presencia en sociedad, sino que además les atribuye un carácter hostil respecto a lo que él considera el ciudadano medio: «le he pegado una paliza por facha». Farray parece que utiliza la incorrección, cuando sólo asume un papel conservador, aunque por otra parte explicita el hastío y el cansancio que existen, incluso entre los progresistas, por la sobrerrepresentación de la diversidad.

Encontramos así tres ejemplos, más o menos al azar, que resumen todas las páginas que nos han conducido hasta este punto: posmodernidad, neoliberalismo, política como producto, mercado competitivo de la diversidad y reacción al mismo desde una individualidad angustiada, pero sobre todo el efecto que estos elementos relacionados han producido en el imaginario político del activismo. Entender este contexto no se convierte de esta manera en un mero ejercicio teórico, en una curiosidad analítica, sino en la clave para descifrar por qué la izquierda tiene cada vez menos peso en la sociedad y su acción resulta, en palabras de Nancy Fraser, «de escasa coherencia programática»[7], mientras la derecha, incluso en sus vertientes extremas, aumenta su influencia y parece firme en sus convicciones.

A principios de la primera década del 2000, el presidente José María Aznar fue preguntado por cuál era su opinión acerca de una multitudinaria manifestación que había sucedido en Madrid. Aznar dijo que le parecía «un lío con mucha gente por la calle y muy variada»[8]. En esta ocasión el provincianismo doloroso del presidente nos dio, suponemos que sin pretenderlo, una descripción acertada sobre las protestas, situando su diversidad por encima de cualquier otra consideración.

Hace unas páginas dijimos que la URSS constituía un polo de posibilidad. Indiferentemente de nuestros análisis sobre las extintas repúblicas socialistas, lo que debemos recordar es el fuerte contrapeso que ejercían al mundo capitalista, no sólo en el terreno geoestratégico, sino también en el campo simbólico. Si otra sociedad era posible, al margen de virtudes y debes, entonces las alternativas al capitalismo, fueran las que fueran, eran viables de explorar y perseguir. Así su desaparición no afectó sólo al campo comunista, sino que fue un mazazo para todo aquel que se opusiera al capitalismo o incluso contemplara una convivencia vigilada con el mismo.

Por otro lado, este derrumbe restó autoridad a los partidos comunistas, pero también a la política entendida a la manera del siglo XX, a la manera de la modernidad. De esta forma el posmodernismo, no ya como ente en sí mismo, sino como teorías derivadas y un espíritu de época general, permeó de forma mucho más profunda todo el espacio crítico. El llamado debate sobre la izquierda, que realmente siempre había existido, se convirtió en un laberinto sin salida. Mientras que la duda permanente pos-

---

[7] N. Fraser, «¿De la redistribución al reconocimiento? Dilemas de la justicia en la era "postsocialista"», *New Left Review*, edición digital [https://newleftreview.org/article/download_pdf?language=es&id=1810].

[8] J. Ramoneda, «El orden natural», *El País*, edición digital, 9 de diciembre de 2001 [https://elpais.com/diario/2001/12/09/domingo/1007872233_850215.html].

moderna, para todo menos para hacer del marxismo astillas, era una supuesta garantía de profundidad teórica, el neoliberalismo, bastante más convencido, comenzó su asalto a nivel global.

Los movimientos antiglobalización, protestas esporádicas coincidentes con cumbres de organismos financieros internacionales como el Banco Mundial o el FMI, mostraron su carta de presentación en Seattle, a finales de noviembre de 1999. Tuvieron sobre todo la virtud de movilizar por primera vez a la juventud occidental interesada por la política alternativa después del colapso de 1991. De ahí parten dirigentes políticos de importancia en la actualidad, e incluso quien les escribe tuvo sus primeras escaramuzas como manifestante en ese contexto (me permito el dato personal con la intención de mostrar que la animadversión no es lo que mueve la invectiva que sigue).

Las manifestaciones antiglobalización eran, sin duda, coloristas, pero en extremo poco operativas. Si bien había un criterio unificador, un rechazo difuso al globalismo capitalista, lo importante era mostrar una amplia diversidad de grupos, reivindicaciones y consignas. Más que una protesta o un movimiento al uso, la antiglobalización fue una especie de catarsis colectiva donde las afrentas de los primeros 20 años de la reacción conservadora se pusieron sobre el tapete.

Hacía falta más de una mochila para guardar la enorme cantidad de pasquines y octavillas que los innumerables grupos y colectivos que allí se daban cita entregaban, básicamente entre ellos. Lo importante no era el objetivo de la protesta, inclasificable, siempre postergado, sino la protesta en sí misma, el *happening,* el que tal o cual colectivo quedara representado en el suceso, la heterogeneidad.

Por un lado, el estado general de ánimo posmoderno ya preñaba tanto la forma como el fondo de las reivindicaciones, para empezar en la propia naturaleza del movimiento, que carecía de una definición propia que no fuera por oposición. Se era «anti» porque ya no se podía ser «pro», creer firmemente en el socialismo o en lo que fuera, tener un horizonte, un gran relato. La clase quedaba relegada frente al grupo específico y este frente al individuo, porque lo importante era mantener la especificidad.

Con un fondo tan inasible la forma empezó a tomar una mayor relevancia, reduciéndose los hechos de la protesta a la protesta. Al menos en el contexto español, respecto a la representatividad, el movimiento antiglobalización fue una estafa. A pesar de que existían activistas independientes, la mayor parte de personas formaban parte de grupos políticos que coincidían con las corrientes políticas críticas del siglo XX. Estaba representado el anarquismo en sus múltiples variables, la autonomía, estalinistas, la izquierda postsocialista, socialdemócratas de izquierda, la pléyade de grupos trotskistas y hasta el alcalde republicano de Madrid, un señor mayor que se reclamaba heredero del cargo por algún intrincado laberinto legal.

Surge el concepto de activista especializado. Si el militante era parte del pasado, con su adscripción a una ideología fuerte y un grupo político estable, con un proyecto de cambio general y universal y una acción ligada a algún campo laboral o territorial, el activista especializado era el futuro, unido siempre a temas específicos que habitualmente variaban por sus cambiantes simpatías o simplemente el aburrimiento, predicando la horizontalidad como eufemismo de individualismo y centrándose en temas más simbólicos y representativos que inmediatos y tangibles. Así el activista especializado no respondía ante nadie, su virtud era la contradicción, rara vez hablaba de asuntos tan vulgares como el salario o los accidentes laborales y recurría a temas lejanos sobre los que no tenía ninguna capacidad de acción. No era raro encontrar a verdaderos expertos en la cultura arrebatada de tal pueblo precolombino pero que desconocían las condiciones laborales de la asistenta dominicana que limpiaba en la casa de sus padres en Pozuelo. Esto es una caricatura tragicómica, pero la realidad no distaba tanto.

En cierta medida el activista era un pastiche del militante, como el posmodernismo lo era del modernismo. Esta especie de descripción apresurada en el fondo nos dice muy poco de por qué se dio ese cambio. Si surgieron activistas en vez de militantes fue porque el contexto daba para que brotara únicamente esa semilla. La URSS fue un polo de posibilidad, pero también una fuente de descrédito. La socialdemocracia había traicionado sus políticas keynesianas, entre otras cosas porque se mostraron insuficientes en un estadio de la economía diferente al del lógico crecimiento en la etapa de posguerra. Los partidos comunistas habían girado hacia el eurocomunismo, que era posibilidad pero también aceptación de lo existente, postergando sus metas bajo la coartada de la responsabilidad. Es decir, bien pensemos que lo posmoderno era el relato cultural del capitalismo tardío, bien que era un esfuerzo teórico promocionado para socavar el marxismo, no se nos puede pasar que el proyecto de la modernidad había fracasado para millones de personas que habían creído y participado en él. Buscar de forma seguramente apresurada e incluso atolondrada algo nuevo era lo mejor que aquel momento nos podía otorgar.

Sin embargo, este *mea culpa* no debe oscurecer la principal cuestión por la que hacemos esta aproximación histórica. El activista de la antiglobalización, y desde ese punto hacia adelante, había ya variado su relación con la política de la misma forma que lo había hecho la sociedad. Por muy alternativo que se considerara, no era más que un remedo de los votantes de clase media aspiracional. El activista tenía la misma angustia y buscaba con ahínco los estilos de vida de la misma forma que el votante socialista, salvo que, en vez de dirigirse hacia la aspiración propuesta, aspiraba a construirse en la épica inane del altermundismo. Mientras, cabe recordar, un general llamado Hugo Chávez ganaba las elecciones presidenciales en Venezuela en 1998. Lo que pensamos como mundo es Occidente, lo que pensamos como Occidente no es más que un puñado de países que orbitan alrededor de EEUU.

Es cierto que la política radical ha tenido siempre un cierto magnetismo para la clase media, en parte por su promesa de aventura, en parte porque la clase media tiene un mayor acceso a la educación y se puede permitir estudios con menos salidas laborales que la clase trabajadora, entre ellos los de política o sociología, vinculados en casi todas las facultades con la izquierda. En tiempos de reflujo de la lucha de clases la presencia de este grupo se hace notar de manera más intensa. Su mayor capital, no sólo económico sino también cultural, hace que el activista de clase media tenga mayor posibilidad de convertirse en dirigente, líder de opinión, figura académica de referencia o todo a la vez.

Aun así, el mecanismo que aquí proponemos no se limita a constatar ese hecho, sino a insistir en que, durante las dos últimas décadas del siglo XX y en especial desde la segunda mitad de los años noventa, se produjo un cambio en la forma en que el individuo se relacionaba con su identidad política y de clase. Ewa Jasiewicz nos ilustra en la revista *El Salto* con un texto a propósito del ascenso del partido de ultraderecha PiS en Polonia:

> Una encuesta del Centro de Investigación de la Opinión Pública en 2013 concluyó que el 70% de los polacos se identificaban como «clase media», a pesar de que sólo el 10% (1,5-3 millones) disfrutaba realmente de condiciones económicas que pudieran ser descritas así. «Los simpatizantes del PiS no sienten solidaridad con su propia clase, una clase trabajadora, sino con la clase a la que aspiran»[9].

La posibilidad material para que este cambio cultural aspiracional, este ingreso en el mercado de la diversidad, fuera operativo vino de la desindustrialización, de la externalización, de la atomización laboral de los trabajadores. Es mucho más sencillo percibir a tu clase cuando trabajas en una factoría rodeado de 5.000 personas como tú que cuando tu vinculación con la producción es a través de la figura del falso autónomo.

El paso del concepto de militante al de activista tiene mucho que ver con esta ruptura material, pero se articula de la misma manera que lo hacía en los votantes de opciones asumidas por el sistema. Aceptar este hecho, que la política radical se ha convertido también en una mercancía, es entender la manera en que ha girado exponencialmente de los temas basados en lo económi-

---

[9] E. Jasiewicz, «La extrema derecha en Polonia: así es el neoliberalismo», *El Salto,* edición digital, 8 de diciembre de 2017 [https://www.elsaltodiario.com/mapas/la-extrema-derecha-en-polonia-asi-es-el-neoliberalismo].

co-laboral hacia los culturales-simbólicos, es decir, cómo su agenda se ve marcada por el mercado de la diversidad.

El neoyorquino que convocaba el evento para gritar contra Trump no lo hacía por impericia, sino porque es la única forma que concibe de articular su descontento político. Es más, en el fondo carece por completo de dirección, de ideología fuerte, de programa, de proyecto que oponer, y sólo le queda comprar esa identidad para diferenciarse, para poder entrar en el mercado de la diversidad, ser alguien desigual a los contrarios de la gorra de *Make America great again,* que funcionan de una forma calcada aunque opuesta en el resultado.

En el 15M la gente que acudía a llenar las plazas lo hacía porque tenía una serie de problemas reales derivados de la grave crisis que azotaba al país. Pero su grito general era el de «no nos representan», mientras decían sentirse indignados con la política institucional. Es decir, se sentían decepcionados con el objeto que habían adquirido, su identidad de ciudadanos más o menos satisfechos con su vida y su entorno, y por tanto aquella identidad, herida, decía no sentirse representada con aquella democracia, sus instituciones y partidos. Aunque en las protestas subyacía un conflicto de redistribución, se expresaba mediante uno de representación.

La decepción con la política está estrechamente relacionada con la política bipartidista, la corrupción, los mecanismos de promoción interna y, en definitiva, con la verdadera función de la mayoría de partidos del arco parlamentario, es decir, el sustento de un régimen político y un sistema socioeconómico. Lo que no quita para que, en general, la gente tenga grandes reticencias para participar en política, partidista o asociativa, formal o informal, tradicional o nueva. La razón que suele esgrimirse es casi de exquisitez individualista, la de que ninguna opción acaba de convencerles, encajarles, porque temen perder su preciada identidad específica, que creen única cuando no es más que una repetición generalizada.

Quien se decide a entrar en política lo hace como quien entra en un club de ajedrez, en un grupo de aeromodelismo o en un coro de una parroquia, para buscar una forma de diferenciarse, de comprar un producto que añadir a su identidad. Se crea así un extraño bucle de decepciones y acercamientos, de fascinaciones y decepciones que todos sufren, sean activistas, votantes o espectadores distanciados.

Normalmente para ejemplificar esta nueva relación con la política recurrimos al tópico del activista que lucha por la representación de la diversidad. Innovemos. En 1978 quien se decía comunista era muy probable que militara en un partido, un sindicato o algún tipo de organización formal. Acudía a manifestaciones, a mítines, a su agrupación, donde discutía con otros comunistas sobre teoría, sucesos de política internacional y nacional, pero también aquellos que se daban en su ámbito más cercano. El comunista también lo era en su trabajo, donde, con las precauciones debidas, procuraba tratar con aquellos compañeros que simpatizaban con la izquierda. Aquel militante comunista seguramente viviría en el mismo barrio desde hacía años, por lo que participaría sin esconder su condición ni militancia en asociaciones de vecinos, colectivos culturales y cualquier espacio grupal que allí se diera. Seguramente tenía unas ideas muy marcadas, pero la acción cotidiana le llevaba a compartir trinchera con gente de otros grupos políticos y, sobre todo, con gente que no pertenecía a ninguno. Tomaba responsabilidades si así se lo requería su partido, al que seguramente defendía con convicción en público pero criticaba duramente en privado. Y así podríamos extender la lista a muchos más ámbitos. Quien decía ser comunista, quien se identificaba con el comunismo, vivía de acuerdo con su forma de pensar. Esto es, su identidad era mediada por su contexto, sus condiciones, su materialidad, su vida.

Hoy sucede justo de manera inversa. Existe una inquietud ante el vacío cotidiano, derivado de la precariedad vital, que se puede llenar con un máster en MBA, la afición a la animación japonesa o haciéndose comunista. Sin embargo, ese «hacerse» difiere mucho del de hace 40 años. Hoy ese «hacerse» es labrarse una identidad con la que participar en el mercado de la diversidad. De esta forma el sujeto no se afiliará a ningún partido porque los considerará unos traidores revisionistas. No irá a ninguna manifestación porque todas serán interclasistas. La discusión con otros comunistas no será diáfana, sino a cara de perro, competitiva, porque él o ella tienen que ser más comunistas que nadie. Los tópicos que discutir variarán según las tendencias, pero en general no pasarán de la actualidad informativa o algún suceso muy específico de algún país muy alejado del que sólo esta persona tiene conocimiento, lo que le llevará a especializarse, a hacerse un experto. Fuera de los ámbitos de discusión, que quedan reducidos a las redes sociales donde participa con pseudónimo, o bien ocultará su condición de comunista como si viviera en la Alemania de 1939, o bien la exagerará portando todo tipo de parafernalia icónica. En todo caso nunca llevará su comunismo fuera de su esfera de acción más inmediata, considerando a cualquier trabajador sin conciencia de clase un borrego abducido por las ideas del capital. Su formación será endeble, o bien basada en aforismos y citas que usa con soltura punitiva, o bien será un voraz lector escolástico, es decir, sin establecer nunca relaciones con su entorno y momento más allá de las que establecería un rabino que sabe de memoria la Torá. Y posiblemente calificará de «posmo» e idealista a cualquiera que no ponga como objetivo inmediato la reactivación del Pacto de Varsovia. Su identidad no surge de su cotidianidad, de su contexto real, de su vida, de su ser comunista, sino que la adquiere, *a priori,* como un coleccionista haría con algún tipo de bien valioso. Su identidad resulta tragicómica porque para ser estalinista requiere de un aparato de poder estatal y de unas cuantas divisiones de tanques, si no tu ser queda reducido a una fantasmagoría arrogante.

Por supuesto que hoy existen comunistas como en 1977, igual que activistas de todo tipo y votantes de toda condición que siguen manteniendo una relación ideológica con la política, no de consumo. Al igual que en la etapa previa a la reacción neoliberal existía una izquierda caviar, una *gauche divine,* que utilizaba la política radical de izquierdas como una forma de completar su identidad, generalmente con fines de promoción profesional en el ámbito de la cultura. Lo que no implica que, mayoritariamente, la relación con la política sea cada vez más simbólica, identitaria e individualista, por lo que la acción colectiva se ve reducida en favor de una competencia en el mercado de la diversidad. De la misma forma que en nuestros empleos nos han individualizado, que en nuestra vida cotidiana buscamos identidades aspiracionales, nuestra vida política también es parte del mercado de la diversidad.

LA DIVERSIDAD COMO COARTADA, NECESIDAD Y PRODUCTO

Parece que, hasta la irrupción de la nueva ultraderecha en el escenario poscrisis, la diversidad era un consenso social, un valor considerado positivo por casi todos. Si hablamos de diversidad, nos viene la imagen de un escenario donde un grupo multicultural de músicos interpreta algún tipo de jazz fusión. La diversidad parecía un valor ético positivo cuando nos hablaba, o decía hablarnos, de heterogeneidad.

Lo homogéneo, en sociedad y política, nos retrotraía a la oscuridad de la peor cara de la modernidad, aquella que pretendía imponer a todos un sistema cerrado, uniforme y acabado, provocando graves afrentas a los derechos humanos. Es decir, cuando pensábamos en diversidad lo hacíamos para contraponerla, por ejemplo, al Tercer Reich.

En 1936, durante la botadura de un barco en Hamburgo, se tomó una fotografía en la que la multitud enfervorecida hacía el saludo fascista. En medio de esa multitud se distinguía la figura de un hombre cruzado de brazos, que destacaba como símbolo de valentía frente al éxtasis de la masa. Ese hombre era un trabajador de los astilleros llamado August Landmesser, un miembro más del partido nazi que fue expulsado por casarse con una mujer judía. Aunque podemos discutir si su heroísmo era tal o una simple reacción a las consecuencias personales de su falta de acierto al elegir bando, lo cierto es que la foto resulta icónica como símbolo de individualidad y objeción de conciencia.

Parece que en este caso echamos de menos la diversidad. Al observar una escena que consideramos negativa, asumimos que, si más personas hubieran sido más individuo y menos masa, las tropelías de los nazis no hubieran sucedido. El individuo se plantea así como el último baluarte ante el histerismo de un grupo homogéneo. Lo cierto es que el gesto de Landmesser, su simbolismo, fue muy poco útil a la causa antifascista en su momento.

Quizá si más hombres como él se hubieran afiliado a cualquiera de los partidos contrarios a los nazis, es decir, hubieran dejado de lado su individualidad para pasar a la acción colectiva, estos lo hubieran tenido más difícil para hacerse con el control total de la sociedad alemana.

Aunque esto es una discusión filosófica de gran calado en la que este libro y su autor tienen poco que aportar, sí diremos que en términos políticos la foto de Landmesser es utilizada tanto por antifascistas como por neoliberales. Los primeros por razones obvias, los segundos para afirmar el valor de la iniciativa individual, o, mejor dicho, del individualismo, al que consideran garante no sólo de la economía sino de la libertad.

Volvemos a Thatcher, a su discurso de 1975 donde utilizaba con habilidad la palabra *unequal,* para acentuar su característica de diferencia frente al supuesto espíritu uniformador del socialismo, pero también de paso para justificar subrepticiamente la desigualdad. La diversidad que nos resultaba amable en su vertiente de diferencia, al aparecer retratada como el conjunto multicultural de jazz fusión, nos deja de resultarlo cuando adopta su faceta de desigualdad.

La izquierda acepta acríticamente la diversidad sin darse cuenta de que la sociedad capitalista neoliberal es infinitamente diversa. Terry Eagleton se manifiesta al respecto de la siguiente manera:

> El capitalismo siempre ha ensamblado con promiscuidad formas de vida diversas, un hecho este que daría que pensar a aquellos incautos posmodernistas para quienes la diversidad, sorprendentemente, es de algún modo una virtud en sí misma. Aquellos para quienes dinámico es siempre un término positivo podrían reconsiderar su opinión a la luz del sistema de producción más dinámicamente destructivo que la humanidad ha visto jamás. Pero ahora estamos siendo testigos de una versión brutalmente acelerada de esta fusión con el desgarramiento de las comunidades tradicionales, la descomposición de las fronteras

nacionales y la generación de grandes oleadas migratorias. La cultura bajo la forma de fundamentalismo ha vuelto a aparecer como reacción a estas terribles convulsiones. En todas partes la gente está dispuesta a hacer cosas extraordinarias para ser ellos mismos. Esto se debe en parte a que otras gentes han abandonado la idea de ser ellas mismas porque supone una restricción excesiva de sus actividades[10].

En este párrafo se nos advierte de dos cuestiones. La primera es que diversidad puede implicar desigualdad e individualismo, esto es, la coartada para hacer éticamente aceptable un injusto sistema de oportunidades y fomentar la ideología que nos deja solos ante la estructura económica, apartándonos de la acción colectiva. La segunda es que la diversidad es también una cuestión de clase. Hay gente que «está dispuesta a hacer cosas extraordinarias para ser ellos mismos», es decir, fomentar su autoexpresión para poder participar en el mercado de la diversidad, mientras que otros ni siquiera pueden ser ellos mismos porque «supone una restricción excesiva de sus actividades».

O dicho de otra forma, mientras que el individuo de clase media aspiracional en EEUU puede dedicarse a servir capón y a tener conflictos en torno a la cena de Acción de Gracias, el indi- viduo que parte de Libia a bordo de una patera sólo puede aspirar a ser parte de algo general llamado migración, a ser representado en el mercado de la diversidad por un concepto aglutinador y una estadística de ahogados en el Mediterráneo. De esta forma la diversidad como coartada benéfica, una orquesta de jazz fusión donde hay un africano tocando un instrumento étnico, sirve de pantalla para ocultar la diferencia que el capitalismo realmente produce, la diversidad como desigualdad entre quien se ve obligado a emigrar y quien no.

Esperemos que nadie saque la conclusión de que hay que ir contra las orquestas de jazz fusión y no contra quienes se aprovechan de su simbolismo para dulcificar el mundo de las diversas pesadillas que se construyen.

---

[10] Eagleton, *Después de la teoría,* cit, p. 61.

Culturalmente la diversidad fue utilizada por la reacción neoliberal para enfrentarla al socialismo. Si algo se destacaba de la sociedad norteamericana en las películas de entretenimiento de los ochenta era su dinamismo, por lo que no era raro ver el típico plano general de Nueva York o Chicago donde se hacía gala de su multiculturalismo y su diversidad. La desigualdad material se transformaba en heterogeneidad cultural, mientras que los esfuerzos por la igualdad material del socialismo se transformaban en uniformidad forzosa.

Maxie Wander era una escritora y periodista austriaca casada con Fred Wander, un fotógrafo y reportero vienés al que conoció en un acto del Partido Comunista. Fred había sobrevivido a los campos de concentración de Auschwitz y Buchenwald. En 1958 el matrimonio decidió ir a vivir a la RDA, la Alemania socialista. Fred Wander manifestó en su autobiografía, *La buena vida*, que el matrimonio, siendo consciente de los problemas del país, no era especialmente partidario del Gobierno de Alemania del Este. Es decir, podían simpatizar con el proyecto pero no estaban sometidos ni deslumbrados por el mismo. En 1977, Maxie publicó un libro titulado *Buenos días, guapa,* donde entrevistaba a modo de reportaje periodístico a 19 mujeres de la RDA. Las protagonistas de la obra se expresaban de la siguiente manera:

> Barbará, veintitrés años, grafista, soltera: la política, igual esto es una vergüenza, no me interesa para nada. Es como si pudiera decir más que ajá, son sólo informaciones. ¿Y por qué tengo que estar al tanto? ¿Para hablar de ello? En fin, esa gente que es capaz de hablar tanto de todo no me interesa nada [...] Ute, veinticuatro años, obrera especializada, un hijo, soltera: un holandés me preguntó si somos libres. Pues claro, le digo, somos libres. Pero no podéis viajar a donde queréis. No, le digo, ahí debemos tener otro concepto de libertad, que quede claro. Estoy libre de explotación, tengo derecho al trabajo, me pagan exactamente lo mismo que a un hombre, y me dan un piso, aunque no todo vaya a pedir de boca, tampoco en vuestro país, ¿verdad? [...] Lena, cuarenta y tres años, docente, tres hijos, casada: un hombre nun-

ca me bastó. Siempre necesité uno para el cuerpo, otro para la inteligencia y otro para el alma. Un hombre difícilmente habría podido [...] Karoline, cuarenta y siete años, asistente juvenil, cinco hijos, casada: las cosas que hoy nos resultan evidentes eran para nosotros un lujo, tener pan todos los días, poder comprarse zapatos, ser tratada como una persona [...] Puede ser que la juventud reclame algo para sí misma, y no nos guste[11].

Si nos hubiéramos abstenido de citar la fuente, el texto parecería una suma de opiniones bastante diversas y contradictorias, como en cualquier país occidental. Salvo porque en cualquier país occidental, en 1977, hubiera sido muy difícil encontrar una mujer casada que hablara en público con libertad del sexo fuera del matrimonio o tuviera un concepto de libertad no como autorrealización individualista sino como acción colectiva. Que la RDA no era un paraíso socialista parece claro; que no era el infierno de gente gris y uniformada que nos han pintado, también.

Quedarnos en la diversidad tan sólo como coartada nos ocultaría otra faceta de la misma. Existen colectivos que parecen necesitarla, en la medida en que su diferencia, su identidad, su representación marcan la manera de luchar contra sus discriminaciones. La profesora Nancy Fraser lleva pensando en torno al tema desde hace un par de décadas, por lo que conviene tomarla en consideración para saber de qué estamos hablando.

Fraser plantea que, por un lado, tenemos «la injusticia socioeconómica, que está arraigada en la estructura económico-política de la sociedad». Esta injusticia corresponde al eje de clase y su acción política equivaldría a la búsqueda de algún tipo de redistribución. Por otro, tendríamos un «tipo de injusticia cultural o simbólica. Está arraigada en los modelos sociales de representación, interpretación y comunicación». Esta injusticia corresponde al eje de etnicidad, nacionalidad, género, raza y sexualidad, y su acción política equivaldría a algún tipo de reconocimiento de la diversidad.

---

[11] M. Wander, *Buenos días, guapa,* Madrid, Errata Naturae, 2017, pp. 65, 108, 109, 236, 286 y 287.

La redistribución implicaría una lucha por cuestiones de índole material, como el trabajo, la vivienda, la salud o la educación. El reconocimiento implicaría una lucha de índole cultural y simbólica, como acabar con los estereotipos, la dominación o fomentar el respeto, la representación o la participación.

Cabe señalar aquí el hecho de que calificar las luchas por el reconocimiento como culturales o simbólicas no es hacer una medida de su importancia, sino definir en qué campo operan. Además ambas facetas, reconocimiento y redistribución, se entrecruzan. Por ejemplo, una pareja de homosexuales aspira a ser representada con corrección en los medios, a acabar con sus estereotipos negativos que provocan que si se besan en público puedan recibir una agresión. Sus problemas son simbólicos o culturales, pero los puñetazos que derivan de esos problemas son de una naturaleza bien material. Dando la vuelta al ejemplo, la lucha contra los desahucios es bien material, pero las formas de luchar, además de promover leyes y poner el cuerpo ante la policía, también implican luchas culturales y simbólicas como el «Sí se puede, pero no quieren» o presentar la especulación del suelo no como una faceta deseable sino perjudicial.

Mientras que el eje de clase siempre se articula en torno a la redistribución de lo material, los otros ejes de etnicidad, nacionalidad, género, raza y sexualidad se articulan en torno al reconocimiento de la diversidad, pero algunos también lo hacen a través de la redistribución. «La sexualidad es un modo de diferenciación social cuyo origen no está en la economía política, dado que los homosexuales se distribuyen por toda la estructura de clase de la sociedad capitalista», mientras que «tanto el género como la raza constituyen comunidades bivalentes paradigmáticas. Aunque cada una de ellas tiene peculiaridades propias, ambas abarcan dimensiones económico-políticas y dimensiones de valoración cultural. Género y raza implican, por consiguiente, tanto redistribución como reconocimiento».

Fraser intenta afinar más su análisis de las soluciones diciendo que tanto redistribución como reconocimiento se articularían a su vez en soluciones de afirmación y transformación. La autora identifica las soluciones afirmativas como aquellas que intentan paliar la situación sin entrar a fondo en las causas estructurales, y las de transformación en las que intentan alterar o disolver las causas que provocan los problemas.

Esto tendría como consecuencia que las soluciones de transformación tanto de reconocimiento como de redistribución, combinadas, son las más efectivas para luchar contra las injusticias materiales y culturales. Sin embargo, la profundidad de su cambio las hace poco operativas en el aspecto inmediato y en la vida cotidiana de las personas.

Las soluciones afirmativas de redistribución y reconocimiento son más fáciles de aplicar en lo inmediato por su carácter paliativo y de cambio no estructural. Pero el problema que la autora identifica es que, al dejar intactas las estructuras profundas que generan las desventajas, lo afirmativo «debe efectuar reasignaciones superficiales una y otra vez» provocando el efecto contrario al buscado, en el plano redistributivo la estigmatización de la clase trabajadora como ociosa y, en el plano del reconocimiento, que tal colectivo aparezca como privilegiado e insaciable en sus reivindicaciones. Esto fortalecería las reacciones de individualismo aspiracional y lo políticamente incorrecto.

Fraser insiste en que su análisis es ideal, con intención de despejar un bosque a menudo tupido por la confusión y la mala intención, y que su motivación plantea una solución al dilema redistribución-reconocimiento. Es necesaria una «teoría crítica del reconocimiento» de la diversidad porque, mientras que la desigualdad aumenta, las cuestiones de índole cultural parecen reemplazar a las de índole material. Por otro lado, Fraser señala continuamente que los individuos forman parte de diferentes ejes, al pertenecer a alguna clase social y a uno o varios ejes de representación[12].

Este no es un ensayo académico, a lo sumo un libro que desde la narrativa y lo periodístico pretende acercar y desentrañar la naturaleza de estos debates, que, pese a que parecen claros en la teoría, no lo están tanto en la práctica. Pero este también es un libro que toma partido, que expone unas opiniones y que cree

---

[12] Fraser, *op. cit.*

que en el debate sobre la redistribución y el reconocimiento no se tiene en cuenta que el reconocimiento de la diversidad opera cada vez más como un producto aspiracional bajo las condiciones neoliberales.

En la práctica cotidiana, mientras que las injusticias materiales tienen menos peso en el debate público, los debates y conflictos en torno a la diversidad devienen una retórica inacabable sobre hechos intrascendentes que no alteran lo más mínimo ninguna estructura. Además perjudican a los grupos que se ubican en este eje, los hacen parecer egoístas y dan pie a una respuesta reaccionaria, políticamente incorrecta, que a ojos de muchos parece justificada.

La clave está en entender el cambio de relación con la política, de algo ideológico a algo aspiracional, que el neoliberalismo introdujo a través de la clase media. Este cambio afectó a las luchas redistributivas con la cuña del individualismo, pero transformó exponencialmente las de diversidad. Si las cuestiones de índole material pasaron, en todo caso, a ser ocultadas con la meritocracia, a desaparecer tras de ella, las de índole simbólico fueron subsumidas, incautadas, desactivadas por su fácil encaje como producto aspiracional.

La acción colectiva por lo material, esto es, la política redistributiva, conserva en mayor medida su relación ideológica con las personas. Ante la imposibilidad de apropiación, el neoliberalismo actuó contra ella frontalmente. Por el contrario, la política de reconocimiento de la diversidad, al tener una vertiente de heterogeneidad pero también de desigualdad, fue fácilmente desviada hacia lo específico y lo individual, y al tener un componente simbólico y cultural hacia lo aspiracional, como un producto en el mercado.

UN LABERINTO INACABABLE. LA TRAMPA DE LA DIVERSIDAD EN EL ACTIVISMO

El 5 de enero de 2018 la tradicional cabalgata de Reyes recorre el barrio de Puente de Vallecas, en la ciudad de Madrid.

Una de las carrozas ha sido realizada por Orgullo Vallekano, una asociación de personas LGTB, con el objetivo de visualizar la diversidad. La carroza no era la principal con las reivindicaciones de género. Desconocemos si lo era con las de orientación sexual. En esta carroza se pretendía que los tres Reyes Magos fueran mujeres, una actriz, una drag queen y una cantante de rap. Sin embargo, se desató tal polémica a nivel nacional que al final optaron por unos simpáticos disfraces de animales de peluche. Esta historia no tiene un final extraordinario. No sucedió nada relevante. Más allá de lo que tenía que suceder en una cabalgata, es decir, el lanzamiento de caramelos y la ilusión infantil ante los coloridos personajes y Sus Majestades de Oriente.

Traemos aquí esta historia porque reúne todos los elementos de los que hemos venido hablando, de una forma tan precisa, que parece pensada ex profeso para este libro.

Por un lado tenemos la política institucional convertida en un producto. Manuela Carmena, la alcaldesa de Madrid, llegó a la alcaldía por múltiples factores, pero entre ellos por cosificarse como un producto que el votante progresista compró en las elecciones. Carmena representaba cambio, ilusión, esperanza, no medidas concretas como una nueva política fiscal o del uso del suelo. Existen, por tanto, dos Carmenas, el producto aspiracional y la real, es decir, la persona con una ideología definida que le ha hecho optar en su gestión por unas políticas, en lo material, con mucho menos cambios de los esperados.

¿Cuál es la forma de simular este concepto del cambio? Las guerras culturales, aquellos conflictos centrados en lo simbólico. Por ejemplo peatonalizar grandes calles del centro, lo que simboliza una movilidad sostenible, que cuenta, por el contrario, con un trasfondo bien concreto que coincide con los intereses económicos de las grandes marcas de ropa situadas en esas calles. Colocar una pancarta de *Refugees Welcome* cuando apenas llegó ninguno a territorio español, algo que por otra parte no estaba dentro de sus competencias. Y cuestiones, precisamente, como las de la cabalgata. La derecha, política y mediática, asume con gusto estos conflictos en el campo de lo simbólico, ya que le permiten agitar su lado más reaccionario sin jugarse el tipo en campos como el urbanístico o el fiscal, que le son desfavorables.

Tenemos ya sobre la mesa la conversión de la política como producto, y por tanto como efecto relacionado, la apropiación de los conflictos de diversidad, pero también la posición de la derecha desde lo políticamente incorrecto, en una mermelada confusa que va desde la defensa de las tradiciones, la conspiración del marxismo cultural o la libertad de los niños hasta no ser expuestos al «pernicioso» efecto de las drag queen.

El debate público, animado por unos medios procaces, en su mayoría escorados a la derecha, trató temas como la antropología de los Reyes Magos, la psicología infantil o la libertad, porque para un neoliberal hasta un semáforo es liberticida, casi como un *gulag* con luces. Mientras, el cese del concejal comunista Sánchez Mato, que se había pronunciado por una política fiscal progresiva y se había mostrado contrario a una política urbanística especulativa, que ocupó algunas portadas unos días antes, pasó totalmente al olvido.

¿Tiene la culpa la asociación de activistas LGTB de todo este desbarajuste de apropiación, cruce de intereses y debate absurdo? No. ¿Su reivindicación de representación de la diversidad es justa? Lo es. Sobre todo en una ciudad donde las agresiones a este colectivo han ido en aumento en estos últimos años.

Cierto es que el conflicto, que por necesidad tanto activistas como Ayuntamiento sabían que se iba a dar, se preparó pésimamente. Lanzar un cartel que parecía el de una discoteca de carretera nacional no parece lo más oportuno. No porque a nadie le vaya a extrañar ver a una drag queen, ni siquiera a un niño o precisamente incluso menos, sino porque podía ser fácilmente manipulable por la derecha. ¿Una cabalgata era el lugar apropiado para reivindicar la diversidad?

De igual forma que el grupo LGTB reivindica su cuota de diversidad, los más tradicionalistas tienen el mismo derecho, nos guste o no. Es un enfrentamiento de solución compleja. ¿Quién tiene más derecho a su representación, los LGTB o los más apegados a la tradición? Obviamente estos últimos no plantearon el tema de esta forma, sino más bien de una bastante hipócrita. Una cabalgata, pese a ser parte de la tradición católica más reciente, tiene desde hace décadas intromisiones contemporáneas de todo tipo, desde personajes infantiles hasta grandes superficies comerciales.

El conflicto en el mercado de la diversidad competitiva podría resolverse, a lo sumo, teniendo en cuenta qué grupo tiene más necesidad de representación. Encontraríamos así, en el lenguaje del activismo de lo simbólico, un grupo que tiene privilegios, en este caso los tradicionalistas, que ejerce una opresión sobre el grupo discriminado culturalmente, en este caso los LGTB. La solución planteada depende, como hemos visto, de qué grupo identitario sufre opresión, de si es discriminado o privilegiado. Para solucionar el conflicto, según dicen ahora los activistas, el grupo que ejerce opresión debería revisar sus privilegios. Y asunto terminado. ¿O no?

Lo cierto es que en el conflicto simbólico de la cabalgata no resultó ganador ningún grupo. Los activistas LGTB consiguieron sacar su carroza de la diversidad, recibiendo aplausos de la mayoría de vecinos de un barrio tradicionalmente de izquierdas y de clase trabajadora, esto es, donde el eje de clase aún se percibe, por lo que su identidad es favorable al igualitarismo en el ámbito de la redistribución de lo material.

Sin embargo, los líderes de opinión de los tradicionalistas, que seguramente no han pisado Puente de Vallecas en su vida, por ser burgueses y de derechas, esto es, conocedores de su posición en el eje de clase y, por tanto, favorables a la desigualdad en el ámbito de la redistribución, consiguieron hacer llegar su mensaje reaccionario a un público amplio que se puso de su lado.

Ese público amplio estaba conformado por todas las capas de la sociedad. Burgueses, clase media real y clase media aspiracional, es decir, trabajadores que piensan que deben dejar de serlo. El problema es paradójico pero bien auténtico. La lucha desde lo simbólico de un grupo que opera en la representación de la diversidad, los LGTB, dio pie a un grupo de tradicionalistas para oponer una diversidad simbólica inversa que tiene como objetivo último perpetuar la diversidad material, la desigualdad.

Es decir, a los supuestos tradicionalistas en el fondo les da igual la tradición, la lucha cultural por mantener la pureza de la cabalgata. Pero utilizaron este conflicto hábilmente porque saben que casi nadie distingue entre la izquierda y el activismo, o entre los que luchan por la redistribución y los que lo hacen por el reconocimiento. De hecho ni la propia izquierda lo distingue ya, por lo que es arrastrada a un campo con el que simpatiza por criterios éticos, de igualitarismo moderno universal, pero donde realmente tiene muy poco que ganar y mucho que perder por su carácter posmoderno y específico.

¿Estamos diciendo que luchar por la representación de la diversidad es algo perjudicial para la izquierda? No. Lo que decimos es que, mientras estos conflictos de representación estén dentro del mercado de la diversidad, dentro del ámbito y las reglas neoliberales, generalmente resultarán dañinos tanto para la izquierda como para los colectivos interesados y muy beneficiosos para la derecha.

El tema de la carroza de la diversidad es intrascendente. En el más amplio sentido de la palabra. Intrascendente porque no atacaba a ninguna tradición ni provocaba ningún trauma. Pero también intrascendente porque, posiblemente, a los niños la carroza les pasó totalmente desapercibida y allí no vieron ninguna defensa de la diversidad, sino a unas simpáticas mujeres disfrazadas de animales de peluche.

Como decíamos en el ejemplo del ciudadano que requería una silla de ruedas para desplazarse, los ciudadanos LGTB no deberían tener que elegir entre soluciones de carácter simbólico o material. Los homosexuales lo son con independencia de la posición que ocupan en el sistema productivo, de su clase social, lo que no implica que deban estar limitados únicamente a las cuestiones de representación.

Un programa que llevara expertos a colegios e institutos para tratar los problemas de este colectivo operaría en el ámbito cultural, pero sería también un esfuerzo material, es decir, pagar las clases, crear material didáctico, reestructurar los horarios y un sinfín de pequeñas pero importantes cuestiones. Crearía una importante guerra cultural contra la derecha, seguro, pero sus resultados pedagógicos serían bastante más notables que los de una carroza en una cabalgata.

Seguramente los activistas que estaban detrás de esta acción, si leyeran estas líneas, estarían de acuerdo con la propuesta. Pero pondrían una objeción real: ¿quién les daría los fondos para llevar adelante el programa? Y tendrían razón. La política socioliberal está dispuesta a vincularse a acciones simbólicas para seguir manteniendo su halo de progresismo. Incluso los neoliberales, si perciben un negocio turístico como en el caso del World Pride, no tienen objeción en coquetear también con la diversidad LGTB. Pero ninguno moverá un dedo, ni gastará un céntimo en buscar soluciones permanentes y profundas. Parece que encontramos una primera grieta por la que se filtra la luz. Cuando la lucha por la representación de la diversidad va más allá de las herramientas simbólicas identitarias y tiende hacia la pedagogía con implicaciones materiales, consigue zafarse de su uso neoliberal como coartada.

En el caso de la cabalgata, que ya dejamos a un lado, el activismo mostró también el reduccionismo que vimos en el movimiento antiglobalización. El hecho que motiva la protesta, la representación negativa de lo LGTB, se confunde con la protesta en sí misma, la carroza. Si decimos la palabra «manifestación» a todos nos viene a la cabeza una calle repleta de gente con pancartas, coreando cánticos e incluso siendo provocados por la policía para que estallen los disturbios. Pero en realidad olvidamos que en su carácter etimológico una manifestación es una marcha para expresar un problema o afirmar un apoyo. Al igual que en lo léxico, en lo político olvidamos que lo importante no es la marcha en sí, sino lo que se quiere manifestar.

En el activismo de nuestra época este fenómeno ocurre de una manera cada vez más insistente. Lo que nos impulsa a actuar políticamente pierde espacio frente a la actuación en sí misma. La razón es que a nuestra relación aspiracional con la política le es más sencillo reafirmarse mediante eventos o formalidades que mediante ideología.

Este fetichismo de la forma tuvo su curioso culmen, hasta el momento, en la primera manifestación mundial de hologramas frente al Congreso de los Diputados en Madrid en abril de 2015. El motivo de la misma fue la aprobación de la Ley de Seguridad Ciudadana, más conocida como «ley mordaza», que restringe el derecho de manifestación. Un grupo de activistas burló la ley que prohíbe manifestarse frente a las Cortes. Que prohíbe manifestarse a personas, pero no dice nada de hologramas, imágenes tridimensionales. El caso es que la protesta, del todo ocurrente e impecable en el aspecto tecnológico, eclipsó al motivo de la protesta. Mientras que una multitud de hologramas fingían manifestarse frente al Congreso, un grupo de turistas disparaba sus cámaras para retratar el evento, sin importarles demasiado el fondo del asunto.

Durante la ola de protestas del periodo 2011-2015, gran parte de los debates entre activistas no trataban sobre las causas de las protestas, sino sobre la forma que debían tomar las manifestaciones. Surgió una especialización en *happening*, siempre pendiente de las cámaras y de la inclusión de eso llamado gente. La tendencia era desideologizar las protestas, criticar el uso de banderas rojas o tricolores, debatir sobre la composición de las cabeceras o la existencia de las mismas. Se debatía sobre las formas discursivas o de reunión. Sobre los cánticos y consignas que emplear. Todo teniendo siempre muy presentes los principios inclusivos de horizontalidad, el respeto a la sensibilidad. La manifestación era un producto, que, como cualquier otro, no debía polarizar. Lo absurdo es que nadie parecía darse cuenta de que, además del enorme gasto de energía y tiempo que suponían aquellos bizantinos debates, la función última de una manifestación es la de polarizar y excluir, delimitar las líneas entre quienes crean los conflictos y quienes los sufren.

El tema de la inclusión, por otro lado, mostraba un fuerte contenido paternalista. Se asumió que eso llamado gente, eso que quedaba fuera del activismo, era incapaz de aceptar una política dura y excluyente. Mientras encontrábamos una realidad fuertemente polarizada, donde un reducidísimo grupo de ultrapropietarios imponía mediante su gobierno unas duras medidas económicas, todo el fervor activista se centraba no en representar esa exclusión, sino en minimizarla. Los motivos de la manifestación no debían ser trasladados a la gente para que los asumiera, sino que el producto-manifestación debía ser susceptible de competir en el mercado de la diversidad.

En este campo de las formalidades la que ha tomado una importancia decisiva ha sido la cuestión semántica. El lenguaje, que es una de las máximas expresiones de lo cultural, es siempre un arma, pero acaba resultando la única disponible cuando todos los conflictos quedan relegados al campo de la representación. En el ciclo de protestas existían auténticos enfrentamientos descarnados entre palabras como «ciudadano» y «clase trabajadora». Se veneraba el lenguaje, se le otorgaban unas cualidades mágicas al desvincularlo de su referente material.

Posiblemente algunos de ustedes no conozcan el significado de palabras como «astrolabio», «mesmerismo» o «linotipia». La razón es bien sencilla. Los objetos e incluso las ideas a los que hacían referencia estas palabras han desaparecido del uso cotidiano. De esta forma se demuestra la vinculación necesaria entre la forma y el fondo. No se trata de que la cuestión del discurso no sea relevante, sino que escindir el discurso de la realidad implica que este acaba derivando hacia las abstracciones.

El lenguaje de género es otro de los baluartes del activismo centrado en la palabra. El conflicto de representación se pretende subsanar mediante un lenguaje que opere un cambio en el comportamiento. Supuestamente si utilizamos un léxico despectivo para referirnos a las mujeres, nuestras acciones hacia ellas serán despectivas. Refiriéndonos a las mujeres de forma correcta, incluyéndolas en el discurso mediante la feminización de las palabras, lograremos dignificar su posición.

Si recordamos, dijimos que el racismo era la manera para justificar la esclavitud, pero no su causa. La causa principal era la necesidad de contar con una mano de obra que no recibiera salario. El esclavo romano no era un ciudadano sino una propiedad que hablaba y el sistema de derecho romano lo calificaba de cosa o instrumento. Es decir, existen unas necesidades materiales de un grupo que explota a otro y lo justifica culturalmente, bien con leyes, bien con teología respecto a la humanidad y el alma, bien con teorías de superioridad racial.

De esta manera podemos deducir que el lenguaje no inclusivo y machista no es la causa del machismo. El machismo serían todas aquellas actitudes de superioridad de género que el hombre aplica sobre la mujer, organizadas culturalmente mediante el patriarcado. Las motivaciones materiales del patriarcado provienen de la composición familiar, cuando hace varios milenios surgió el excedente agroalimentario y con él las clases, la autoridad y la herencia. La mujer fue esencial en la reproducción del capital, ya que reproducía materialmente la herramienta que lo hacía posible, la fuerza de trabajo humana. Además su trabajo, sin salario, contribuía a las condiciones que hacían posible el trabajo con salario. Este trabajo incluía las tareas domésticas y el cuidado de los hijos. Para mantener la estabilidad de este sistema hacía falta crear las condiciones culturales que restaban importancia al trabajo doméstico, a su tarea reproductora y cuidadora de niños, enfermos y ancianos, situar a la mujer en una posición de debilidad y sumisión respecto al hombre. Y el lenguaje fue una de las armas principales para representar esta posición, pero no su causa.

Si de una u otra forma las iniciativas para una mejor representación de género incluían el activismo léxico, este iba siempre aparejado con reivindicaciones de redistribución, desde los debates por un salario para el trabajo doméstico o los permisos de maternidad hasta los cuidados entendidos como otro pilar de la acción pública para liberar a las mujeres de sus funciones tradicionales. Lo preocupante es cuando se olvidan todas estas reivindicaciones concretas y el debate se centra en aquellas con un carácter abstracto.

Esta ruptura del paralelismo entre representación y redistribución provoca una insistencia en divorciar el lenguaje de sus usos, economía y referentes materiales, haciendo que el activismo léxico, al igual que el reduccionismo de la protesta, desarrolle formas ocurrentes pero escasamente prácticas. El símbolo de la arroba, la x o las terminaciones en la letra e para intentar ser inclusivos con las mujeres o las identidades de género no binarias pueden demostrar una gran sensibilidad en reducidísimos círculos de activistas, pero rara vez sobrepasan sus fronteras por atentar contra el modo en que una lengua cambia. Que todos y todas seamos *respetuos@s* con *les ciudadanes,* sean *cercanxs* o no, nos hace aparentar un gran cuidado por la representación, pero seguramente provoque que la mayoría de personas no nos entiendan.

Mientras discutimos cómo hablar o cómo representar a las mujeres, su situación en el mercado laboral empeora en relación con su clase y con su género. No deberíamos tener que elegir entre ambos campos, el problema es que quienes se centran en los aspectos simbólicos parecen elegir, *de facto,* al discriminar el salario sobre la palabra en los planteamientos del conflicto. La desproporción de debates, artículos y polémicas en torno al lenguaje o lo simbólico respecto a los referidos a cuestiones laborales o habitacionales es ya abrumadora.

La consecuencia es que el activismo en el contexto español se empieza a parecer cada vez más al norteamericano: incapaz de alterar las causas de los conflictos, pero ilusionado por creer poder cambiar los consensos en torno a los mismos. Como explica la profesora Celia Amorós:

> Parece difícil evitar la sospecha de que, en este relevo de la hegemonía de la elites culturales, y no sólo culturales, en que en buena medida el proyecto llamado posmodernidad consiste, adoptar la voz de mujer –*devenir femme,* alteridad, diferencia– para despolitizar la ocupación del espacio socialmente relevante sigue siendo una estrategia tan rentable como antaño [...] La posmodernidad no dice reclamar su turno o su parte en lo universal [...] sino que quiere deconstruir lo universal para que emerja el reino de las diferencias que, en última instancia, no puede concretarse sino en diferentes reinos regulados por códigos irreductibles e inconmensurables[13].

Amorós, que se muestra muy crítica respecto a las relaciones entre el feminismo y el proyecto de la Ilustración, no cae enaje-

---

[13] C. Amorós, *Tiempo de feminismo. Sobre feminismo, proyecto ilustrado y postmodernidad,* Madrid, Cátedra, 1997, p. 335.

nada del lado de la renovación negativa que supone lo posmoderno. Bien al contrario, se da cuenta de que este nuevo «reino de las diferencias» acabará regulado por un código «inconmensurable». Si el mercado de la diversidad hace referencia a nuestra relación con la política y su apropiación como producto neoliberal, lo posmoderno hace referencia a la forma teórica que adopta esta política de la diversidad, el clima de ideas que la ha hecho posible.

Entre estos códigos inconmensurables encontramos todo un torrente de anglicismos que denotan de dónde provienen las teorías que conforman los nuevos activismos, a los que también les gusta pluralizarse como síntoma de su angustia por la inclusividad. *Pink washing, male tears, TERF, not all men, cisgender, manspreading* y un inabarcable glosario del que llama la atención cómo lo posmoderno olvida su especificidad sobre el territorio para exportar conceptos como cualquier otra mercancía. Quizás es porque las universalidades sí siguen existiendo después de todo.

Estos conceptos, que suelen aceptarse porque en algunos casos identifican hechos ciertos, funcionan más como descriptores que como una teoría general que pretenda codificar y combatir los conflictos de género. De esta manera, expresiones como *mansplaining,* que define la tendencia de los hombres a explicar cosas a las mujeres con actitud paternalista, se elevan a categoría teórica dando unos resultados confusos en la práctica. Que los hombres tienen la tendencia de imponer sus opiniones, entre ellos y a las mujeres, es algo que suele suceder. Que de aquí se extraiga que cualquier intervención masculina en un asunto que afecta a las mujeres deba ser desechada al tratarse de una imposición es afirmar que la identidad es lo que capacita la posibilidad de opinión. Ciertamente esto es retrotraernos a una época premoderna donde las fronteras del debate las marcaba quién se era, no lo que se conocía. Se busca de lo específico, y a veces de lo anecdótico, extraer tendencias generales que palien la angustia por carecer de una teoría unificadora.

La ansiedad por representar correctamente la diversidad lleva al activismo hasta la atomización de las identidades. Supera el motivo de este libro entrar a fondo en el debate sobre los nuevos géneros, no así constatar que, mirando cualquier diagrama que pretenda recogerlos, aparecen casi cuatro decenas de ellos. Existía el consenso teórico de que el género era una construcción cultural que una sociedad daba a hombres y mujeres. Las luchas por la representación, especialmente las de transformación, optaron por deconstruir estos géneros binarios que consideraban impuestos y no representativos de la realidad social. Y podían tener razón en un sentido estricto. La consecuencia es que, al deconstruir una creación social, el vacío ha sido colmado con nuevos géneros que ya ni siquiera aspiran a ser reconocidos socialmente, a constituirse como tal. No es un problema que una pequeñísima porción de personas cree sus géneros dependiendo de variables personales. Sí lo es cuando se pretende que las mujeres, las cuales sufren importantes problemas de representación y redistribución precisamente por su género, renuncien a su identidad social en favor de esta disolución, ¿recuerdan el experimento asambleario entre radicales negros y progresistas blancos?

Deconstruir identidades hasta atomizarlas es dar anfetaminas neoliberales al posmodernismo. Somos cada vez más diversos porque somos cada vez más desiguales, por lo que necesitamos llenar de cualquier manera el espacio que antes ocupaban la clase, la nacionalidad o la religión. Esta fascinación por la representación tiene el efecto negativo de que la misma cada vez resulta menos representativa. Referirnos a un grupo o colectivo, antes de la irrupción de lo neoliberal, significaba referirnos a millones de personas. En el caso de las mujeres a algo más de la mitad de la población humana. Ahora el colectivo mengua porque la diversidad tiende al infinito. Se niega a sí misma porque en el fondo, cuando todos somos diversos, nadie lo es realmente.

La diversidad es un producto que compramos, como cualquier producto compite en un mercado. Este mercado de la diversidad competitiva se manifiesta en que las nuevas identidades que vamos adquiriendo entran en contradicción de una forma cada vez más notable. Somos más nosotros en cuanto conseguimos que el otro sea menos él. Los grupos, cada vez más atomizados, entran constantemente en conflicto, en una especie de reinos de taifas identitarios. Así hay conflictos intrafeministas, de activistas queer contra feministas, de activistas LGTB cotra activistas queer, de activistas multiculturales contra las feministas, de feministas islámicas contra feministas árabes, de los animalistas contra todos.

Los debates sobre los vientres de alquiler o sobre la prostitución son paradigmáticos porque muestran lo profundo que ha penetrado la ideología individualista del neoliberalismo en el activismo por la diversidad. No se trata aquí de abordar el difícil conflicto sobre regular la prostitución o abolirla, entre su solución afirmativa o transformadora. Sí de hacer notar que quienes defienden su regulación utilizan argumentos cada vez más escorados hacia la justificación del libre mercado. Lo importante, dicen, es escuchar a la mujer que ejerce la prostitución, asumir que tiene la libertad, si lo desea, de emprender como cualquier otro empresario y utilizar su cuerpo para rentabilizarlo. El peso se desplaza de la industria de explotación sexual, de la trata de blancas, del tráfico de personas, del uso sexual como mercancía que hace el hombre de la mujer, a un mero juego económico, a un trato libre entre ofertante y cliente. Esto, se mire por donde se mire, es una apología del libre mercado de manual.

Por supuesto que existirán mujeres que desean dedicarse a la prostitución libremente, por la razón que sea, eso debería darnos igual. Como hay otras muchas mujeres que son víctimas de la trata. La cuestión es que entre autónomas emprendedoras y esclavas hay un gran número de trabajadoras sexuales. ¿Cuál es la libertad efectiva de estas mujeres? La misma que tendría una asalariada de cualquier otro sector, que es libre de firmar lo que impone el empresario y libre de trabajar hasta donde le permiten sus limitaciones de clase y entorno. Una libertad por completo condicionada y limitada. Por otro lado, es cierto que la opinión de las prostitutas es altamente relevante, pero no puede ser ni exclusiva ni definitiva, como se tiende a argumentar, situando de nuevo una identidad por encima de la búsqueda de un consenso general. Una identidad parcial y adulterada, ya que las defensoras del enfoque neoliberal de la prostitución suelen ser aquellas que tienen acceso a los medios por su estatus, muy diferente del de las mujeres que se prostituyen en la calle. La capacidad de hacer oír tu voz es también una cuestión de clase. Abolir la prostitución seguramente sea una tarea tan hercúlea como abolir el trabajo asalariado, lo que no implica que la defensa de la regulación se haga en nuestro presente partiendo de principios descarnadamente neoliberales.

Que el activismo de la diversidad es un producto que compite en un mercado se observa en su desplazamiento cada vez más habitual desde su origen político hasta su aspiración de negocio. Encuentro este titular, «Una eroteca vegana, feminista, transgénero y respetuosa con la diversidad relacional y corporal», a propósito de un reportaje sobre una tienda donde venden cosas. Al igual que la empresaria del capón, los negocios relacionados con la diversidad política pretenden pasar por servicios y ofrecer experiencias, pero, repetimos, son tiendas donde se venden cosas. En este caso, sus propietarias nos explican que buscan «generar nuevos espacios de conversación y activismo, y abrir el espectro mostrando modelos que no se limiten al hetero-monógamo». También cuenta que les «encanta dinamitar los roles de género y fomentar la sapiosexualidad: intentamos transmitir que las mentes son sexis, más allá del cuerpo». La tienda vende a sus clientes, perdón, el espacio de activismo y conversación proporciona a sus usuarios cuerdas *bondage* no tratadas con ceras animales, lubricantes libres de proteínas lácteas y, en general, productos que «están libres de crueldad porque ninguno de sus componentes es de origen animal ni han sido testados en animales»[14].

No se trata aquí de criticar las aficiones o estilos de vida sexual de los clientes de la tienda de condones *eco-friendly,* las

---

[14] R. Toledano, «Una eroteca vegana, feminista, transgénero y respetuosa con la diversidad relacional y corporal», *El Diario,* edición digital, 22 de marzo de 2016 [http://www.eldiario.es/caballodenietzsche/feminista-transgenero-respetuosa-diversidad-relacional_6_497010319.html].

cuales nos dan bastante igual, sino de observar una vuelta de tuerca más que interesante: cómo el activismo por la representación pasa bajo el neoliberalismo a objetivizarse en el mercado de la diversidad y cómo este mercado, en su lógica interna ineludible, acaba materializándose en negocios concretos. Algo similar al proceso sufrido por la pobre Frida Kahlo pero en términos generales. Hemos pasado de ideologías que, al constituirse en partidos o movimientos, necesitaban librerías e imprentas para difundir sus ideas, a ideas convertidas en productos que necesitan hacerse mercancía tangible para poder reproducirse y sobrevivir.

Si hay un producto consustancial a esta trampa de la diversidad ese es el del antiespecismo. El antiespecismo, surgido a principios de los setenta pero con especial éxito en este nuevo siglo, explica que los animales, no humanos, reciben una discriminación arbitraria por parte de los animales humanos. Busca una sociedad vegana, pero no sólo, sino que apunta a la no discriminación de los animales salvajes sobre los domesticados y explicita que «el movimiento antiespecista como tal, sin embargo, no puede comprometerse con tesis políticas más generales. Ello se debe a que el rechazo al especismo no depende de adoptar alguna posición política particular, desde el libertarismo de derechas hasta el de izquierdas»[15].

El antiespecismo va un paso más allá al afirmar que a los animales salvajes se «los ha abandonado a su suerte» y que el futuro de todos los «seres sintientes», sin importar su especie u origen, es liberarse «no sólo de la opresión humana, sino también libres de toda necesidad, de toda enfermedad, de todo sufrimiento».

Lo interesante de este sistema de creencias, no nos atrevemos a usar el término ideología, no son sus inconsistencias, sus metáforas desafortunadas al comparar los campos de concentración nazis con los mataderos animales, sino el profundo ni-

---

[15] E. Páez, «Posición política: antiespecista», *El Diario,* edición digital, 30 de junio de 2017 [http://www.eldiario.es/caballodenietzsche/Posicion-politica-antiespecista_6_658694153.html].

hilismo y arrepentimiento místico que destila. En una última vuelta de tuerca angustiada de la diversidad, la forma de entrar a su mercado de especificidades ya no es a través del consumo de identidades sobre uno mismo, sino proyectadas en otros, en este caso los animales. Si la modernidad sustituyó a Dios por el ser humano, la posmodernidad en su etapa decadente ha atomizado tanto la identidad humana que esta sólo puede encontrar refugio en una caridad iluminada hacia los «seres sintientes».

Gemma Orozco tiene veinticinco años, se gana la vida como técnica informática y es entrevistada por el diario *El Mundo,* curiosamente para su sección «Futuro», porque es antinatalista. Según ella,

el nuestro es un mundo superpoblado en el que sobra gente, en el que la industria ganadera es una de las principales responsables del cambio climático y de la deforestación, no es razonable traer a un nuevo ser humano. Por no hablar de los motivos políticos: vivimos bajo un capitalismo terrible y despiadado y tener un hijo significa darle un nuevo esclavo al sistema, darle más carne de cañón[16].

Si los antiespecistas desviaban su atención de los humanos a los animales, los antinatalistas van un paso más allá, completando la espiral y descendiendo al siguiente nivel. El análisis de la entrevistada es impecable, salvo que su solución no pasa por la acción política colectiva, por buscar unas condiciones razonables para su hijo, sino por negar al hijo. No es aquí motivo de crítica la opción personal de no tener descendencia, sí la de vincular esta opción con algún tipo de activismo que podríamos llamar de individualidad negativa.

Conocemos y adelantamos el siguiente paso: tras antiespecismo y antinatalismo, ya sólo nos queda el suicidio en grupo para

---

[16] I. Hernández Velasco, «Antinatalistas: el movimiento que busca acabar con la especie humana», *El Mundo,* edición digital, 17 de enero de 2018 [http://www.elmundo.es/papel/futuro/2018/01/17/5a5e05c946163fa8248b459e.html].

afirmar nuestra identidad. El pastor Jim Jones vuelve de entre los muertos desafiante.

Por suerte no todo iban a ser malas noticias. El feminismo se ha destacado en estos años de la poscrisis como la ideología crítica más pujante. La nonagenaria revista *Time* elige su personaje del año desde 1927. Repasar su lista es repasar no la historia de estos últimos cien años, sino un cierto consenso de las elites en destacar aquello que de una u otra forma han tenido interés en destacar. Si en 2003, el año de la invasión de Iraq, el personaje del año fueron los soldados estadounidenses, en 2005 los multimillonarios filántropos como Bono o Bill Gates, en 2011 el personaje fue el manifestante anónimo, pero en especial el de las llamadas Primaveras árabes, el de 2017 ha sido el feminismo a través de las denunciantes del #MeToo, una campaña de denuncia del acoso sexual en especial en el mundo del cine.

Feminismo también ha sido elegido como la palabra del año, el feminismo aparece en noticias de actualidad, revistas de moda y anuncios de cosmética. El feminismo también llena de forma inédita las calles con manifestaciones de miles de mujeres como no se habían visto desde el final de los años setenta. ¿Qué nos debería indicar esto? Que las feministas deberían tener cuidado de sus detractores, pero mucho más de sus aduladores. Que el neoliberalismo, como ideología de dominio cultural global, no va a dejar pasar la oportunidad para fagocitar el movimiento de las mujeres y devolverlo convertido en algo sin aristas, desactivado, pero con un gran potencial competitivo en el mercado de la diversidad.

¿Está el feminismo preparado para aguantar la seducción identitaria? Lo estará en la medida en que sus integrantes opten por la acción de base frente a su reflejo espectacular, en que elijan la acción colectiva frente a la respuesta individualista, en que se relacionen con su movimiento de una forma ideológica y no mercantil, en que las opiniones de Catherine MacKinnon o Angela Davis sean más relevantes que las de los suplementos de tendencias, en que centren su atención en las Kellys y las espartanas de Fuenlabrada antes que en Ana Rosa Quintana y en Oprah Winfrey.

Este auge feminista seguramente esté interrelacionado con multitud de factores que pueden ir desde el trabajo de décadas de las anteriores activistas o las terribles cifras de asesinatos machistas y agresiones sexuales hasta el páramo laboral que encuentran la gran mayoría de jóvenes mujeres de clase trabajadora. El feminismo es una forma de gritar su hartazgo contra la condena de ser un elemento secundario en la sociedad, pero subsumidamente es un grito contra la sociedad capitalista misma, de ahí su enorme potencial transformador. No negamos la autonomía del movimiento feminista, pero tampoco podemos obviar que esa autonomía, como en el resto de políticas, está tan alimentada como limitada por lo económico. Decir que el auge feminista se debe en gran parte al descontento inmanente y desestructurado de la salida en falso a la crisis no es restar importancia a sus reivindicaciones propias, sino contextualizarlas para darles una continuidad.

El feminismo, por una cuestión de época, carece de un comité central que lo organice, de una teoría que lo unifique o de una forma reglada de militar en él, por lo que se estructura en redes dinámicas pero inestables, se pluraliza teóricamente volviéndose contradictorio y su pertenencia es más bien declarativa: se es feminista en cuanto que una mujer se dice feminista. Es esta naturaleza la que está permitiendo a este movimiento poder extenderse rápidamente, incluir con agilidad a quien desea ser incluido y haber levantado una bandera bien visible. Pero es también esta naturaleza la que puede funcionar como un caballo de Troya en la batalla que ya se libra entre su carácter ideológico y su forma de producto.

La sororidad, una buena idea en cuanto a crear conciencia y vínculos, tiene el reverso de que su amplitud de género entra en contradicción con sus límites ideológicos. Mientras que la idea de que una mujer debe ayudar e identificarse con el resto de mujeres, considerarlas sus hermanas, parece una buena manera de crear lazos de unión, la idea de pensar en Angela Merkel como una de esas hermanas dinamita en un instante lo femenino entendido como algo progresista. El ejemplo no es exagerado, lo femenino en la política de las elites, la representación de la diversidad como coartada, se utiliza en la misma línea que la negritud de Obama o la homosexualidad de Alice Weidel, una de las líderes de la ultraderecha alemana. La sororidad en cuanto a forma concreta de organización parece un buen símil de la conciencia de clase, pero en su forma de representación pura, enajenada de lo redistributivo, fracasa.

Si hace unos párrafos citábamos a Oprah Winfrey, la presentadora de televisión norteamericana –más que eso, la propietaria de un imperio comunicativo y una líder de opinión reverenciada por millones de personas–, no fue por casualidad. A raíz de las denuncias de acoso sexual en el ámbito artístico en EEUU, Winfrey dio un contundente y emotivo discurso en la entrega de los Globos de Oro al respecto. La intervención fue celebrada y compartida en redes sociales hasta la saciedad, muchas mujeres feministas vieron en sus palabras una inspiración. Winfrey es un gran producto en el mercado de la diversidad, es mujer, negra y de orígenes pobres. Y una de las más grandes difusoras de la ideología neoliberal en el mundo. Su programa de testimonios, donde habitualmente la materia prima utilizada son las mujeres de clase trabajadora, pasó a mediados de los noventa de ser un espacio lacrimógeno y más o menos insustancial a recoger toda la morralla del pensamiento positivo, los libros de autoayuda y los gurús de la superación. Nicole Aschoff la retrató así en su libro *Los nuevos profetas del capital:*

> Oprah es parte de un nuevo grupo de narradores al servicio de la elite que presentan soluciones a los problemas de la sociedad que provienen de la lógica de las estructuras de producción y consumo impulsadas por los beneficios. Promueven soluciones basadas en el mercado para los problemas surgidos del poder empresarial, la tecnología, las divisiones de género, la degradación ambiental, la alienación y la desigualdad [...] Multitud de gurús de autoayuda han aparecido en el escenario de Oprah durante la última década y media, todos con el mismo mensaje. Tienes opciones en la vida. Las condiciones externas no determinan tu vida. Tú lo haces. Está todo dentro de ti, en tu cabeza, en tus deseos y aspiraciones. Los pensamientos mar-

can el destino, por lo que pensar en positivo permitirá que sucedan cosas positivas [...] Oprah reconoce la omnipresencia de la ansiedad y la alienación en nuestra sociedad. Pero en lugar de examinar la base económica o política de estos sentimientos, nos aconseja que miremos hacia adentro y nos reconfiguremos para ser más adaptables a los caprichos y tensiones del momento neoliberal [...] Oprah es atractiva precisamente porque sus historias ocultan el papel de las estructuras políticas, económicas y sociales[17].

El círculo se vuelve a cerrar, como en un juego donde los túneles se cruzan, el pensamiento del capitalismo terminal, la religión integrista del neoliberalismo, vuelve a sus confusos orígenes, aquellos donde unos jóvenes hippies pensaron que encerrarse en sí mismos, buscar su paz interior, traería un cambio al mundo. Ese cambio llegó, pero no en la forma esperada.

Hoy, multinacionales de la distribución que sobreexplotan a sus trabajadores tienen en sus comedores menús respetuosos con las prohibiciones religiosas alimentarias. Poderosas marcas cuya ropa es fabricada en Bangladés en régimen de semiesclavitud celebran las diferencias raciales en su publicidad. A la par que la brecha salarial de género permanece en la llamada Europa de los derechos, los suplementos de color salmón celebran el incremento de ejecutivas en los consejos de administración. Mientras que homosexuales de clase media alquilan a mujeres de países periféricos para que engendren a sus hijos, en algunos de esos países se persigue la homosexualidad. «La sociedad capitalista relega a sectores enteros de su ciudadanía al vertedero, pero muestra una delicadeza exquisita para no ofender sus convicciones»[18].

---

[17] N. Aschoff, «Oprah Winfrey: one of the world's best neoliberal capitalist thinkers», *The Guardian,* edición digital, 9 de mayo de 2015 [https://www.theguardian.com/tv-and-radio/2015/may/09/oprah-winfrey-neoliberal-capitalist-thinkers].
[18] T. Eagleton, *Cultura,* Barcelona, Taurus, 2017, p. 49.

VI

ULTRADERECHA

Charlottesville es una pequeña ciudad de 45.000 habitantes en Virgina, EEUU, que se ha convertido en el centro de un conflicto en torno a la permanencia de los símbolos sureños de la Guerra Civil. El Ayuntamiento de la localidad decidió en febrero de 2017 retirar la estatua del general confederado Robert E. Lee de uno de los parques de la población por considerarla un símbolo racista. Casi inmediatamente grupos de ultraderecha de todo el país acudieron a realizar una manifestación en la que, con antorchas en mano, protestaron por lo que consideraron un ataque a uno de sus símbolos.

La orden, debido al revuelo desatado que ha superado de largo la previsión de la comunidad de Charlottesville, no se ha ejecutado, por lo que los ultras volvieron a la carga convocando una manifestación el sábado 12 de agosto de 2017 que pretendía unificar a toda la derecha.

La Guerra Civil norteamericana ha pasado a la historia como un conflicto en torno a la esclavitud, a pesar de que sus causas subyacentes tenían que ver más con el enfrentamiento entre el capitalismo industrial del norte con el agrario esclavista del sur: la pugna política entre burguesías por dominar un país poco cuajado que aún no tenía ni cien años de historia. En lo que se conoce como el sur de los EEUU, realmente la franja sur del centro y este del país, existen 718 monumentos confederados y 109 escuelas públicas con el nombre del general. La bandera Navy Jack, un trasunto de la cruz de san Andrés del Imperio español, se exhibe aún con orgullo identitario por parte de muchos ciudadanos. Más allá de las conexiones reales históricas, la ultraderecha ha adoptado estos símbolos y personajes como mito fundacional contra lo que denomina el genocidio blanco.

Grupos antifascistas, en defensa de los derechos civiles, con la bandera arcoíris, partidos de izquierda y colectivos antirracistas como Black Lives Matter, junto a ciudadanos no organizados de Charlottesville, se concentraron para mostrar su repulsa a los ultras, menores en número pero pertrechados con equipos de combate. Pese a que la tarde de ese sábado de agosto no era muy calurosa, la alta humedad hizo que el ambiente estuviera cargado y eléctrico. Los enfrentamientos y las agresiones no tardaron en sucederse, dejando un saldo de varios heridos.

Una cámara de seguridad de un restaurante recoge la escena. Un Dodge Charger oscuro, un coche de alta cilindrada, recorre una calle a toda velocidad atropellando manifestantes antifascistas a su paso. Colisiona con otro vehículo y huye marcha atrás, perseguido entre la estupefacción por varias personas que no consiguen alcanzarlo. Las imágenes son terroríficas y recuerdan poderosamente a las de los atentados islamistas en suelo europeo. Cuerpos volando, sangre, gritos, terror. 20 personas resultan gravemente heridas. Heather Heyer, una asistente legal de treinta y dos años, fallece en el acto. Se declara el estado de emergencia en Virginia.

Diferentes líderes políticos a derecha e izquierda lamentan lo sucedido. El senador republicano John McCain dice a través de su cuenta de Twitter que el supremacismo blanco es incompatible con los valores patrióticos estadounidenses. Los estudiantes de la universidad local dejan ramos de flores y velas en el lugar de los hechos, las tiendas del municipio colocan unos corazones en sus escaparates en los que advierten de que no son bienvenidos quienes no respeten la diversidad. Unas semanas después se organiza un concierto en el que los artistas corean con la multitud *El amor prevalecerá*. Sin embargo, no todo es un cierre de filas al respecto.

El presidente Donald Trump no decepciona. Lamenta la violencia pero recalca que por ambos lados. Ante la crispación que producen sus declaraciones, el equipo de comunicación de la Casa Blanca intenta matizar las palabras. No vale de nada. Unos días después el millonario se reafirma en lo dicho. Un congresista de su mismo partido, John Dingell, veterano de la Segunda Guerra Mundial, escribe en sus redes sociales: «Me alisté para luchar contra los nazis hace 73 años y lo haré nuevamente si es necesario. El odio, el fanatismo y el fascismo no deberían tener cabida en este país»[1].

En el escenario poscrisis la ultraderecha ha levantado cabeza tanto en el nuevo continente como en el viejo. Fue parte esencial en la campaña del *brexit,* la separación del Reino Unido de la Unión Europea. Ha tomado el Gobierno o tiene una importancia significativa en el llamado Grupo de Visegrado, es decir, Polonia, República Checa, Eslovaquia y Hungría. De la misma manera fue una pieza clave para el golpe de Estado en Ucrania y su posterior guerra civil, teniendo gran presencia en sus instituciones y su sociedad. En Grecia el partido neonazi Amanecer Dorado es el cuarto grupo de la Cámara Legislativa. En Turquía el nacional-islamismo de Erdogan se hace cada vez más belicoso y autoritario. En Alemania la ultraderecha ha vuelto al Parlamento en 2017 de mano del AfD. En Austria los democristianos se han coligado con los ultras, dándoles las principales carteras en el Gobierno. En Francia el Frente Nacional pasó a la segunda vuelta de las elecciones presidenciales y su candidata Marine le Pen es un referente internacional. En los países nórdicos, antiguo feudo socialdemócrata, muchos partidos xenófobos superan el 10 por 100 en los parlamentos. En España, espoleados por la crisis independentista catalana, los fascistas se manifestaron a cara descubierta con la simpatía de la derecha y amplios sectores de la población. Y, por supuesto, Donald Trump llegó a la presidencia del país más poderoso del mundo contando entre sus filas con reconocidos ultras como Steve Bannon. Muchos de los manifestantes de extrema derecha de Charlottesville llevaban sus gorras rojas con el lema *Make America great again.*

La búsqueda de la tranquilidad nos lleva a echarnos a dormir en brazos de la mentira, en este caso la de que el fascismo fue algo que sucedió en una época remota sin ninguna conexión

---

[1] P. Dvorak, «Nazi flags in Charlottesville were an affront to WWII veterans. And they fought back», *The Washington Post,* edición digital, 14 de agosto de 2017 [https://www.washingtonpost.com/local/nazis-flags-in-charlottesville-were-an-affront-to-wwii-veterans-and-they-fought-back/2017/08/14/52a429e8-811e-11e7-b359-15a3617c767b_story.html?utm_term=.2e59e62b8466].

con el momento presente. Que exista un auge lo que nos viene a decir es que hablamos de una realidad que nunca desapareció del todo, que la mayor parte del iceberg siempre permanece oculta de nuestra vista bajo el agua. En términos estrictos, fascismo, nazismo y ultraderecha no son lo mismo. Calificar a estos grupos de supremacistas o xenófobos es asimilar a modo de eufemismo una faceta con el todo. El fascismo fue la reacción al movimiento obrero que sacudió Europa durante las décadas de los años veinte y treinta del siglo XX con el objetivo de frenar la revolución. Organizado en torno a partidos paramilitares, autoritarios y con la presencia de un líder que los acaudillaba, fue tolerado por las instituciones y financiado por grandes industriales y banqueros: pregunten por el pasado de Juan March y Gustav Krupp. Con el auge revolucionario izquierdista y sindical, los fascistas tuvieron que adaptar su mensaje al contenido obrerista, en ese momento el centro del tablero político. Las apelaciones a la clase trabajadora eran permanentes, pero nunca para contraponerla a la burguesía, sino para incluirla en un proyecto donde la nación era el ente totalizador que daba un destino común a los grupos sociales. Ante la ausencia de un horizonte liberador, como sí tenía la izquierda, los fascistas utilizaron la mitología nacional como elemento narrativo de cohesión. La historia se convertía en un arma política, volvían palabras como «cruzada» y personajes como Sigfrido, César o los Reyes Católicos aumentaban la épica de los discursos. Un pasado ficticio que retornaba triunfante como garantía del mañana.

Decir que el fascismo es una continuación esencialista de la derecha liberal puede resultar provocador e incluso ofensivo para muchos conservadores. No decimos que cualquier liberal sea un ultraderechista, sí que en términos prácticos la derecha presuntamente demócrata vio en los fascistas una forma de frenar a comunistas y anarquistas, por lo que nunca les importó mantener hacia ellos unas relaciones de tolerancia. Supuestos héroes de la libertad como Churchill no difirieron demasiado de las actitudes totalitarias de los líderes fascistas, tanto en sus aventuras militares colonialistas en la India, Sudán y Galípoli, como en la admiración pública que el líder inglés manifestaba hacia Mussolini y hacia su movimiento fascista, del que dijo que «había prestado un servicio al mundo entero», en su visita a Roma el 20 de enero de 1927. «Se ha dicho que un continuo movimiento hacia la izquierda, una suerte de deslizamiento hacia el abismo, ha sido el carácter de todas las revoluciones. Italia provee un antídoto contra el virus ruso»[2].

¿Son las palabras de Churchill una anécdota histórica? El diputado británico Ben Bradley, vicepresidente del Partido Conservador, escribió en su blog en 2012 que su país se «ahogaría en un vasto mar de derrochadores desempleados»[3], por lo que propuso esterilizar a los hombres de clase trabajadora con familias numerosas. Aunque sus declaraciones fueron escandalosas, el diputado utilizó su juventud, veintiocho años, como atenuante de sus palabras.

Existe un fascismo subyacente en la sociedad neoliberal que plantea los problemas sociales como una simple suma de malas decisiones individuales, por lo que no es raro que aparezcan estas pulsiones eugenésicas: si la culpa es sólo del individuo, la solución más rentable pasa por su eliminación. ¿Qué hubiera pasado si Ben Bradley hubiera propuesto esterilizar a cualquier minoría en vez de a los desempleados? Que no sólo su carrera se hubiera acabado al instante, sino que posiblemente hubiera tenido que afrontar problemas con la justicia. Que los hombres blancos de clase trabajadora queden fuera de las luchas de representación porque estas priorizan género sobre clase, provoca que las expresiones ofensivas y clasistas nunca acaben situadas en primer término del debate. Esta sensación de desprotección tiene consecuencias desastrosas en el auge del fascismo, como veremos más adelante.

Como decíamos, el fascismo nunca desapareció, sino que quedó latente para ser utilizado por la derecha liberal en la segunda parte del siglo XX. Como en la Masacre de París de 1961, donde la policía, dirigida por Maurice Papon, reprimió durante

[2] Royal Historical Society, *Transactions of the Royal Historical Society: Volume 11: Sixth Series,* Cambridge, Cambridge University Press, 2003, p. 207.

[3] «Perplejidad en Reino Unido por la propuesta de un "torie" de esterilizar a los desempleados», *El País,* edición digital, 19 de enero de 2018 [https://elpais.com/internacional/2018/01/18/mundo_global/1516287515_636234.html].

todo el otoño de ese año a la población de origen argelino, en aquel entonces colonia francesa, e incluso a aquellos que tenían rasgos mediterráneos, ya que los uniformados no tenían una forma clara de distinguir a los considerados sediciosos de los que no lo eran. Se estima que fueron asesinadas unas 200 personas, muchos de los cuerpos aparecían flotando en el Sena. Al año siguiente una manifestación convocada por la CGT y el Partido Comunista contra la Guerra de Argelia fue reprimida por la policía y murieron ocho personas en lo que se conoció como la Masacre de Charonne. Papon, que estuvo al mando en ambos sucesos, era un colaboracionista del Gobierno fascista de Vichy, responsable entre otras tropelías de la deportación de 1.645 judíos a los campos de exterminio nazi.

En 2007, Jörg Ziercke, el presidente de la BKA, la policía federal alemana, participó en una serie de coloquios que trataban de esclarecer las conexiones de la época nazi con la policía de la nueva república:

> En 1941, el batallón policial 45 asesinó en las cercanías de Kiev a 33.000 judíos. Según las modernas investigaciones, entre 150.000 y 200.000 personas fueron asesinadas por la policía alemana en el extranjero [...] A fines de los años cincuenta la mayoría de los policías de la época nazi, antiguos miembros del partido e incluso de las SS, pudieron continuar su carrera e ingresaron también en la BKA [...] Casi todos los puestos directivos de la BKA estaban ocupados por antiguos nazis y SS, de 47 altos funcionarios 33 habían sido miembros de las SS [...] ¿Quiénes fueron nuestros padres fundadores? ¿Quién era esa gente que trabajó para el régimen nazi y luego en la BKA fundada en 1951? ¿Qué papel representaron en la nueva policía? Hay indicios ciertos de que las pandillas y las conexiones formadas en tiempos del nazismo continuaron después de la guerra y se ayudaron para ingresar de nuevo en la policía[4].

---

[4] J. Comas, «Cuando la Gestapo se hizo policía», *El País,* edición digital, 25 de noviembre de 2007 [https://elpais.com/diario/2007/11/25/internacional/1195945208_850215.html].

A las 10:25 del 2 de agosto de 1980, un artefacto explosionó en la estación de trenes de Bolonia, Italia. Murieron 85 personas y más de 200 resultaron heridas. Los organizadores del atentado nunca se han descubierto. Durante los juicios, las autoridades se refugiaron en el secreto de Estado para no revelar información. El neofascista Vincenzo Vinciguerra, quien cumple cadena perpetua por el atentado de Peteano de 1972, declaró, al testificar, que una estructura oculta dentro del Estado y vinculada con la OTAN fue quien planificó y llevó a cabo los atentados. Es decir, Gladio, la red clandestina anticomunista que operó en Europa bajo la dirección de la OTAN y la CIA durante la Guerra Fría.

Las dictaduras del Cono Sur latinoamericano o la propia España franquista son otros dos ejemplos de cómo las democracias liberales se entendieron a la perfección con los Gobiernos fascistas mientras que estos les sirvieron de parapeto para frenar el comunismo. La propia Transición española, que siempre se nos narró como un momento con dificultades que fueron superadas por la enorme pericia de los políticos y la monarquía, contó con una pléyade de grupos terroristas de ultraderecha, realmente agentes a sueldo del Estado cambiando de siglas, que fueron responsables del asesinato de 70 personas. La mayoría relacionadas con organizaciones de izquierda, con el claro objetivo de frenar mediante la violencia una posible revolución y mantener el proceso encauzado en unos límites tolerables para los intereses de la gran burguesía.

El fascismo no es una etapa histórica olvidada, ni una cuestión de tribus urbanas. En los últimos 25 años en nuestro país las víctimas de agresiones fascistas se estiman en unas 4.000 al año, con 88 víctimas mortales, según el proyecto Crímenes de Odio. Cifras similares o mayores se dan en nuestro entorno. En EEUU auténticas bandas paramilitares entran en escena cada vez que las cuestiones migratorias o de derechos civiles son puestas sobre la mesa.

La propia actitud de la gran prensa hacia la ultraderecha explica bien cómo es entendida desde el campo liberal. Si bien nunca se la apoya explícitamente, siempre se le buscan justificaciones o atenuantes. Los periódicos españoles, como los norteamericanos, titularon sin disimulo que los sucesos de Charlottesville fueron culpa de los enfrentamientos entre grupos radicales, minimizando el componente ultraderechista y equiparándolo a los grupos antifascistas. El periodista Antonio Maestre nos lo explicó de esta manera en *La Marea:*

> La intelectualidad conservadora patria, ahora autodenominada liberal, siempre ha equiparado fascismo y antifascismo para justificar ante sí misma que no ve tan mal la ideología que mantenía reprimido el gen rojo. El anticomunismo siempre ha dejado al desnudo sus costuras. El tratamiento informativo de Charlottesville en los medios españoles sólo cambió cuando en rueda de prensa Donald Trump habló de violencia por ambos lados y dejó en evidencia todas las vergüenzas periodísticas.
>
> La progresía española se ha contaminado de ese pensamiento por un complejo de inferioridad, y corre a denunciar cualquier conato de violencia sin pararse a valorar cuál es el contexto. No se atreve a exponer y analizar que no es lo mismo que un nazi agreda a un negro por su color que el hecho de que un antifascista agreda a una nazi que se dedica a apalear a minorías y colectivos vulnerables en cacerías por simple diversión y motivadas por su odio ideológico. Una postura pusilánime que no se arriesga a analizar y especificar el contexto determinado de un acto violento por temor a ser acusados de compartir el método. Porque no todas las violencias son iguales, las hay que por su fanatismo extremo no conocen más antídoto que el poder punitivo, del mismo modo que otras son legales o proporcionan excusa jurídica. Desde un punto de vista editorial y periodístico especificar el contexto de la violencia contra colectivos fascistas es imprescindible[5].

La ultraderecha ha tenido un auge en todo Occidente desde el inicio de la crisis financiera de 2008, lo cual, como hemos

---

[5] A. Maestre, «Charlottesville: equidistancia y otras miserias», *La Marea,* edición digital, 14 de agosto de 2017 [https://www.lamarea.com/2017/08/14/equidistancias-otras-miserias/].

visto, no significa que hubiera desaparecido desde el fin de la Segunda Guerra Mundial. Las causas son varias, pero comúnmente se citan el descrédito de la democracia como sistema político subyugado por los intereses económicos, la globalización y su ruptura de identidades individuales y comunitarias, el retroceso del movimiento obrero desde el inicio de la restauración neoconservadora, la entrega total de la socialdemocracia al libre mercado y, menos a menudo pero con igual importancia, la deriva posmoderna que ha hecho de los movimientos críticos contemporáneos una herramienta inútil para los problemas cotidianos de la gente, efectivamente, la trampa de la diversidad.

LA ULTRADERECHA FAVORECIDA POR LA DIVERSIDAD COMO TRAMPA

Si el objetivo de este libro es desenmascarar el mercado de la diversidad y la trampa que plantea para la política de izquierdas, uno de los motivos que lo impulsan es el auge de la ultraderecha. Esta historia no es un compendio de anécdotas sobre robots, series televisivas y arquitectura. La intención, además de ofrecer una guía para entender los procesos que han hecho de nuestro mundo un lugar pueril y despiadado, es rescatar el viejo aforismo de que la naturaleza ocupa el vacío. Cada fragmento de trampa de la diversidad que la izquierda consume es un espacio que deja libre en el frío páramo de lo cotidiano para ser ocupado por la ultraderecha.

La relación de los ultras con la diversidad convertida en producto de consumo, sin embargo, es ambigua. A primera vista podría parecer que una ideología que patrocina el supremacismo racial estará, obligatoriamente, enfrentada a lo diverso. Pero, como ya se habrán acostumbrado en este libro, las cosas no son tan sencillas como cabría esperar.

A modo de resumen podríamos decir que la ultraderecha mantiene una relación ambigua con el mercado de la diversidad, aunque siempre satisfactoria para sus intereses. Por un lado, le vale como coartada para extender su ideología criminal, por otro, aunque parezca paradójico, para enmascararla.

El neofascismo, la *alt-right,* los nacionalismos excluyentes, la ultraderecha –da un poco igual la forma que la marca adopte– carecen de una normalización, es decir, de un movimiento ideológico duro que los acaudille. No estamos hablando aquí del fascismo de los años treinta, que, con diferencias entre sus versiones internacionales, tenía una serie de rasgos unificadores, como hemos visto en las páginas precedentes. Estos nuevos movimientos son realmente diversos, heterogéneos e incluso profundamente contradictorios entre ellos. Si algo se puede decir que los une es utilizar la xenofobia como principal herramienta y seguir una línea dura antiizquierdista. El desbarajuste provocado en estos últimos cuarenta años por la reacción neoliberal ha sido el caldo de cultivo esencial para que se propague la infección.

Trump no se entiende sin la destrucción de la industria pesada estadounidense, Le Pen sin las políticas agrarias de la Unión Europea y el *brexit* sin los estragos que el thatcherismo y su alumno aventajado, el Nuevo Laborismo, hicieron entre las clases populares. Ninguno de estos fenómenos de extrema derecha dará soluciones a los problemas y conflictos que los han aupado, lo que no implica que sean percibidos por sus simpatizantes como la única salida a su situación.

Tras la crisis de hace diez años, no superada socialmente en muchos sectores, la respuesta esperable debería haber sido un aumento de la izquierda que se cuestionaba total o parcialmente el sistema. Y en parte así fue. Los ejemplos de Podemos, el Gobierno tripartito portugués, el Front de Gauche, Syriza, el laborismo de Jeremy Corbyn o el movimiento en torno a Bernie Sanders así nos lo indican. El problema es que ninguna de estas opciones ha sido lo suficientemente fuerte para alcanzar el poder o, estando en el Gobierno, dar respuestas concluyentes a los retos propuestos, bien por su soledad internacional, bien por la fuerza coactiva de ese ente llamado mercado.

Difundir la idea de que las clases populares se han pasado en masa a la ultraderecha es difundir un hecho incierto. Negar un mayor alcance de la ultraderecha entre los trabajadores es esconder la cabeza como el avestruz. Por otro lado, no existe a nivel europeo una respuesta coordinada de la izquierda para crear un frente antifascista y antiausteridad. Sobre todo en los países del Centro y Este de Europa la potencia de la extrema derecha es preocupante. Incluso en los países en los que sí se produjo una respuesta notable de las fuerzas progresistas esta no parece suficiente para conjurar el peligro de la reacción.

Para explicar el éxito creciente de la ultraderecha entre las clases populares se suele hablar de lo directo de su discurso. Sin quererlo, los apóstoles de la política como producto aciertan esta vez. No, como ellos piensan, por un articulado semántico concreto, por saber vender la marca de tal manera o por tener una presencia más cercana, sino por un mero articulado ideológico: la reaparición tras décadas de la apelación a los perdedores de la globalización, esto es, a la clase trabajadora como núcleo central de la sociedad, ha sido seña de identidad de esta nueva ultraderecha.

La globalización neoliberal ha destruido los aspectos progresistas que Estados, naciones e identidades podían brindar. El Estado sigue presente allí donde debe mantener el orden de clase, pero retrocede allí donde valió para atenuarlo. La nación, que proporcionaba un anclaje al territorio para millones de individuos, perdió protagonismo frente a entes multinacionales, bien en el ámbito privado, bien en el institucional. La identidad de clase trabajadora fue barrida por el concepto totalizador de clase media y rellenada por decenas de identidades frágiles, cambiantes, superficiales y sin una conexión real con la vida de los individuos. Por decirlo de una forma literaria: el proyecto neoliberal mantuvo la ensoñación mientras nadie nos sacó de esa fantasía a bofetadas.

La crisis económica fue ese brusco despertar. Millones de personas que creían ser lo que no eran se encontraron con las hipotecas *subprime,* con los desahucios, con despidos masivos, con que sus acciones en bolsa no valían nada. Millones de personas se encontraron con unos gobernantes incapaces, con unos economistas atolondrados, con unos Parlamentos inútiles. Millones despertaron de repente a una realidad que ya estaba ahí, la de un mundo caótico con unas instituciones diseñadas en exclusiva para favorecer los intereses de un reducidísimo grupo de propietarios, la de una sociedad durísima donde su identidad de clase media había quedado vaporizada como los habitantes de Hiroshima.

El problema es que, cuando miraron a su alrededor para buscar respuestas, o no las encontraron, o no las quisieron encontrar. La aceptación de que, esencialmente, tu vida ha sido construida sobre una mentira, la asimilación de que la generación de tus hijos va a vivir peor que tú, no es sencilla, no se produce de la noche a la mañana. A nadie le gusta ser víctima, pero menos serlo de una gigantesca estafa, esa que iba acompañada en los anuncios de televisión de productos bancarios e hipotecas mágicas de optimismo colorista y simpáticas melodías.

En 2008, al estallar la crisis, existía un enorme vacío ante la estupefacción de los ciudadanos. Los partidos de la clase trabajadora, tras treinta años de reacción neoliberal, estaban hechos añicos. Los socialdemócratas eran cómplices en los Gobiernos de los recortes. Los comunistas habían sido reducidos a expresiones políticas insignificantes o extraparlamentarias, exceptuando quizá Portugal y Grecia. Los sindicatos llevaban décadas aceptando unas políticas pactistas del mal menor que les habían hecho perder la confianza de sus afiliados. Ideológicamente, además, la izquierda transformadora –ese eufemismo de los revolucionarios sin revolución– llevaba, como por otro lado podía esperarse, años intentado adaptar su discurso a un contexto neoliberal en el que nadie parecía hacerles caso. Años de suavizar consignas, de prescindir de símbolos, de adaptarse al desierto ideológico donde los trabajadores odiaban que alguien les recordara cuál era su verdadera posición en la sociedad.

Es verdad que en el despertar existió un vacío de respuestas, pero ni siquiera las que se dieron fueron escuchadas por muchos. ¿Cómo escuchar a un comunista, a cualquier radical de izquierda, cuando al menos un par de generaciones ya habían asumido que el único escenario posible era el de opciones políticas ligeramente progresistas o conservadoras?¿Cómo asumir que los perdedores de la Guerra Fría tenían razón, al menos, en sus críticas al sistema capitalista? La indignación existió, pero fue eso, más enfado que organización, más asombro que rabia, más terapia de grupo que acción política organizada. Y la situación se repitió, de una forma si no paralela sí muy similar a la de finales de los sesenta. Quien impulsa un cambio y no consigue llevarlo a cabo deja abierta la puerta para que otros lo intenten. Si en el quinquenio de la crisis el protagonismo fue para los movimientos progresistas, la salida en falso a la misma está siendo protagonizada por los reaccionarios.

La ultraderecha nunca habló del 99 por 100, nunca pretendió ser inclusiva, nunca quiso eludir el conflicto, el cual presentó a su manera. En general, su discurso está lleno de referencias antielites, en el caso de EEUU contra los burócratas de Washington y en el caso de Europa contra los de la UE, sustituyendo, en una hábil maniobra, a los responsables, los capitalistas, por sus funcionarios. La ultraderecha es profundamente consustancial al sistema capitalista, aunque busque la forma de atenuar esta dependencia mediante un fingido enconamiento con las estructuras más visibles, supranacionales, que oprimen al desamparado ciudadano.

Sin embargo, un burócrata es alguien difícil de odiar porque carece de rostro. ¿Cómo articular un enfado contra algo llamado la troika, quién diablos era Mario Draghi o qué había detrás de Goldman Sachs? Esas preguntas fueron las que la izquierda que se enfrentó a lo establecido en los momentos más duros de la crisis no supo responder. A la ultraderecha no le ha hecho falta enfrentarse a este problema, tiene la munición del odio a los inmigrantes.

Los mexicanos en el caso de Trump, los refugiados en el caso de Europa. Dan igual las enormes contradicciones de la propuesta, en el caso de EEUU por el papel angular que desempeña la inmigración latinoamericana en su economía, en el caso de Europa por el papel destacado de las democracias de la OTAN en la desestabilización de los regímenes baazistas de Oriente Medio. Una vez que se crea el fantasma de una invasión, de un ataque a la civilización occidental, el miedo hace el resto para que ninguna contradicción ni ninguna pregunta importen realmente.

Obviamente la ola de atentados islamistas ha tenido algo que ver en todo este contexto. Al igual que tampoco es ninguna novedad que la ultraderecha elija un grupo minoritario como chivo expiatorio para reconducir el odio popular. El odio del penúltimo contra el último ha sido siempre marca de la casa. La novedad, precisamente, es el papel que ha desempeñado la diversidad entendida como producto y su asimilación acrítica por parte de la izquierda.

La propuesta de la ultraderecha es enfrentar al trabajador, hombre, blanco, nacional, contra otros trabajadores: extranjeros, que pertenezcan a una minoría o supongan una supuesta amenaza contra la unidad de su familia. Así el inmigrante es quien le quita el trabajo, no el empresario que despide masivamente a obreros con derechos para reemplazarlos por otros bajo una legislación laboral leonina. Así su país ya no es un Estado por el que luchar para que, al menos, sirva de atenuante a las diferencias de clase, sino una nación que hay que fortalecer entre todos para luchar contra otras naciones que siempre se dibujan como una amenaza. La familia pasa a ser algo a lo que hay que proteger también de ataques externos, del feminismo que pretende volver loca a la mujer y del homosexual que trata de pervertir al hijo. Una articulación, en definitiva, de los miedos que el desplome de la economía neoliberal había provocado, reconducidos hacia las amenazas seleccionadas por los ultras.

Tras años en los que la izquierda, en vez de buscar qué unía a grupos diferentes y desiguales para encontrar una acción política común, pasó a destacar las diferencias entre esos grupos para intentar seducirlos aisladamente, el discurso de la ultraderecha encontró un asiento que parece respaldarlo, más allá de las teorías dementes y conspirativas sobre los sabios de Sion que manejaban en los años treinta.

Como vimos en capítulos anteriores, aquellos grupos susceptibles de ser englobados en las políticas de representación de la diversidad tenían una serie de desventajas reales que las hacían necesarias. Sin embargo, su desastrosa aplicación por parte de la izquierda, bien abusando de su uso para simular acción institucional, bien tomándolas como la única guía posible en el activismo tras la supuesta desaparición de la clase trabajadora, hizo que resultaran percibidas por la sociedad como hipócritas y excluyentes.

Se da así la paradoja de que, mientras que siguen existiendo un machismo, un racismo o una homofobia del todo reales, cotidianos y asentados estructuralmente, la ultraderecha puede esgrimir un discurso de gran aceptación popular donde cualquiera de estos grupos es acusado de egoísmo, de recibir demasiadas ayudas públicas o de contar con unas condiciones ventajosas en la difícil coyuntura actual. Es cierto que este discurso es desmontado, una y otra vez, con cifras, estadísticas o hechos donde se demuestra que no es verídico. De la misma manera que es cierto que, cuando una narración se hace poderosa, es difícil de desmontar mediante la fría razón de los datos.

Mientras que la ultraderecha hace una referencia populista a los honrados y esforzados ciudadanos nacionales, la izquierda los secciona atrapada en la diversidad intentado dar un protagonismo a todos los colectivos que pugnan en ese mercado identitario. Mientras que la ultraderecha construye grupo, eso que la gente ansía ante la fría estepa neoliberal, la izquierda trata de contentar a las especificidades, que además siempre quedan insatisfechas por la naturaleza competitiva de lo reivindicativo frente a otro grupo, también discriminado, pero algo más numeroso y más conocido.

Los neonazis del Hogar Social Madrid ofrecieron, a finales del primer semestre de 2016, clases de recuperación para alumnos españoles con pocos recursos. Seguramente no fue una iniciativa exitosa, pero el mensaje estaba lanzado. El único requisito era, efectivamente, uno xenófobo, el ser español. Uno que, por otra parte, cumplen la mayoría de personas de este país que, si bien no lo son en un primer momento, pueden llegar a ser racistas cuando sus únicas opciones son las de competir en un entorno laboral enormemente precarizado. En todo caso, todo el mundo puede entender cuál es el contenido de la acción: clases gratuitas de recuperación para estudiantes.

Esta misma medida, junto con el reparto de comida, ha podido ser ofrecida para todos, españoles y extranjeros, por parte de otras organizaciones de izquierda y centros sociales. El problema llega cuando se ve diluida en un maremágnum de acciones cuya única efectividad real, a menudo, es satisfacer el consumo identitario en el mercado de la diversidad. Los talleres para hacer pizzas veganas, el pornoterrorismo, la confección de tapetes de ganchillo para los bolardos, las *performances* contra la tauromaquia o los cursos sobre sexualidad tántrica nos parecen estupendos, pero en general también parecen de un escaso arraigo en la vida cotidiana de la mayoría de ciudadanos.

La ultraderecha favorecida por la diversidad como mercado

Si la ultraderecha lucha contra la deseable diversidad real de nuestras sociedades y, por otro lado, aprovecha la trampa que ha supuesto para la izquierda la transformación de esta diversidad en un producto identitario, ¿cómo es posible que también pueda aprovecharse de ella directamente?

Si recuerdan, insistimos hace un par de capítulos en que la unificación identitaria de toda la sociedad en torno al concepto de clase media había provocado una ansiedad por diferenciarse en los individuos, una búsqueda de su identidad perdida, una necesidad de ser alguien en la competición de especificidades.

Los ultras aprovechan diferentes sectores de estilos de vida, aficiones y tendencias para colar su mensaje, para normalizarse de acuerdo con la ideología neoliberal dominante, para despojarse de su estética más obvia. Desde los videojuegos hasta el medievalismo, desde el feminismo hasta el animalismo, son utilizados por los nuevos reaccionarios para introducir sus conflictos en una esfera mayor de influencia a la que nunca habían tenido acceso.

Internet ha supuesto un campo de pruebas magnífico para la ultraderecha. Las teorías de la conspiración, el machismo y el tradicionalismo son fundamentalmente los tres epígrafes donde los extremistas apuestan fuerte para ganar adeptos e introducir sus mensajes.

Por un lado, estaría el gran grupo de los conspirativos, los falseadores y los promotores del pensamiento irracional. Imaginen a Los Pistoleros Solitarios, aquel trío de frikis conspiranoicos, uno de ellos enamorado de Dana Scully, la agente de *Expediente X*, convertidos en algo global y poderosísimo tras pasar de editar un fanzine a disponer de YouTube. En 2017 fueron virales para los jóvenes temas como Slender Man, una especie de hombre del saco contemporáneo, los supuestos montajes de la NASA para falsear su llegada a la Luna o las renacidas teorías sobre que el planeta Tierra es plano. Que este tipo de asuntos parezcan pintorescos, absurdos y hasta risibles en los ambientes de la izquierda organizada no debería ocultar que para miles de personas, especialmente jóvenes, son algo que tener en cuenta. Toda una generación que, a pesar de la hiperconexión, o precisamente por ella, es incapaz de distinguir lo cierto de lo obviamente falso. Si muchos usuarios de las redes sociales o los servicios de mensajería instantánea no saben cómo buscar una fuente fiable de información, por qué iban a diferenciar entre un documental casero hecho por un neonazi de Texas negando el holocausto y uno realizado por el Museo de Auschwitz, o por qué iban a dar más fiabilidad a los datos sobre un estudio de migración que a los mensajes en cadena hablando de cuantiosas subvenciones sólo por el hecho de ser extranjero.

Otro de los grandes agregadores para hombres jóvenes y posadolescentes es el machismo. Desde el presentado como inocuo a través de los vídeos humorísticos hasta los métodos de expertos en seducción, desde las cuentas de tuiteros que dicen defender los derechos de los hombres hasta las que se dedican al acoso y la amenaza constante a feministas, su motivo viene a ser el destapar una supuesta conspiración para silenciar a los hombres, reducirlos a la nada y robarles su forma de ser, todo esto en la senda de la tradición negacionista obviando las decenas de asesinadas por sus parejas cada año. El caso del Gamergate es significativo. Una periodista especializada en el sector de los videojuegos es denunciada en internet por mala praxis relacionada además con una venganza amorosa. El asunto se utiliza con fines machistas, en un mundo como el de los videojuegos, especialmente susceptible al contar con un público mayoritariamente joven y masculino. La ultraderecha fue quien estaba detrás de la denuncia a la periodista, con la intención de hacerse visible como defensora de los hombres expuestos a la vileza femenina. No se trata de que los ultras no sean machistas en sí mismos, sino de que saben utilizar el machismo como vehículo identitario para ganar para su causa a chavales cuya única intención es pasar un buen rato delante de la pantalla.

El último gran grupo sería el de los tradicionalistas digitales, una suerte de defensores de un nacionalismo excluyente basado en lo mítico que cargan de razones infrahistóricas a las pulsiones de racistas y xenófobos. El islam es la estrella de este apartado, por la obvia preocupación que producen los atentados yihadistas en suelo europeo, pero también porque entronca con un espacio que usa la tradición del medievalismo de postal y la vexilología apolillada, de apariencia épica, para esconder a la ultraderecha. De nuevo la conspiración, esta vez la de la invasión silenciosa de Europa a través de la inmigración, sirve a estos ultras para destacarse como los únicos que ponen orden frente a la barbarie.

Que el machismo, la xenofobia o lo conspirativo sean un fenómeno previo a internet y con causas ajenas al mismo no significa que no hayan encontrado un gran aliado en la cultura digital. Mientras que la izquierda parece necesitar análisis, contexto y una cierta estructura de pensamiento previa para la construcción de discurso, a la ultraderecha le vienen bien lo fraccionado, la ambigüedad de significantes y la velocidad de información que apenas deja tiempo para detenerse en nada. La razón es sencilla: mientras que la izquierda juega siempre de inicio fuera del sentido común dominante, a los ultras tan sólo les hace falta exagerarlo. Así es mucho más sencillo que llegue a un grupo de mensajería en línea un meme con una imagen falsa sobre una niña católica molida a palos por unos moros en Albacete, cuando realmente se trataba de una pequeña que había sufrido un accidente de bicicleta en un país nórdico, que explicar en ese mismo grupo el papel de la OTAN en la desestabilización de los países de Oriente Medio.

Por otro lado, los propios códigos estéticos de la cultura de internet hacen sencilla la participación de cualquiera. No es tan sólo la distribución de contenidos, sino que la baja calidad de los mismos provoca que sea mucho más sencillo construir un GIF antisemita que escribir un ensayo o rodar una película de contenido reaccionario. La vulgarización de la forma del mensaje, celebrada por la posmodernidad como el fin del elitismo de los profesionales de la cultura, ha proporcionado a la ultraderecha una eficaz herramienta en la difusión del odio, sobre todo cuando libros, discos y películas pierden valor en favor de los contenidos de digestión rápida de la red. Además, el sistema de estatus, fácilmente medible en las redes, dota de una legitimidad nueva a los mensajes, no por la trayectoria y fiabilidad intelectual de quien los emite, sino por el número de seguidores que posea. El fetichismo tecnológico, que esperaba una revolución pacífica y liberal del conocimiento, y se ha encontrado con la Rana Pepe enseñando a odiar de forma simpática en internet.

Todo este exitoso desguace reaccionario se presenta, además, como una simple diversión transgresora cuando en realidad favorece el proselitismo de lo sistémico. Según un aforismo popularizado en la red, la ley de Poe, es imposible distinguir en internet un mensaje extremista de su parodia a no ser que vaya acompañado de un emoticono. Esta situación, que refleja un problema de comunicación, es también por donde se cuelan los monstruos. El permanente juego de ironías permite coquetear con ideas reaccionarias sin miedo a mancharse, cuando la realidad es que se está contribuyendo a su normalización. Nunca los canales para lograr la difusión de ideas reaccionarias han sido tan amplios, nunca se ha confundido de manera tan procaz la libertad de expresión con la libertad de agresión.

Las criptomonedas como el bitcóin son una divisa digital, descentralizada y con una contabilidad basada en algoritmos, donde su valor es puramente especulativo, habiendo obtenido grandes beneficios en un espacio muy breve de tiempo pero perdiendo una gran parte de su valor en los primeros meses del año 2018. Apreciadas por un público tan dispar como liberales libertarios, mafiosos y yihadistas, son también utilizadas por los neonazis para financiar sus actividades. Patreon o Go-FundMe, empresas dedicadas a financiar proyectos mediante pequeñas aportaciones de multitudes en línea, o sistemas de transferencia de dinero como PayPal son, de la misma manera, vías por las que la ultraderecha mueve su dinero, en algunos casos generosas aportaciones que, de esta manera, permanecen en la sombra.

La comida y todo lo relacionado con las formas de alimentación han estado muy presentes en todo este libro. El alimento, y su significado identitario, es la nueva hostia consagrada que la diversidad necesita para su liturgia cotidiana. Por otro lado, todo lo relacionado con el veganismo está siempre a medio camino entre un estilo de vida y una pulsión activista ajena al eje de la izquierda y la derecha, por lo que es susceptible de ser penetrada por las ideas de los ultras.

John Mackey, el jefe ejecutivo de Whole Foods, una de las empresas más exitosas de la llamada comida orgánica, es un ultraderechista randiano que defiende con agilidad los impuestos verdes y la prohibición de los sindicatos, el veganismo y calificar cualquier intento de introducir una sanidad pública en EEUU de ataque a la libertad individual. Alex Jones, un radiopredicador ultraderechista, que se dio a conocer difundiendo teorías de la conspiración en torno a los atentados del 11S, tiene toda una línea de productos alimenticios preparados para los *preppers,* individuos que se preparan para un fin del mundo que creen inminente. The Blaze, un servicio informativo en línea de gran éxito entre los ultras, tiene como anunciantes a empresas de alimentación basadas en el miedo irracional a los transgénicos. Mientras una de las primeras medidas de Trump en este campo fue «revertir una prohibición propuesta por Obama sobre clorpirifós, un pesticida que se ha demostrado que causa daño cerebral en los niños. Trump también ha revertido las nuevas normas alimentarias diseñadas para reducir los niveles de sodio en las escuelas y brindar a los consumidores más información nutricional»[6].

A finales de 2017, en una convención anual de la principal asociación de granjeros de EEUU fue invitado el psicólogo canadiense Jordan Peterson, un popular conferenciante. Sus seguidores, que financian sus actividades mediante servicios de mecenazgo masivo, le hacen ganar unos 40.000 dólares a la semana. Aunque en principio Peterson estaba especializado en el análisis del significado psicológico de los pasajes bíblicos, una serie de vídeos en línea contra el uso de pronombres específicos en el ámbito universitario para las personas transgénero lo catapultaron a la fama.

Peterson fue invitado por la multinacional Monsanto, dedicada a la ingeniería genética alimentaria, para que tratara en la conferencia el sentimiento anticientífico que está cada vez más presente en la sociedad. En lugar de eso, su conferencia fue una mezcla de tercerposicionismo, ataques a la ideología de género y retórica de libro de autoayuda:

> «No fue exactamente lo que esperaba», dijo Billy Bishoff, un granjero de Maryland, después de la charla. Peterson dijo por su parte que «hay cosas extrañas que se mueven en el fondo de nuestra sociedad» después de proclamar su afinidad con la comunidad agrícola. «Es necesario que las personas que son trabajadoras, directas, productivas y sólidas las conozcan» [...] El papel del individuo prácticamente ha desaparecido de la sociedad moderna. Para [Peterson], esa tendencia ha llevado a «ataques» contra la familia nuclear y la idea de «hombre y mujer [...] si un maestro de escuela usa cualquiera de las cinco palabras enumeradas en su pantalla: diversidad, inclusividad, equidad, privilegio blanco o género, entonces un niño ha sido expuesto [...] Apoyarse noblemente bajo la carga de la vida [es] una alternativa mucho mejor que recurrir a los halagos de la

---

[6] T. Egan, «How the far right came to love hippie food», *The New York Times,* edición digital, 8 de septiembre de 2017 [https://www.nytimes.com/2017/09/08/opinion/gop-hippie-food-health.html].

extrema derecha y descubrir su identidad blanca y unirse a los sangrientos neonazis, o derivarse a la izquierda donde todo es resentimiento, victimización y privilegio y derribar el maldito sistema. Es repugnante, en lo que a mí respecta, y es hora de que se detenga». Hubo varios momentos, como el anterior, que provocaron un entusiasta aplauso. Pero también hubo momentos, especialmente durante la presentación, que no parecieron aterrizar tan bien.

Billy Bishoff, el agricultor de Maryland, [dijo al terminar la charla que] «La forma en que ese mecanismo funciona es que ahora tenemos una población significativa de estudiantes en nuestra universidad comunitaria que provienen de áreas urbanas. Los traen allí para practicar deportes y se les otorgan becas para que entren en nuestra área rural, y nunca encajan realmente. Pero la idea intelectual es que están enseñando diversidad a nuestros niños locales. Y la comunidad local no está teniendo nada de eso»[7].

La riqueza de este pasaje es pasmosa. En él prácticamente se encierra una gran parte del análisis que este libro lleva a cabo, cómo funciona la trampa de la diversidad. Por un lado, tenemos a un intelectual de derechas que a través de los nuevos medios de internet trasciende su ámbito universitario y se convierte en una figura de consumo identitario para un grupo social, hombres, blancos, jóvenes, que son capaces de financiarle ya que se sienten amenazados.

Hace 70 años, en el ámbito norteamericano, esa amenaza hubiera sido el comunismo, realmente la propaganda anticomunista, mientras que hoy es la diversidad, realmente la diversidad devenida producto. El conferenciante se dirige a la población rural advirtiéndoles de que lo que está en peligro son sus familias por una plan conspirativo, «algo que se mueve en el fondo de la sociedad» contra el que deben luchar. A pesar de que el

[7] H. C. Brown, «What happens when Monsanto brings the "belle of the alt-right" to a farm convention», *The New Food Economy,* edición digital, 8 de enero de 2018 [https://newfoodeconomy.org/monsanto-jordan-peterson-farm-bureau/].

conferenciante se erige en la voz del pueblo contra las elites universitarias, quien promueve su conferencia es Monsanto, una poderosa multinacional, a propósito de un tema real, el acientifismo, que es utilizado como pie para introducir una ideología de odio. El conferenciante utiliza el tercerposicionismo, ya que se aleja de la versión explícita de la ultraderecha, que contrapone falsamente con la izquierda. Palabras como «diversidad», «inclusividad» o «privilegio», que están permanentemente en el debate público, sobrerrepresentadas por encima de «igualdad», «libertad» o «fraternidad», le valen para dar forma a su ataque a los colectivos susceptibles de entrar en las políticas de la representación, pero sobre todo para construir un discurso que busca una involución social a todos los niveles.

Lo más escalofriante es la conclusión del granjero, que, si bien se muestra sorprendido por el contenido de la charla, incómodo, diríamos, ya que sabe que lo que escucha carece de civismo, reconoce que le parece que algo de verdad hay en sus palabras, ya que los estudiantes universitarios de áreas urbanas, en EEUU de clase media alta progresista, hablan todo el rato de diversidad sin dejar nada de ese concepto para su comunidad, que la intuye infrarrepresentada frente a los demás colectivos.

La población rural de EEUU, al igual que la de las zonas desindustrializadas del Cinturón del Óxido, tras haber perdido su identidad de clase trabajadora, carecen de mecanismos efectivos que les permitan competir en el mercado de la diversidad. El conflicto es cierto, ya que sus comunidades estaban infrarrepresentadas en los medios, en el debate público y político. La respuesta de los activistas progresistas de la representación no fue entenderlo o buscar cuál era el factor que podía unirlos con esas comunidades, efectivamente la idea de clase social, que ya daban por amortizada, sino sacar su arsenal de etiquetado y calificarlos de hombres blancos privilegiados jugando al *male tears*. Que Trump fuera un especulador multimillonario de derechas no fue obstáculo para que, una vez que fingió escuchar a estas comunidades perdedoras de la globalización y el mercado de la diversidad, muchos de ellos se echaran en sus brazos. El capitalismo gana.

La universidad es el blanco preferido por la ultraderecha para montar a su alrededor la teoría conspirativa del marxismo cultural. Lo académico está dominado desde hace décadas por el neoliberalismo, no sólo en su vertiente económica, sino en sus demás aspectos culturales. Sólo algunos departamentos, generalmente en los ámbitos de las ciencias sociales y la filosofía, mantienen un discurso crítico con la estructura sistémica, todos ellos con una capacidad de influencia menguante. Eso sin hablar de que el resto de estamentos de la sociedad, los medios, el sector financiero, las instituciones del Estado, están bajo el dominio, casi exclusivo, de las ideas neoliberales. No hay, sin embargo, hecho que se enfrente a una teoría conspirativa, en este caso la que dice que las universidades están dominadas por los discípulos de la Escuela de Frankfurt, fabricando líderes políticos y de opinión que transmiten a la sociedad sus teorías sobre marxismo cultural para acabar con la familia y demás estructuras de lo que ellos denominan sociedad occidental. En el fondo, la conspiranoia no es más que la impotencia para explicar desde fundamentos materiales un hecho, teniendo que recurrir a un *deus ex machina* maléfico que crea los conflictos, en este caso el del mercado de la diversidad.

En las universidades, incluso las más prestigiosas, sí existe una infiltración, o quizá tan sólo un dejarse caer las caretas animados por la ola reaccionaria poscrisis, la de la ultraderecha. A mediados de enero de 2018, *The Guardian* recogía la noticia de unas conferencias sobre eugenesia que se habían celebrado en la University College de Londres al menos tres años de forma semisecreta. En ellas la diversidad, esta vez entendida en su aspecto más negativo, desempeñó un papel dominante, al señalar que las diferencias entre las razas conducían a un diferente desarrollo de la inteligencia. Uno de los asistentes fue Toby Young, jefe de un *lobby* de apoyo a la red de escuelas concertadas británicas y con cargo en la

Comisión Fulbright, que supervisa los programas de becas para estudiantes entre las universidades británicas y estadounidenses [...] Asistentes anteriores incluyeron a Richard Lynn, a quien el grupo de investigación Southern Poverty Law Center etiquetó como un «eugenista no arrepentido», y al bloguero Emil Kirkegaard, quien ha escrito sobre pederastas y las «relaciones sexuales con un niño dormido»[8].

Si la ultraderecha norteamericana tiene una relación con el mercado de la diversidad de la que aprovecha sus facetas ecológicas y alimentarias, incluso las más superficiales, como las tendencias en estética urbana, los ultras europeos son mucho más audaces a la hora de enfrentar su relación con este nuevo mercado identitario. La razón es sencilla, su principal foco de conflicto es el multiculturalismo, que entienden como un ataque a la sociedad occidental. Las olas migratorias y la crisis de los refugiados sirios han sido, en los países del Grupo de Visegrado, además de en Alemania, Austria y Francia, el aldabonazo definitivo que ha situado a sus respectivos partidos de ultraderecha en una posición ventajosa, tanto que incluso los partidos de la derecha tradicional y los socialdemócratas han copiado parte de su discurso para no quedar relegados ante la ola nacionalista, identitaria y xenófoba.

Si el principal enemigo son los musulmanes, sin distinguir entre simples ciudadanos con una adscripción religiosa, islamistas y yihadistas, entonces la comunidad LGTB y las mujeres, a las que se considera atacadas por las creencias islámicas, son susceptibles de caer en la esfera de influencia de la ultraderecha. Aunque su discurso pueda ser reacio al matrimonio homosexual o al papel de la mujer fuera de su esfera de influencia del patriarcado, eso no ha sido óbice para que parte de estas comunidades hayan dado su apoyo a los ultras.

Karsten P., un taxista de cincuenta y dos años que trabaja en la ciudad de Bremen, recibió una agresión a causa de su condición de homosexual por parte de dos extremistas musulmanes que le provocó graves heridas. Sus atacantes nunca fueron detenidos, ya que huyeron a Siria. Tras este incidente se afilió al par-

---

[8] K. Rawlinson y R. Adams, «UCL to investigate eugenics conference secretly held on campus», *The Guardian,* edición digital, 11 de enero de 2018 [https://www.theguardian.com/education/2018/jan/10/ucl-to-investigate-secret-eugenics-conference-held-on-campus].

tido ultraderechista AfD. «No me gusta todo lo que dicen, pero esto se ha vuelto demasiado peligroso para que los homosexuales vivan aquí tranquilamente si somos atacados de esta manera. Necesitamos una partido que hable abiertamente sobre esto.» Aunque AfD defiende la familia tradicional como centro de la sociedad, una de sus dirigentes, Alice Weidel, economista y empresaria alemana, es lesbiana. El homonacionalismo, como ya se ha bautizado en Alemania, es pujante. En 2016, la revista gay *Men* publicó una encuesta donde el 17 por 100 de los homosexuales consultados apoyaba abiertamente al AfD, más que la media nacional[9].

La periodista Nuria Alabao profundiza al respecto sobre el papel que las mujeres tienen en la nueva ultraderecha europea:

> Además de Marine le Pen y su sobrina Marion Maréchal, los partidos ultras tienen muchas mujeres en primera línea. La noruega Siv Jensen encabeza el Partido del Progreso, Pia Kjærsgaard es una de las cofundadoras del Partido Popular Danés y Alternativa para Alemania llevó a Frauke Petry como cabeza de lista hasta hace muy poco [...] En el fascismo clásico se desplegó una cultura de la virilidad de carácter militarista donde el «hombre ciudadano» se entendía como «hombre soldado». Y como contrapartida, se apostaba por relegar a la mujer a un papel subordinado desde una posición de defensa de las estructuras sociales tradicionales y de la familia [...] Lo que diferencia a la extrema derecha actual en Europa Occidental [...] es un cambio de discurso donde se produce una redefinición de su ideario en términos posmodernos. En unas sociedades que han sido transformadas por las luchas por los derechos civiles, donde las conquistas por los derechos de la mujer son mayoritariamente aceptadas, la ultraderecha está obligada a cambiar sus postulados si quiere prosperar[10].

---

[9] A. Shubert, N. Schmidt y J. Vonberg, «The gay men turning to the far right in Germany», *CNN*, edición digital, 14 de septiembre de 2017 [https://edition.cnn.com/2017/09/14/europe/germany-far-right-lgbt-support/index.html].

[10] N. Alabao, «Sobre fascismo y feminismo: la renovación de la ultraderecha europea», *CTXT*, edición digital, 6 de diciembre de 2017 [http://ctxt.es/

El fenómeno es paralelo al del apego de los homosexuales a los nuevos ultras. Asaltos sexuales masivos como los ocurridos en Alemania en la Nochevieja de 2015, donde 18 de los 31 detenidos eran refugiados provenientes de la guerra siria, sirvieron de piedra de toque para que estos partidos ultras se erigieran en defensores de las mujeres occidentales.

Mientras que la izquierda no ha sabido articular un discurso que conjugue su defensa del multiculturalismo con estos conflictos, como veremos en el siguiente capítulo, la ultraderecha ha sido lo suficientemente hábil para ampliar su base electoral haciendo que el mercado de la diversidad juegue en su favor. No es solamente una estrategia electoral, una pantalla tras la que los ultras ocultan su política criminal.

Así encontramos una situación donde las políticas de representación, lejos de dar algún tipo de respuesta satisfactoria a los conflictos, sirven a la ultraderecha para ampliar su electorado. En un mercado, y la diversidad lo es, estas identidades compiten entre sí de forma permanente, más aún cuando encuentran conflictos materiales en su desarrollo cotidiano. ¿Pesan más los derechos de las mujeres, los del colectivo LGTB, los de los refugiados, los de las minorías raciales, los de los trabajadores del Cinturón del Óxido, los de los granjeros o los de los universitarios?

La respuesta a la pregunta no la encontraremos retirando estatuas confederadas, ni tras las etiquetas infrateóricas que el activismo maneja con soltura, ni intentando hacer malabares discursivos para contentar a los clientes de la política como producto de consumo.

---

es/20171206/Firmas/16553/fascismo-feminismo-Europa-Le-Pen-FN-CTXT-Alabao.htm].

VII

ATENEA DESTRONADA

Mia Merril es una vecina de Nueva York de la que se diría por su foto de perfil en redes sociales que acaba de estrenar la treintena. También, explorando estos escaparates de nuestro yo como producto, averiguamos que está interesada en las *start-up* y que siente simpatía hacia eso llamado empoderamiento de la mujer. A finales de noviembre de 2017 visitó el Museo Metropolitano de Arte y quedó horrorizada ante una obra de Balthus, *Thérèse rêvant (Thérèse soñando)*, que muestra a una niña preadolescente sentada en una silla, con las manos sobre la cabeza y los ojos cerrados, con una pierna flexionada sobre el asiento, lo que hace que se vislumbre su ropa interior. El cuadro del pintor francés data de 1938.

El 30 de noviembre Merril inició una recogida de firmas que anunciaba de la siguiente manera: «Formulé una petición para que el Met retire una obra de arte que sin lugar a dudas está idealizando la sexualización de un niño. Si formas parte del movimiento #MeToo o piensas en las implicaciones del arte en la vida, apoya este esfuerzo»[1]. A las pocas horas más de diez mil personas habían firmado la petición.

Keneth Waine, director de comunicación del Met, explicó que «momentos como este brindan la oportunidad para el debate [...] El arte es uno de los medios más significativos que tenemos para reflexionar sobre el pasado y el presente, y observar la continua evolución de la cultura a través de una discusión informada y respetuosa por la expresión creativa». El Met no retirará la pintura de su exposición.

---

[1] M. Merril, en Twitter, 30 de noviembre de 2017 [https://Twitter.com/miazmerrill/status/936353634211844096].

El periodista Peio H. Riaño concluía, en un artículo al respecto, que «las clausuras y peticiones de retirada de la obra confirman que los museos han entrado en una nueva era, la de la prohibición del debate. ¿De qué deben proteger los museos a los visitantes? ¿Del arte mismo? ¿Quién protege a los museos de sus visitantes?»[2].

Qué ha sucedido para que el concepto de arte degenerado retorne de la fecha en que la pintura de Balthus fue compuesta hasta nuestro días y sea cuestionado por alguien aparentemente progresista como una mujer joven y feminista.

En las primeras semanas de 2018 hemos asistido, en el contexto nacional, a algo que ya conocemos por reiterativo, debates prácticamente semanales en torno a algún hecho relacionado con lo cultural. En la entrega de los Premios Feroz, los actores vistieron trajes con unos esquemáticos pechos y vaginas dibujados sobre la tela para reivindicar la representación de la mujer. La actriz Leticia Dolera, en la entrega de los Premios Goya, que se anunciaron como una gala que se iba a subir al «carro del feminismo»[3], participó en un gag donde calificó el evento como «un campo de nabos feminista precioso»[4] en un intento, diríamos, de metacrítica donde una entrega de premios cinematográficos, que por su especial relevancia ha servido de altavoz de problemas sociales en el pasado, anunciaba de antemano su intención de ser «crítica» con la mayor proporción masculina en el cine, pero que, asumiendo la realidad material, necesitaba a su vez una crítica interna para que el objetivo y lo objetivo no fueran contradictorios. Tanto los trajes con vagina como el campo de nabos despertaron críticas del colectivo LGTB en su ver-

[2] Peio H. Riaño, «Balthus: un pintor demasiado sexual para los visitantes de museos», *El Español,* edición digital, 6 de diciembre de 2017 [https://www.elespanol.com/cultura/arte/20171206/267473698_0.html].

[3] EFE, «Ernesto Sevilla y Joaquín Reyes se subirán al carro del feminismo en los Goya», *La Vanguardia,* edición digital, 29 de enero de 2018 [http://www.lavanguardia.com/cultura/20180129/44392362711/ernesto-sevilla-y-joaquin-reyes-se-subiran-al-carro-del-feminismo-en-los-goya.html].

[4] V. Assiego, «Leticia Dolera y el "campo de nabos feminista"», *El Diario,* edición digital, 6 de febrero de 2018 [http://www.eldiario.es/zonacritica/Leticia-Dolera-campo-nabos-feministas_6_737436287.html].

tiente transgénero, al considerar que estas acciones no eran lo suficientemente inclusivas al dejar fuera a las personas que se sienten mujer pero que tienen pene. El mercado de la diversidad no descansa y reclama sus cuotas de especificidad como los sacerdotes mayas ante el altar de sacrificios; así ninguna acción política de lo simbólico queda nunca exenta de crítica por la atomización exponencial de las identidades.

El arte, la cultura en general, es el campo de batalla en que la diversidad como producto despliega su trampa, por lo cual merece la pena que nos detengamos, antes de concluir este viaje, en cuáles son las relaciones que la cultura mantiene con la identidad, la política y nuestro momento.

¿QUÉ ES LA CULTURA?

Normalmente entendemos por cultura, como hemos visto, los cuadros que cuelgan en las paredes de los museos, pero de igual forma es cultura la serie infantil animada *La patrulla canina*. La concepción más extendida de cultura es su sinécdoque, la que reduce el todo a los productos acabados de lo artístico: las películas, los libros, las obras de teatro, los discos o las esculturas.

Pero también cultura es la forma determinada en que hacen el queso en La Mancha o la relación que las comunidades de pescadores de Cádiz mantienen con la captura del atún. Cultura es el significado del deporte, el lenguaje de los pastores trashumantes, la minifalda, los insultos o la sustitución progresiva del san Pancracio por el gato chino de la buena suerte. Cultura, efectivamente, son las expresiones de una sociedad dada en un momento determinado, algo que trasciende lo artístico en sí mismo.

Por la conversión de política en producto, la izquierda maneja sin darse cuenta, cada vez más, un fetiche de la mercancía cultural, entendiendo todo aquello que es masivo como popular y contraponiéndolo a la alta cultura. De esta manera se tiende a santificar al mercado, ya que sus expresiones culturales tienden por la configuración del mismo a ser casi siempre masivas.

Si entendemos popular como aquello que viene del pueblo, hay expresiones populares que son masivas, como las sevillanas, que traspasan incluso nuestras fronteras, y otras que son residuales, como el chotis, practicado por unas pocas personas de un ámbito muy determinado. Lo popular es beatificado acríticamente como progresista pero, en cambio, los encierros taurinos o los piropos son bastante populares y la izquierda no parece sentirse cómoda con ellos. Es decir, lo popular puede ser o no masivo y no siempre tiene por qué significar un avance en términos ideológicos.

Lo masivo tampoco es un buen indicativo para hacer contraposiciones entre alta cultura y cultura de consumo. Las obras de teatro de Shakespeare son alta cultura y sus representaciones suelen ser exitosas, al igual que las de cualquier musical considerado cultura popular. Por otro lado, un concierto de música futurista de Russolo, algo considerado alta cultura, será minoritario, al igual que un concierto de Melange, un grupo español de rock progresivo, es hoy minoritario, aunque quizá hubiera sido masivo tres décadas atrás. Es decir, lo masivo lo único que nos indica es la potencia de penetración de unas ideas dominantes cada vez más homogéneas a través de unos canales cada vez menos plurales. Lo masivo es la medida del mercado, otorgarle una categoría benéfica progresista en cualquier caso lo único que consigue es validar sus mecanismos. Aunque la censura estatal de baja intensidad pervive, es el mercado, un modelo adulterado por presiones y poderes, quien decide qué es lo que llega al gran público y qué es lo que queda silenciado.

Por otro lado, las diferencias entre alta cultura y cultura popular tampoco parecen estar tan claras como podríamos entender en un primer momento. Tenemos claro que el *Quijote* es alta cultura y que un libro de Corín Tellado es cultura popular. Sin embargo, muchas de las obras decimonónicas que hoy son consideradas alta cultura fueron publicadas en su época de forma seriada en la prensa tan sólo como un entretenimiento, como cultura popular. Si existe un movimiento ascendente, también puede haber uno descendente. Cuando las obras de cualquier autor impresionista, en su momento vanguardia, son reproducidas de forma seriada limitándose su uso para decorar un váter de un restaurante con pretensiones, la alta cultura se vuelve cultura popular. Incluso, en su aspecto estético, la alta cultura resulta más popular en *Los borrachos* de Velázquez que en las viñetas de Harvey Pekar en el cómic *American Splendor*. Al menos en teoría, la alta cultura se diferencia de la cultura popular en que la primera sigue algún tipo de canon o de reglamentación aceptada por la academia, lo que tiene como consecuencia que sea más rica en profundidad temática y capacidad técnica. Sin embargo, las exposiciones de Damien Hirst, consideradas alta cultura, ni demuestran una gran capacidad técnica ni parecen tener mayor mensaje, más allá del de la especulación, mientras que el disco *Everybody Knows This Is Nowhere* de Neil Young, a pesar de ser cultura popular, maneja con soltura la capacidad técnica y posee gran profundidad y matices.

Realmente la diferencia entre alta cultura y cultura popular viene dada por su relación con la reproducción y el consumo. El fin último de la cultura popular es poder reproducirse, con el objetivo de comerciar con ella a un nivel masivo. Aunque Lennon y McCartney tuvieran un interés sincero en hablar de los sentimientos y preocupaciones de la juventud al componer sus canciones, el hecho de que hoy se los conozca a nivel mundial y no sólo sean recordados por aquellos que les vieron tocar en los clubes de Hamburgo tiene que ver con que existía una industria musical que permitió reproducir su música con el objetivo de comerciar con ella. La alta cultura, aunque también pueda ser reproducida, tiene como objetivo primordial el desarrollo de sí misma, o dicho de otra forma, que el *Ulises* formara parte de un mercado literario no significa que el objetivo último de Joyce al escribir su libro fuera participar en él.

La cultura popular es más cercana porque necesita hablar un lenguaje común, tanto en lo estético como en su mensaje. *E.T.* de Spielberg es una película indudablemente bien realizada en su aspecto técnico, al igual que *La Chinoise* de Godard. Que la primera sea más conocida que la segunda tiene que ver con que, independientemente de que ambos cineastas quisieran contar algo, Spielberg utiliza unos códigos formales más sencillos y un fondo que todo el mundo comparte como la amistad o el asombro ante lo extraño, mientras que Godard utiliza una estética fraccionada, de falso documental, hablando de algo mucho más complejo como la relación entre el militante, la clase y la ideología.

Desde la irrupción de la reacción neoliberal, la cultura ha experimentado severos cambios que la izquierda parece no querer ver. La cultura popular entendida como folclore, que ya estaba en retroceso desde la explosión del mercado cultural a partir de los años cincuenta, se ve hoy severamente amenazada en muchas partes del planeta, con lo que, no es de extrañar, que cada vez existan más grupos que busquen en lo tradicional un asidero para su identidad débil. Cuando esto se entiende como la preservación de unas danzas regionales o una indumentaria típica, podemos verlo como algo positivo, no tanto cuando esa especificidad cultural sirve para encerrarnos dentro de una comunidad y de esta forma expulsar al que no consideramos parte de ella. Más adelante trataremos este aspecto.

Si la «otra» cultura popular, la de consumo, existió desde el Renacimiento, desde los corrales de comedias hasta la zarzuela, es a partir de mediados del siglo XIX cuando empieza a tomar cuerpo, diríamos, casi al mismo tiempo que el proletariado se componía como clase. Al existir una clase social que podía y quería ocupar su papel histórico, es decir, que pasaba de ser una clase a ser una identidad percibida por quienes la conformaban, la alta cultura, que siempre había tenido un valor de estatus, cobró una importancia decisiva para marcar quién podía ir a la ópera y quién sólo se podía permitir ir a la verbena. Aunque la alta cultura empezó a partir de este momento a tomar un carácter elitista, burgués, la clase trabajadora, pese a contar con una cultura propia, tanto hecha por como hecha para, disputó esta alta cultura al saber de sus valores, de su especial interés. Los ateneos obreros no sólo instruían a una población que apenas tenía los rudimentos básicos en letras y números, sino que le hacían escapar de la simpleza de los artefactos culturales creados por el mercado para ellos, dándoles *Vientos del pueblo* antes que el folletín romántico o la novelilla policiaca. Las organizaciones obreras creaban su propia cultura, en el sentido de identidad de clase, pero también, y paralelamente, en el de fomentar a artistas que fueran cercanos al pueblo. La revolución eran soviets más electricidad, pero para la extensión de su idea fueron indispensables los trenes culturales bolcheviques que llevaban el cine de Eisenstein o la poesía de Mayakovski más allá del centro de Petrogrado.

La explosión de la industria cultural desde los años cincuenta no se llevó tan sólo por delante a la cultura popular entendida como folclore, sino que imposibilitó que las organizaciones obreras pudieran competir, con sus propios medios, frente a la enorme capacidad de producción del mercado. La izquierda, lejos de amilanarse, tomó las industrias culturales y lo que se pensó como una forma de transmitir valores conservadores a la gente –véanse los cómics macartistas o las películas del Oeste americano– fue transformado en una década en un instrumento al servicio del cambio.

Hasta al menos los años noventa, quizá en literatura hasta la entrada del nuevo siglo, la cultura popular de consumo era una cultura netamente progresista, si no en un aspecto explícito, sí al menos como reconocedora de los conflictos que sucedían en su entorno. Existían las novelitas y la películas de *James Bond*, pero también existía el cine, la literatura y el teatro de los Angry Young Men. *Star Trek* no estaba producida por el Partido Comunista, pero recogía valores humanistas, científicos y de diversidad, contagiándose del espíritu de cambio que ya se sentía en el EEUU de 1966. La Nouvelle Vague fue tan popular en su momento como el New American Cinema una década después. Podemos discutir si la saga de *El Padrino* es conservadora o progresista, no de las simpatías marxistas de Coppola ni de la enorme atracción por la revolución que se nota en las escenas cubanas de su segunda película. *Alguien voló sobre el nido del cuco, Taxi Driver* o *El cazador* no son películas explícitamente de izquierdas como podía serlo el cine de Ken Loach o Costa-Gavras, pero en todas ellas los engranajes oxidados del sistema capitalista rechinaban en cada plano.

Como vimos en el tercer capítulo, hasta el cine de entretenimiento de los ochenta conservaba valores progresistas, aunque ya se apreciaba el cambio de tendencia. Es a partir de los noventa, con la reacción neoliberal triunfante y asentada, cuando la cultura popular de consumo cambia irremisiblemente. Hoy, por cada *The Wire,* hay infinitas series o películas que replican desde el entretenimiento los valores dominantes, formando en esos tiempos muertos de la conciencia a todos los ciudadanos.

La izquierda, a la par que caía en la trampa de la diversidad, buscaba refugio en la especificidad de aquella cultura de consumo llamada independiente que, realmente, más que hablar de acción política colectiva, de lo que trataba era de las tribulaciones personales de la clase media progresista en tiempos de desconcierto. Es infinitamente más de izquierdas una película rodada por Stallone como *F.I.S.T.* o incluso su primer *Rocky,* que todo el cine de Quentin Tarantino o Kevin Smith, que, a falta de clase, tan sólo es un regodeo en la rareza.

La reacción de la izquierda poscrisis, que por fin parecía haberse dado cuenta de la trampa de la especificidad que supone refugiarse en ese espacio de lo llamado independiente, ha sido, por desgracia, la de acudir al fetichismo de la mercancía. Hoy se confunde cultura popular de consumo con la cultura hecha por todos. De lo que nadie parece querer darse cuenta es de que pretender buscar signos esperanzadores en cualquier pequeño guiño que la cultura de consumo hace a la diversidad, siempre pensando en el negocio, es tan sólo celebrar la impotencia de buscar una cultura de izquierdas propia. Y peor, que cuando se aplaude a alguno de estos productos por mostrar a un homosexual o a un negro en pantalla, fuera de su representación negativa habitual, posiblemente también se esté aplaudiendo una riada de valores neoliberales asociados.

Incluso, de forma paradójicamente desesperante, la propia izquierda acusa de elitismo a quien señala estas contradicciones, excusándose en el carácter masivo de las propuestas, para simular sentimiento popular. No sólo se olvida la tradición de la izquierda de contar con un aparato cultural propio o apoyar las expresiones afines, sino que se acepta el dogma neoliberal de que plantear una crítica a la cultura dominante es tratar de imponer de forma paternalista unos valores, dando por tanto al mercado, en exclusividad, la capacidad para imponerlos.

Atenea queda así destronada y sustituida por un pastiche, que, en vez de llevar escudo, lanza y casco para luchar por la civilización, porta una caja registradora para luchar por su beneficio. El trabajador cultural vuelve otra vez a la cárcel de oro del creador individual, genial y aislado de su contexto; la cultura se torna ausente de su sociedad y sus conflictos; la alta cultura queda como un apéndice de lo turístico y la cultura popular de consumo es el nuevo campo de juego donde los obispos de los significantes flotantes despliegan sus tácticas.

Nunca, en este sentido, la izquierda ha estado más perdida y ha hecho un favor tan grande a su rival político, que cayendo presa del fetichismo de la mercancía cultural. Mientras se aplaude a *Operación Triunfo* y se deconstruye *Love Actually* en busca del micromachismo, no se explora la necesidad de construir una cultura popular desde abajo, para los de abajo. Lo peor es que quien lo propone acaba siendo acusado por el activismo contemporáneo de elitista.

CULTURA COMO ARMA POLÍTICA

La relación de la política con la cultura popular de consumo es tan sólo una parte de las intersecciones entre estas dos disciplinas. Si recuerdan, hace un par de capítulos, al hablar del progresismo norteamericano, decíamos que una de las razones por las que las políticas de representación de la diversidad habían sido desarrolladas en ese país con especial ímpetu era porque tenían capacidad para influir sobre los resultados de los conflictos, pero no sobre los conflictos en sí mismos.

Estaríamos aquí aludiendo al concepto de autonomía de lo político respecto a la economía. Cuanto más capacidad tiene de influir la acción colectiva sobre lo material, vulgarizando, sobre los asuntos del dinero, más independiente es la política en sus acciones. Esta emancipación no se puede producir nunca del todo, puesto que eso significaría algo como que nuestras ideas se harían realidad tan sólo con enunciarlas. Si la política fuera por completo independiente, bastaría con que el poder ejecutivo deseara desde un nuevo ferrocarril hasta la desaparición de la sociedad de clases para que, a modo de milagro, esto sucediera en el terreno de lo real.

Obviamente sabemos que para tender vías y catenarias por las que vayan las locomotoras hace falta una voluntad política para llevar adelante el proyecto. Hace falta, por tanto, que exista un poder, esto es, la delegación de un grupo de personas en otras para que tomen decisiones. Ese poder requiere de una estructura para que las decisiones se lleven a cabo, si no las órdenes del poder, en este caso las del ministro de Obras Públicas, quedarían en nada y los encargados de su ejecución nunca las recibirían. Primeras conclusiones: el poder es una idea, es cultura, pero tiene consecuencias bien reales. La política requiere de poder y de estructuras para poder aplicarse.

Aun con todo, nos hace falta lo material para que ese proyecto ferroviario se lleve a cabo. Nos hace falta dinero, que saldrá de las arcas públicas mantenidas con un sistema tributario. Nos hacen falta materiales, mano de obra, desde los ingenieros de caminos hasta los peones, y todo un conocimiento técnico para ensamblar las piezas. Segunda conclusión: la política tiene una dependencia insoslayable de lo económico, condición necesaria para poder llevar a cabo cualquiera de sus objetivos.

Durante gran parte del siglo XX, la autonomía de la política respecto a la economía marcaba aquello que era posible, o dicho de otra forma, EEUU y la URSS podían mandar cohetes al espacio porque tenían voluntad política de hacerlo, pero también porque sus economías nacionales se lo permitían. España, por ejemplo, pasó de mandar sus misiones a cruzar el Atlántico cuando era Imperio a, en la mitad del siglo XX, imaginar a Tony Leblanc despegando desde Minglanillas a bordo de la *Cibeles I*.

No perdamos el hilo con tragicomedias del desarrollismo. Si la economía marcaba lo que era posible, un tipo peculiar de economía pasó a marcar lo aceptable. Desde la reacción neoliberal, la autonomía de la política no se vio limitada por lo económico, sino que lo económico empezó a mandar con mano de hierro sobre lo político. No era ya una cuestión de posibilidades, sino de necesidades, en este caso las de la clase dirigente. Lo económico, además, no como la ordenación teórica de lo productivo, sino como una ordenación muy específica, la neoliberal.

Como hemos insistido varias veces, no era oro todo lo que brillaba antes de finales de los setenta. El Estado del bienestar tan sólo suponía una pequeña corrección respecto al poder de los propietarios. Aunque de forma menos negativa podemos verlo de la manera siguiente: si con esa pequeña corrección se consiguió tanto, extender la educación y sanidad públicas, por ejemplo, a todo el continente Europeo, tampoco parece descabellado pensar que el problema nunca estuvo en el exceso sino en el defecto del modelo.

En todo caso, a partir de finales de los setenta, lo político ha ido perdiendo autonomía en favor de lo económico a pasos agigantados, tanto que el propio concepto de democracia liberal ha sido puesto en entredicho con el neoliberalismo. Si en Grecia el pueblo votó a Syriza, es decir, delegó su poder en ese partido para que llevara adelante un programa a través de la estructura del Estado, ese ente llamado los mercados agarró a Syriza, es decir, al Estado griego, es decir, a la voluntad democrática de ese pueblo y les torció el brazo, de forma inmisericorde, arrogante y bucanera.

Preguntarse de qué vale votar si al final un grupo de banqueros, propietarios e industriales van a imponer su voluntad es tan pertinente como lo es la capacidad de los mercados, mediante la trampa de la deuda externa, de tener a los países bajo su bota. La diferencia, posiblemente, es que, si la voluntad de los propietarios de los grandes medios de producción y las finanzas se expresa ahora mediante el chantaje económico, hace no demasiado lo hacía mediante el obús, la metralla y los tanques. Lo sigue haciendo, de hecho, cuando el país que someter es demasiado pobre o se financia por vías diferentes a las pautadas desde Washington.

El italiano Giovanni Papini escribió en 1931 *Gog,* un diario de ficción sobre un excéntrico multimillonario que emprende todo tipo de tareas poco usuales. Entre ellas la de la compra de una república. Merece la pena detenernos en el pasaje teniendo en cuenta lo que hemos leído hasta aquí:

Mañana puedo ordenar la clausura del Parlamento, una reforma de la Constitución, el aumento de las tarifas de aduanas, la expulsión de los inmigrantes. Podría, si quisiese, revelar los acuerdos secretos de la camarilla ahora dominante y derribar con ello al Gobierno, desde el presidente hasta el último secretario. No me sería imposible empujar al país que tengo en mis manos a declarar la guerra a una de las repúblicas limítrofes. Este poder oculto, pero ilimitado, me ha hecho pasar algunas horas agradables. Sufrir todas las molestias y servidumbres de la comedia política es una fatiga tremenda; pero ser el titiritero que, tras el telón, puede solazarse tirando de los hilos de los fantoches obedientes a sus movimientos es un oficio voluptuoso. Mi desprecio por los hombres encuentra aquí un sabroso alimento y miles de confirmaciones.

Yo no soy más que el rey de incógnito de una pequeña república en desorden, pero la facilidad con que he conseguido adueñármela y el evidente interés de todos los enterados en conservar el secreto, me hace pensar que otras naciones, y bastante más grandes e importantes que mi república, viven, sin darse cuenta, bajo una análoga dependencia de misteriosos soberanos extranjeros. Siendo necesario mucho más dinero para su adquisición, se tratará, en vez de un solo dueño, como en mi caso, de un trust, de un sindicato de negocios, de un grupo restringido de capitalistas o de banqueros[5].

Si hemos tratado hasta aquí la relación cambiante entre política y economía, ahora se trata de ver cuál es la relación entre política y cultura.

Cualquier sistema económico, expresado políticamente, desarrolla y necesita un armazón cultural que le dé legitimidad. La nación, por ejemplo, es una idea cultural que expresa y a la vez legitima al Estado. Nadie está dispuesto a morir en una guerra por un cuerpo de funcionarios, sí por una bandera y por una patria.

El sistema, nos ahorraremos de aquí en adelante económico-político, necesita una legitimidad para funcionar. Decíamos que

---

[5] G. Papini, *Gog,* Barcelona, Debolsillo, 2012.

los gobernados delegaban su poder en los gobernantes, es decir, confiaban en ellos porque tenían legitimidad. Incluso aunque sus gobernantes fueran corruptos y así se demostrara, los gobernados seguirían confiando en la legitimidad del Estado, en los demás poderes del mismo, entendiendo la corrupción como un error subsanable, no sistémico.

La legitimidad, como manifestación de la estructura cultural, es la que da razón de ser a un sistema para los que viven bajo el mismo. Esta estructura tenderá siempre a validar el sistema de la que parte, será dominante con respecto a otras manifestaciones que le sean contrarias, volviéndose hegemónica cuando consigue hacer pasar las formas de organización social no por una decisión humana que responde a unos intereses, sino por un hecho secular e inalterable, casi natural. De esta hegemonía se deriva gran parte del sentido común que no es más que la ideología general, las creencias compartidas por la mayoría de la población, que además se asumen como propias. La cultura bajo este prisma sería el sustrato donde el poder echa las raíces, sería una máquina constructora de consensos, que son los que permiten a un sistema desarrollarse salvando sus fricciones, esto es, hacer que se acepten unas formas de organización y de gobierno sin tener que recurrir a la coacción violenta.

Esta intersección entre política y cultura es esencial para quien busca la permanencia de un sistema económico y de sus formas derivadas de sociedad y gobierno, pero también para quien busca cambiarlo. Las distopías perfectas con las que la literatura periódicamente reflejaba, mediante la construcción de aterradores e imaginarios mundos futuros, los miedos reales del presente, nunca son posibles. La razón es que la hegemonía cultural, por muy afinada que resulte, nunca puede llegar a ser total. El sentido común también se forma mediante la experiencia directa de las personas en su vida cotidiana. Cuando los conflictos alcanzan un punto álgido, los consensos que parecían inalterables se empiezan a resquebrajar –de ahí que cualquier Estado, además de su ejército de columnistas, siempre cuente con reservas sobradas de gas lacrimógeno–. Por eso esta intersección entre política y cultura no sólo es clave para el mantenimiento de un sistema, sino también para su sustitución. Quien aspire al cambio deberá pugnar porque sus ideas sean percibidas frente a las dominantes no sólo como óptimas respecto a lo adecuado de su propuesta, sino sobre todo que sean percibidas como posibles y razonables, como una opción capaz de concitar consensos en torno a ellas, como algo que trascienda el reducto de lo crítico para pasar a lo general[6].

Tendríamos así otro par de conclusiones definitivas. La cultura entendida como estructura de un sistema es la que le permite crear sentidos comunes para lograr su legitimidad respecto a sus gobernados. Esos sentidos comunes son responsables, en gran parte, de la identidad de las personas.

Si recuerdan, en el capítulo tercero hablamos de cómo la clase media había colonizado como identidad aspiracional al resto de clases, es decir, que los consensos, los sentidos comunes de la sociedad, se habían vuelto neoliberales. Con el ejemplo de la distopía, lo que pretendemos es quitar fatalismo al asunto, ya que, a veces, el análisis político tiende a parecer tan inapelable que conduce más al desánimo que a la acción.

Si la hegemonía, los sentidos comunes dominantes, no se pudiera disputar, ni yo estaría escribiendo este libro ni ustedes estarían leyendo estas líneas. Cinco millones de personas no habrían votado a la izquierda en las últimas elecciones. No se producirían nunca huelgas, manifestaciones, revueltas y revoluciones. La hegemonía afecta de gran manera a la identidad, pero también las experiencias directas, nuestro día a día. Esa tensión, que a menudo se vuelca hacia el lado del orden establecido, en ocasiones cae del lado del cambio. En el periodo de crisis, todo el complicado entramado cultural, todo el perfeccionado sistema de consensos, no valió de nada ante la experiencia cotidiana de los despidos, los desahucios y los recortes.

---

[6] D. Bernabé, «Contra el mito de la cultura popular», *La Marea,* edición digital, 3 de mayo de 2017 [https://www.lamarea.com/2017/05/03/mito-la-cultura-popular/].

Nuestra identidad, que era la de aplicados ciudadanos de clase media aspiracional que sólo hacían política el día de las elecciones y pasaban el resto del tiempo perfeccionando sus estilos de vida, se transformó por el conflicto cotidiano. De repente las calles se llenaron, las plazas rebosaban de debate y palabras como «manifestación» o «huelga» unieron sus significantes y significados. Aunque fuera de manera volátil, ya que no existía ningún partido ni sindicato con la legitimidad y capacidad de dar forma a la indignación, millones de personas recordaron quiénes eran por encima de lo que creían ser.

Es la identidad lo que nos hace plantearnos nuestra relación con el mundo: quiénes somos, qué problemas tenemos, quién nos crea esos problemas, por qué nos los crean y, sobre todo, si hay otras personas con identidades muy parecidas a las nuestras que sufren esos mismos conflictos. Es esta identidad la que nos hace tener conciencia, y esta conciencia es la que nos conduce hacia la ideología, que es una respuesta ordenada para emparejar unos intereses con unos retos, unas metas con sus resistencias.

La trampa de la diversidad, de la que venimos hablando a lo largo de todo este libro, es uno de los elementos más tenaces para evitar que hallemos esa identidad que nos lleve a la ideología de la acción política colectiva. Por el contrario, es la que nos proporciona una identidad atomizada que siempre acaba compitiendo en un mercado.

Si los proletarios del siglo XIX pasaron de ser una clase en sí misma a ser una clase para sí misma, encontraron su identidad y con ella su ideología, los proletarios del siglo XXI, esos que eran adictos al café y a la privación de sueño, como la chica de aquel anuncio, no actúan para sí mismos, no se reconocen siquiera en sí mismos, en su clase, sino que se piensan individuos aislados, soñadores, anhelantes de un dorado futuro aspiracional que nunca parece llegar.

En los apartados anteriores de este capítulo hemos visto que la trampa de la diversidad funcionaba a través de la cultura hegemónica; también nos ocupamos de intentar dar una noción, bastante general, del hecho cultural. En esos párrafos comentábamos que la irresistible fuerza de la cultura popular de consumo había hecho retroceder a la cultura popular tradicional en todo el planeta.

Hoy casi nadie en España, por ejemplo, es capaz de reconocer a Granados, Albéniz o Falla, saber cuál es el traje típico de su región o tocar el rabel, la gaita o las castañuelas. Sin embargo, casi todo el mundo está enormemente familiarizado con la música que la industria prescriba como masiva, bien sean las baladas roqueras en los ochenta, bien el reguetón de principios de esta década. Por otro lado, muchos tendrían que recurrir a un mapa para saber situar el Bernesga o Pedraza, pero casi todos sabríamos dónde está el Misisipi o Los Ángeles.

Podemos discutir si estos son hechos anecdóticos o trascendentes, o si olvidar cómo se toca la dulzaina pero saber sacarle todos los sonidos a una Gibson es algo positivo o negativo para nuestra sociedad. Nunca olvidar que, nos parezca lo que nos parezca, este fenómeno de desculturización vernácula no es elegido ni consensuado, ni mucho menos casual, sino que se trata de una imposición del sistema capitalista. A mayor homogeneidad entre los consumidores, a mayor diversidad controlada, más sencillo es vender productos, tangibles e ideológicos.

El tema se complica cuando esta desculturización empieza a tener efectos en la comprensión de nuestras comunidades. En el ámbito de la cultura como artefacto parece preocupante que hoy no sepamos reconocernos en *Los caprichos* de Goya o en las pinturas sobre los carnavales de Gutiérrez Solana. No estamos hablando, aunque lo parezca, de erudición en el campo del arte pictórico sino, más bien, de que esas pinturas causan ya el mismo efecto en un turista japonés que en un señor de Cuenca. Lo extraño es que, hasta hace no mucho, realmente hasta que la cultura popular tradicional desapareció del mapa, alguien que no supiera quiénes eran esos pintores sabía reconocerse en esas obras de arte, por la sencilla razón de que el lenguaje que hablaban era el de un sentido común compartido por todos.

Empezar a dejar de comprendernos, en nuestro contexto, tiene resultados negativos para la solución de algunos conflictos, véase el reciente caso catalán y su contraparte españolista. Si las condiciones materiales son más críticas, esa pérdida de identidad diluida en la globalización capitalista puede tener no resultados negativos, sino catastróficos.

El islamismo, la ideología que entiende el islam como una religión que imponer, y su correlato armado, el yihadismo, están íntimamente relacionados con esta desculturización vernácula. No decimos que alguien arrasa una calle de cualquier ciudad europea con un camión como reacción a que sus tradiciones se están perdiendo, sino que la estructura ideológica que ampara esa atrocidad terrorista viene de una radicalización de la cultura excluyente, en este caso la religiosa, como efecto de las identidades débiles.

No es el objetivo de este libro analizar el terrorismo yihadista ni los discursos de odio que se lanzan en las mezquitas integristas. Apuntar, simplemente, que quizá la extensión de esta ideología criminal tiene algo que ver con las petromonarquías del golfo Pérsico, la destrucción del socialismo árabe y con esa manía de los norteamericanos y británicos de pensar que el mundo es siempre el patio trasero para sus tropelías geoestratégicas. El lunes 6 de diciembre de 1993, *The Independent* publicaba un extenso reportaje en el que un «hombre de negocios saudí que reclutaba muyahidines, ahora los [utilizaba] para proyectos de construcción a gran escala en Sudán». El titular del reportaje hablaba de que «un guerrero antisoviético pone a su ejército en el camino hacia la paz»[7]. Aquel hombre de negocios saudí era

---

[7] «La prensa británica tachaba en 1993 a Bin Laden de "guerrero antisoviético de paz"», *RT*, edición digital, 7 de diciembre de 2013 [https://actualidad.rt.com/actualidad/view/113428-bin-laden-paz-prensa-britanica].

Bin Laden, ocho años antes de convertirse en el terrorista más buscado del planeta.

En todo caso, de nada vale señalar el proceso que ha llevado al mundo árabe a caer en las garras del islamismo integrista cuando sucede un brutal atentado en suelo occidental. Como tampoco recordar que la mayoría de víctimas del yihadismo son musulmanas, ya que los atentados más atroces y frecuentes se producen en Siria o Afganistán. Lo ideal, obviamente, sería que la población occidental sacara conclusiones respecto a cuál ha sido el papel de sus Gobiernos en la desestabilización de Oriente Medio. Lo real es que el terrorismo cumple su papel y los ciudadanos buscan asideros a los que agarrarse a la desesperada.

Como veíamos en el anterior capítulo, la ultraderecha está obteniendo opíparos beneficios sociales y electorales del terrorismo islamista. No es raro ver, en las redes sociales, cómo cuentas de marcado carácter fascista, pero también otras que parecen tan sólo personas conmocionadas, lanzan insultos contra toda la comunidad islámica, en su mayoría pacífica, utilizando además imaginería épica medievalista. Mal asunto cuando toda la respuesta que tenemos que oponer al terrorismo del siglo XXI son las cruzadas del siglo XII.

La izquierda, a nivel europeo, parece incapaz de componer una respuesta que no le haga quedar fuera del tablero político cuando la cuestión del terrorismo yihadista entra en escena. Ya no se trata de proponer las estupideces que los analistas de tertulia televisiva llaman soluciones –nadie, más allá de las obvias, los servicios de inteligencia y la acción policial, las tiene–, sino de, al menos, trazar un discurso en el debate público que frene el ímpetu ultraderechista y la xenofobia, pero que también ponga coto, firmemente, a las tentaciones islamistas –que no islámicas–.

La izquierda manejó durante años la idea de multiculturalismo con ligereza. Es fácil declararse multiculturalista en un festival de música étnica o sentir curiosidad por la cultura de tu vecino, un millonario de Brunéi, desde una urbanización residencial en los Hamptons. El multiculturalismo es más difícil de aplicar en las *banlieues* de París; en Molenbeek, Bruselas; o en Carabanchel,

Madrid. Básicamente porque, cuando la precariedad entra por la puerta, eso llamado integración, solidaridad o comprensión mutua salta por la ventana.

No es objeto de este libro analizar los problemas migratorios o el fenómeno de los nacionales hijos de inmigrantes que no se adaptan/son rechazados por su país de nacimiento. Este libro tampoco tiene nada que aportar en cuanto a los modelos de convivencia, las políticas de integración o las dificultades de las culturas para entenderse. Sí constatar una obviedad en este sentido: los barrios en los que convive una población de una mayoría nacional, religiosa y étnica con otras poblaciones, bien nacionales, bien inmigrantes o de religiones y etnias diferentes, no son el infierno cotidiano que pinta la ultraderecha. Pero tampoco el ejemplo de convivencia que un activista por la diversidad suele describir en sus intervenciones. El ejemplo francés, donde la libertad religiosa choca a menudo con los principios laicos de la república, es un buen ejemplo para ver cuál es la actitud del mundo progresista en estos problemas.

Desde mediados de los años noventa se producen en Francia una serie de conflictos periódicos en torno al vestir dogmático religioso de las mujeres islámicas. El hecho es que las mujeres islámicas usan una indumentaria especial por prescripción religiosa, no por moda o por otro tipo de condicionante político. El hecho es que los hombres musulmanes no se ven obligados por su religión a usar una indumentaria concreta. Esa indumentaria varía dependiendo del país donde nos encontremos, esto es, dependiendo de la interpretación de la ley islámica, indiferente de la civil en gran parte del mundo musulmán. Esto no es tan sólo una cuestión de espacio, sino también de tiempo, ya que, restringiéndonos al Magreb y a Oriente Próximo, lo que hace unas décadas era una tradición en retroceso, amparada por la laicidad de algunos Estados panarabistas, hoy es un lugar común, fomentada a todas luces por la influencia de las dictaduras teocráticas del golfo Pérsico.

El hecho es que los musulmanes europeos, primero inmigrantes, ahora nacionales, han seguido un camino paralelo, aunque atenuado, que el de sus equivalentes de credo de la otra orilla. Algunas mujeres musulmanas europeas practicantes pueden no llevar una indumentaria diferente por decisión propia, ninguna se ve obligada legalmente a vestir religiosamente, un número creciente de ellas recuperan o adoptan por primera vez formas doctrinales en el vestir[8].

Si hablamos de que en Francia existe un debate es, esencialmente, porque ese debate puede tener lugar, ya que en este país no existen leyes que dicten la obligación de vestir de una forma determinada en función de tal creencia religiosa. El debate no sería posible en muchos países donde la ley civil es sustituida por la ley religiosa, en este caso la islámica, donde las mujeres tienen unos derechos de ciudadanía reducidos respecto a los hombres.

Ante estas polémicas, la respuesta del llamado feminismo islámico o de una parte del feminismo posmoderno ha sido la de simpatizar sin ambages con las mujeres que usan estas vestimentas religiosas. Los argumentos han sido la defensa de la libertad de elección de la mujer, así como realizar unas lecturas en clave de la defensa de la identidad. Además, consideran que cuestionar esta forma de vestir implica machismo, racismo y colonialismo. Las mujeres retan con sus cuerpos al Estado racista francés, suele ser la conclusión que sacan.

Parece razonable pensar que las leyes laicas lo que vienen a defender es que ninguna persona tenga que usar un tipo de indumentaria dependiendo de su sexo. Parece razonable pensar que el clima tras los múltiples atentados yihadistas en suelo europeo hace que la utilización de estas leyes sea una forma soterrada de perjudicar a la población islámica, da igual si de origen nacional o inmigrante. Parece razonable pensar también que es cierto que muchas mujeres musulmanas, curiosamente más jóvenes que de mediana edad, vuelven a estas formas de vestir dogmáticamente como un modo de reclamar su identidad.

¿Debe estar la izquierda interesada en por qué las mujeres jóvenes musulmanas de países occidentales recuperan el hiyab o

---

[8] D. Bernabé, «Entre la idea y la realidad», *La Marea,* edición digital, 24 de agosto de 2017, [https://www.lamarea.com/2016/08/24/la-idea-la-realidad/].

usan el *burkini*? Sin duda es un tema interesante y por analizar, pero lo que realmente debería preocupar a la izquierda es defender la libertad de aquellas mujeres que desean no vestir religiosamente y no pueden, y, desde luego, pensar, como en el tema de la prostitución, cuál es la naturaleza de los argumentos que se utilizan en su defensa.

Cuando desde parte del activismo feminista se expresa que el cuerpo de la mujer es un campo de batalla, se alude a una realidad en la que la volumetría física femenina, su vestuario, su peso y su vello corporal se ven sometidos a una serie de imposiciones, no regladas pero efectivas, por parte de la estructura cultural del patriarcado. Lo desconcertante es que, asumiendo este hecho como cierto y peleando, por ejemplo, contra la cosificación del cuerpo de la mujer o un sistema de tallaje en la ropa que uniformiza, con graves consecuencias para la salud, a las mujeres, se acepta como un hecho positivo que una religión imponga diferencias en el vestir entre hombres y mujeres. De la deconstrucción del micromachismo volátil a defender un dogma religioso como un signo de empoderamiento hay un paso en el activismo contemporáneo.

Evidentemente, decíamos, las mujeres musulmanas occidentales, ante lo que perciben como un ataque a su identidad, intensifican con escrupulosidad el uso de su indumentaria. Lo cual es una buena descripción de un fenómeno del que desconocemos por qué se extrae una lectura progresista. La identidad es tanto abismo como oportunidad, y aceptar acríticamente que su reivindicación es un avance equivaldría a santificar que la tradición nacional-católica que imponía unas estrictas normas de vestuario, función y comportamiento a las mujeres, en aras de su identidad española, es también algo que defender. Lo extraño no es que el gerifalte falangista acabara en un prostíbulo mientras que su abnegada mujer paría y mantenía el calor del hogar encendido para el reposo del guerrero, lo extraño es que el activismo contemporáneo utilice argumentos que avalen esta situación.

La defensa de la libertad individual, que es otra de las maneras en que se defiende el uso del dogmatismo religioso, entronca directamente con ese neoliberalismo que corre sub-sumido en nosotros no a modo de ideología, sino como la única forma «posible» de pensar. Seguramente todas la mujeres que usan hiyab declaren ante una encuesta que lo utilizan por-que así lo desean, de la misma manera que las mujeres del Opus Dei declararán que no usan métodos anticonceptivos por decisión propia. ¿Cuál es la libertad del individuo ante la educación y la imposición de grupos cerrados? ¿Desde cuán-do la izquierda analiza las decisiones humanas desligándolas de su contexto material? Desde que la trampa de la diversidad entró en escena. Resulta muy difícil dilucidar en la decisión de estas mujeres qué responde a su libertad y qué responde a la imposición de su comunidad, de su marido, de su tradición o de su educación.

Respecto al etnocentrismo europeo, al neocolonialismo, a la superioridad moral de las ideas occidentales, lo que encontra-mos es la aceptación por parte del activismo de que los grandes relatos son por completo imposibles. Sí, la modernidad europea fue la culpable de las cámaras de gas y del imperialismo, como fue la responsable de la idea de los derechos humanos universales. El verdadero paternalismo, casi hasta racista, es analizar al otro desde unas coordenadas en las que su diversidad, su especifici-dad, le impiden ser partícipe de unos avances que, al menos a juicio del que escribe, deberían ser de aplicación universal. La idea de que el hombre y la mujer son iguales en derechos y obli-gaciones es una buena idea en Marsella, Orán y Buenos Aires, y la izquierda lo que debería buscar –lo que de hecho buscó a lo largo del siglo XX– es que su aplicación resulte efectiva. El he-cho de que la mujer en los países occidentales aún sufra grandes desigualdades con respecto al hombre no nos debería conducir a un intento, torpe, de señalar esa hipocresía cayendo en brazos de cualquier pulsión identitaria regresiva de otras culturas del planeta. Como bien nos explica Seyla Benhabib:

> El universalismo no es sólo un término de investigación cog-nitiva: tiene un significado moral igualmente importante. Lo aso-ciaría con el principio de que todos los seres humanos, más allá

de la raza, el género, la preferencia sexual, el entorno étnico, cultural, lingüístico y religioso, deben considerarse como iguales morales y por lo tanto deben ser tratados como si tuvieran igual derecho al respeto moral [...] La interpretación de las culturas como totalidades herméticas, selladas e internamente autocoherentes es insostenible y refleja una sociología reduccionista del conocimiento [...] Resulta teóricamente peligroso equiparar la búsqueda de una persona para expresar su identidad única con la política de la identidad y la diferencia. El error teórico proviene de la homología entre reivindicaciones individuales y colectivas, facilitada por las ambigüedades del término *reconocimiento* [...] Yo diría que el derecho del yo moderno a la expresión auténtica de sí mismo deriva del derecho moral del yo moderno a la búsqueda autónoma de una buena vida, y no al revés[9].

El paternalismo y la superioridad moral de la alucinación de la diversidad como producto vienen, precisamente, de pensar que la cultura tiene una vida independiente de su sustrato material y que, de esta forma, otras culturas, entendidas como expresiones de los pueblos que han sufrido el colonialismo, son siempre susceptibles de defenderse en su totalidad, ya que, de una manera inconsciente, se les atribuye un gran valor en este mercado. La ablación sexual femenina es intolerable, casi tanto como pensar que quien la practica y la impone, como explica Benhabib, forma parte de una cultura hermética y aislada. Resulta repugnante que los saudíes, los cuales son lo suficientemente permeables para conducir Ferraris, ser seguidores del Real Madrid o disfrutar a escondidas del whisky escocés, reclamen un respeto a sus tradiciones religiosas, a su cultura, cuando de lo que se trata es de encerrar a sus mujeres bajo siete llaves. Y es desconcertante que el activismo europeo progresista asuma como algo benéfico para el feminismo el imperialismo cultural de las dictaduras wahabíes. La trampa de la diversidad convoca monstruos, y en base a su teorización

---

[9] S. Benhabib, *Las reivindicaciones de la cultura, igualdad y diversidad en la era global,* Buenos Aires, Katz, 2006, pp. 63, 77 y 101.

posmoderna acabe, esperemos que sin darse cuenta, comulgando con oscuridades neomedievales, las islamistas, y alimentando otras, las fascistas.

Los conflictos culturales y religiosos son la expresión de los conflictos que el capitalismo en su encarnación neoliberal ha sembrado por el mundo. Que la izquierda se enfrente a ellos desde el relativismo cultural, desde la defensa de una diversidad que hoy es correlato del mercado, con el objetivo de no caer en actitudes racistas, alimenta ese racismo. El primer derecho universal y humano es el de la vida, y su defensa debe ser constante en aquellos países que han sido utilizados como peones en un tablero de ajedrez para resolver disputas imperialistas, pero también en suelo europeo y norteamericano.

El terror integrista es un hecho, bien como una furgoneta atropellando ciudadanos en Las Ramblas, bien como un coche atropellando ciudadanos en Charlottesville. La única defensa civilizadora ante este terror es una que la izquierda parece haber olvidado: el proyecto del universalismo, el laicismo y la radicalidad republicana.

La idea de que las leyes civiles deben imponerse sobre las creencias religiosas debe ser un punto de partida común para resolver nuestros conflictos, es una buena idea que reivindicar. Al igual que la idea de que esas leyes civiles, impulsadas por el concepto de derechos humanos, deben ser aplicables en cualquier punto del planeta, independientemente de especificidades culturales y religiosas. Todo individuo debe tener el derecho de profesar una religión o sentirse representado en una cultura, como a ser ateo y poder abandonar la cultura de su grupo si lo desea. Ninguna cultura ni religión pueden imponerse, ninguna cultura ni religión pueden ir en contra de los derechos humanos. Esto es solidaridad, esto es una defensa de la diversidad real y no cosificada. Este debería ser el punto de partida para la izquierda y, en esencia, para cualquier persona, progresista o conservadora, que se posicione frente a la barbarie que vuelve agitando banderas de odio.

Pero la radicalidad republicana debería ser garante, también, frente al proyecto fanático que sitúa el lucro por encima de cualquier otra consideración, que arrasa identidades e impone una diversidad muy particular, aquella en la que los derechos de la persona sólo son accesibles mediante su capacidad de consumo. Sólo tenemos derecho a nuestro reconocimiento en la medida en que lo podamos pagar, en la medida en que compitamos contra otros. Sólo tenemos derecho a ser nosotros mismos si otros no pueden siquiera tener un nombre y una voz propias. Puede que en Wall Street no porten cruces gamadas ni enseñas negras del Dáesh, lo cual no implica que sean menos peligrosos.

VIII

JÓVENES PAPAS, VIEJOS COMUNISTAS

El último capítulo de esta historia comienza donde se inició, en la ciudad de Nueva York. La fecha hemos de situarla unos años después, el 30 de abril de 1939, cuando aún faltaban unos meses para que la Wehrmacht invadiera Polonia en nombre del Tercer Reich, cuando la Segunda República española fue derrotada por el fascismo 29 días atrás.

En un caluroso domingo de primavera, el presidente Franklin D. Roosevelt inaugura la Feria Mundial en la capital económica norteamericana, un evento que lleva por título *El mundo del mañana.* La ocasión es aprovechada por la NBC para dar inicio a sus retransmisiones mediante el inédito invento llamado televisión, unas 1.000 personas podían seguirlo a distancia a través de los 200 aparatos que existían en el área metropolitana de Nueva York.

La exposición se asienta en un espacio de más de 500 hectáreas donde numerosos países, pero también empresas, han construido pabellones que albergan las maravillas de la ciencia y la técnica. Albert Einstein pronunció el discurso de apertura ya con la noche cayendo, momento que se aprovechó para iluminar todo el recinto. Decenas de dignatarios, figuras de la ciencia y la cultura, artistas y gentes del mundo del espectáculo y alrededor de 44 millones de visitantes recorrieron sus pabellones en los meses en los que la Feria Mundial estuvo en funcionamiento. En el folleto que acompañaba a la entrada se podía leer: «Los ojos de la Feria están en el futuro, no en el sentido de mirar hacia lo desconocido ni intentar predecir los eventos del mañana y la forma de lo que vendrá, sino en el sentido de presentar una visión nueva y más clara del presente en preparación para mañana; una visión de las fuerzas e ideas que prevalecen»[1].

Sin embargo, entre lo que aquella exposición decía reivindicar y sus objetivos reales mediaba de nuevo una trampa. Este ha sido un libro sobre ideas y acontecimientos que son diferentes a lo que parecen. Y su fin no podría ser de otra manera. La Gran Depresión, la crisis económica que azotó el mundo tras la orgía de especulación desenfrenada y capitalismo salvaje de las primeras décadas del siglo XX, el contexto que dio pie al fascismo y a la posterior guerra, tuvo como consecuencia en EEUU la aplicación del New Deal por la Administración Roosevelt. Este *nuevo trato* consistió en un programa de inversiones públicas para reactivar el empleo, en un amordazamiento del libre mercado, en un intento primigenio por llevar adelante un Estado del bienestar. Los grandes propietarios de EEUU, a los que se respetó su posición y posesiones, su papel en la sociedad, entraron en pánico. La gente parecía adorar a Roosevelt, pero más allá, parecían empatizar muy bien con la idea de que la economía debía estar al servicio de la sociedad, y no al revés. Aquello no era la revolución bolchevique, pero introducía un factor correctivo en el poder de la burguesía norteamericana, liberal de palabra pero con simpatía hacia los nuevos regímenes de ultraderecha que habían triunfado en Europa. Y entonces pensaron qué hacer, cómo revertir aquella situación.

El 7 de abril de 1937 líderes del mundo económico e industrial se reunieron en el Hotel Pennsylvania de Nueva York para escuchar el discurso de uno de los miembros más eminentes del Comité para la Preparación de la Feria Mundial, ese evento que traería el mundo del mañana:

> En los últimos siete años, muchos de nuestros viejos valores, a través de las fuerzas económicas, se han venido abajo. El mundo está en un estado caótico. Y necesita liderazgo. La contribución que esta Feria debe llevar a cabo es revitalizar las re-

---

[1] «1939 New York World's Fair», en Wikipedia [https://en.wikipedia.org/wiki/1939_New_York_World's_Fair].

laciones de nuestro sistema con el ciudadano medio. La Feria debe ser pensada como una forma de mostrar cómo funciona nuestra democracia y cómo debe ser mantenida [...] Vendamos América a los americanos [...] Desórdenes, huelgas, desacuerdos, escisiones de todo tipo se desarrollan en el malentendido de intereses comunes [...] El trabajador de Detroit conoce a la máquina. Pero desconoce su significado. Esta Feria debe dramatizar nuestro sistema y qué significa y ha significado para el pueblo americano [...] Los millones que visiten la Feria verán nuestras instituciones en sus formas concretas. Pero más allá de eso, las instituciones industriales, económicas, sociales y políticas, que han hecho a América, deben ser asociadas a nuevos valores mostrando sus relaciones con nuestra libertad [...] Cada aspecto de la actividad económica debe ser presentado, debe tener espacio en esta Feria. Pero no sólo ser presentado como es. Sino también presentado en términos de su importancia para nuestro sistema, y para el futuro de nuestro sistema [...] Es vital que los significados de las cosas para nuestra vida y para nuestro sistema de vida sean claros para nosotros, de modo que pueda haber una comprensión de lo que todas estas cosas significan para las aspiraciones, los deseos y las esperanzas de quienes los ven [...] En otros tiempos los métodos de transmisión de ideas eran escasos y poco desarrollados. La propaganda o la educación del público, llámenlo como quieran, estaban poco desarrolladas. Hoy, con las grandes redes de transporte de información en el país, las ideas son transmitidas con fuerza y efectividad a todas las partes del mundo[2].

El eminente miembro que pronunció estas palabras es un viejo conocido para nosotros: Edward Bernays, si recuerdan, el creador de las antorchas de la libertad. Lo que Bernays vino a decir al grupo de grandes empresarios que estaban detrás de la

---

[2] E. Bernays, *The New York world's fair, a symbol for democracy,* Nueva York, Wickersham Press, Inc., 1937, pp. 3, 4, 5 y 10. Yale University Library, Beinecke Digital Collections [https://brbl-dl.library.yale.edu/pdfgen/exportPDF.php?bibid=11915254&solrid=4161671].

Feria Mundial de Nueva York fue que no debían conformarse con hacer, simplemente, publicidad directa de sus productos en sus pabellones, dejando a los países, a los Estados, al público, la hegemonía sobre la idea de libertad y democracia. Que lo que debían hacer era situar a la iniciativa privada, a sus empresas como los garantes, los creadores, de la democracia y la libertad. Así EEUU, su democracia, no sería el resultado de una revolución, de un proceso histórico, no sería consecuencia de la lucha sindical y política de los trabajadores, de las instituciones públicas, sino un producto asociado a ellos, a los grandes empresarios. El capitalismo y el libre mercado pasaban a ser así no un sistema por el que se regía América, sino el único sistema que podía existir para preservar la democracia. El capitalismo era América, los americanos eran el capitalismo.

Cuatro décadas después, en 1975, Thatcher pronunciaba un discurso muy similar. Un discurso que recogía esta trampa, aquella en la que el país, la nación, se identificaba con un sistema económico interesado y arbitrario. Aquella en la que la libertad estaba unida indisociablemente a la libertad de empresa y en la que los individuos eran más ellos cuanto más se integraran en el mercado.

Hoy somos incapaces de imaginar un mundo alternativo a este, de distinguir el neoliberalismo de fenómenos como los amaneceres o la lluvia. La política ha perdido por completo su autonomía, quedando relegada a un juego de seducción frente a unos ciudadanos que compiten identitariamente por verse representados en ella, que compiten en sus trabajos, que compiten en su vida cotidiana contra otras personas y contra ellos mismos, en una carrera angustiosa y desesperada.

La izquierda, presa de este mercado, cosificada también como una mercancía, presenta su seducción a través de las políticas de la diversidad. Una vez que se ha visto incapaz de alterar el sistema, de cambiar las reglas del juego, las acepta y, creyendo aún desempeñar un papel transformador, su única función es resaltar lo minoritario, lo específico, exagerar las diferencias, proporcionar una representación no sólo a mujeres, homosexuales o minorías raciales, sino a toda la clase media aspiracional.

Terry Eagleton hace un buen resumen de la situación, de lo que en este libro hemos llamado la trampa de la diversidad y de las consecuencias que ha tenido para la política de izquierda:

> En lo cultural se nos debe tratar a todos con el mismo respeto, pero en lo económico la distancia entre los clientes de los bancos de alimentos y los clientes de los bancos de inversión no deja de crecer. [La izquierda] habla el lenguaje del género, la identidad, la marginalidad, la diversidad y la opresión, pero con mucha menos frecuencia el idioma del Estado, de la propiedad, la lucha de clases, la ideología o la explotación [...] Como señala Marx, ningún modo de producción en la historia humana ha sido tan híbrido, diverso, inclusivo y heterogéneo como el capitalismo, que ha borrado fronteras, derrumbado polaridades, mezclado categorías fijas y reunido promiscuamente una diversidad de formas de vida. Nada es más generosamente inclusivo que la mercancía, que, con su desdén por las distinciones de rango, clase, raza y género, no desprecia a nadie siempre que tenga con qué comprarla[3].

DESACTIVANDO LA TRAMPA

Si han llegado hasta aquí ya habrán reparado en ello, pero no viene mal volver a dejar constancia una vez más. Este no es un libro contra la diversidad, es decir, contra la pluralidad de nuestras sociedades. Este no es un libro contra la lucha de colectivos, minorías y mujeres por sus derechos civiles, por su correcta representación en sociedad. Por el contrario sí es un libro que trata de desvelar la transformación de la identidad en un producto aspiracional que compite en un mercado.

La hipótesis, tentadora por su sencillez, de renunciar a las políticas de representación una vez que la diversidad se ha vuelto un producto identitario, podría parecer la respuesta más obvia para concluir este libro. Muerto el perro se acabó la rabia.

---

[3] Eagleton, *Cultura,* cit., pp. 45, 49 y 177.

Sin embargo, debemos ser más cuidadosos y más exigentes en encontrar una salida al laberinto.

En primer lugar, porque aunque las políticas de representación dieron sus frutos, o mejor dicho, dio sus frutos la lucha de los diferentes colectivos para que esas políticas se llevaran a cabo, hoy vivimos un preocupante momento regresivo a todos los niveles. En España más de 1.000 mujeres han sido asesinadas en los últimos 14 años[4], las agresiones al colectivo LGTB van en aumento, la xenofobia vuelve a ser parte del discurso dominante. Renunciar a las políticas de representación equivaldría a ponernos la soga al cuello.

En segundo lugar, si recordamos, hablamos de que la representación y la redistribución estaban relacionadas, o cómo donde existía una discriminación de género, raza u orientación sexual también había una explotación económica tras la misma. Es decir, el capitalismo no codifica culturalmente una discriminación sólo por dar rienda suelta a un hipotético espíritu de sadismo –tampoco descartamos su existencia– sino porque necesita marcar a unos grupos determinados para que la explotación económica sea posible o más efectiva. Es decir, es imposible entender el capitalismo neoliberal sin su faceta discriminativa de la diversidad, de la misma forma que es imposible articular una respuesta coherente si tomamos cada una de estas diversidades de forma separada.

En tercer lugar, hay que recordar que a pesar de que la diversidad como producto opera en un ámbito cultural, la base para su posibilidad es netamente material. Para que la identidad de clase trabajadora tornara en una identidad aspiracional de clase media y con esta viniera un gusto agónico por refugiarnos en nuestras peculiaridades, hizo falta toda una política para volver hegemónicas las ideas del neoliberalismo, pero también un esfuerzo para destruir la base real sobre la que existía la antigua

---

[4] EFE, «Las cifras de la violencia machista: 1.000 mujeres han sido asesinadas en los últimos 14 años», *El Diario,* edición digital, 24 de noviembre de 2017 [http://www.eldiario.es/sociedad/violencia-machista-asesinados-estadisticas-oficiales_0_711479187.html].

clase trabajadora. O dicho de otra forma, si hoy nos percibimos como individuos ultraespecíficos y aislados, de lo que extraemos nuestra relación con la política, es gracias a que se nos ha bombardeado constantemente con estas ideas a través de la información y el entretenimiento. Pero también a que rara vez trabajamos en una empresa de un tamaño apreciable donde nuestra comunidad esté construida alrededor de esa actividad económica.

Esta atomización de la clase trabajadora, siempre en el contexto occidental, no se ha producido de forma uniforme ni en el tiempo ni en el espacio. De ahí que aún existan las huelgas relacionadas con lo laboral, pero también de ahí que estos conflictos decrezcan o cubran una parte menos significativa de la sociedad. Este no es un libro sobre el mundo del trabajo, el papel de los sindicatos o la composición de la clase trabajadora, sí sobre los procesos culturales que han facilitado que esa clase trabajadora haya perdido conciencia de sí misma.

Estos tres puntos, la regresión en asuntos de discriminación, la naturaleza doble de esa discriminación también como explotación y los cambios productivos que han atomizado a los trabajadores, hacen que la propuesta de prescindir de las luchas de representación para centrarnos únicamente en las luchas de clase, esto es, las redistributivas, no sea una salida factible. Lo que no implica que el activismo, la izquierda, deba volver a analizar la relación que existe entre el concepto de clase y los grupos susceptibles de ser encarnados por la diversidad.

Como hemos repetido varias veces, en primer lugar, porque las luchas simbólicas no pueden ser excusa para rehuir la falta de propuesta o de capacidad para intervenir en las luchas económicas. Se discute de forma reiterativa, casi asfixiante, cómo debemos expresarnos, cuál debe ser el papel de la izquierda frente al multiculturalismo o cuál es el encaje correcto de los géneros no binarios en una manifestación feminista, para acabar en disquisiciones acerca del origen animal de los lubricantes sexuales, el papel del poliamor en la crianza de los hijos o la conveniencia del pornoterrorismo como creador de consensos. Alguien podría pensar que la izquierda, puesto que, hoy y aquí, carece de soluciones para la trampa crediticia de financiación nacional, el papel decreciente del sindicalismo respecto a los nuevos empleos desestructurados o la función de las fronteras en un mundo polarizado, encuentra una cierta satisfacción en las cuestiones citadas al principio de este párrafo, cuya importancia tiende a ser más notoria cuanto menor sea el número de personas afectadas.

¿Estamos afirmando que dar una respuesta a la troika es más importante que las políticas de la diversidad? Por supuesto que lo afirmamos. No es una cuestión moral, no se trata de superponer los intereses de unos grupos sobre otros, sino, simplemente, de darnos cuenta de que determinadas cuestiones en el ámbito material son profundamente transversales, nos afectan a todos.

Cuando publiqué en la revista *La Marea* el artículo que dio pie a este libro, «La trampa de la diversidad, una crítica al activismo», una de las respuestas más inquietantes que recibí fue la de una mujer joven, por lo que pude ver, feminista activa y con conciencia política desarrollada. Lo que me vino a decir fue que no hacía falta haber montado aquella polémica para pedir que se hiciera más caso a los trabajadores. Gracias a esa contestación, el fenómeno, simplemente esbozado en aquel texto, se volvió tan diáfano como preocupante.

Para esta joven, el concepto «trabajadores» no hacía referencia a la clase social, sino a un grupo muy concreto de hombres, españoles, blancos, de mediana edad, heterosexuales, cis, omnívoros, con mono azul y, presuntamente, seguidores del Real Madrid. En el mercado de la diversidad que ella sin darse cuenta asumió estaban los gais con sus cosas de gais, los musulmanes con sus cosas de musulmanes y los trabajadores con sus cosas de trabajadores, ya saben, piquetes en Duro Felguera y asambleas fumando tabaco negro y vistiendo chaquetillas de lana. Y posiblemente, en este universo, también estarían las feministas, que seguramente no responderían a las mujeres con conciencia política de sí mismas, sino a las mujeres jóvenes muy parecidas a ella.

El ejemplo, que es tan real como el papel que sostienen entre sus manos, no es por otra parte rebuscado ni exagerado. Para gran parte del activismo que hoy es considerado joven, pero que mañana ocupará las cátedras, las tribunas de opinión y la dirigencia de los partidos políticos de izquierda, la lucha política consiste en una relación de esferas escindidas ocupadas por grupos oprimidos que requieren atención dependiendo de la polémica dictada por la televisión o algún suceso puntual que los sitúe como centro de las desdichas. Hablamos de futuro, pero lo cierto es que hoy gran parte del ámbito de la izquierda, desde el progresismo más atenuado hasta el activismo más radical tiene esta visión de las cosas.

Asumir que existen conflictos autónomos al de capital-trabajo no es lo mismo que asumir que esos conflictos son estancos e independientes los unos de los otros. De hecho, como vimos, ninguna persona se ve afectada tan sólo por conflictos de clase, raza o género, sino que estos aparecen unidos en la vida cotidiana. Aunque esta articulación parece obvia, su paso de la mesa de discusión a la actividad política no suele dar los resultados esperados.

La razón es que el conflicto material, aunque sea reconocido, es situado en la misma dimensión de los problemas de la diversidad, ubicado paralelamente a estos. Intentemos imaginarlo de forma visual. Piensen en varias líneas verticales. La primera línea sería la de la clase social, la segunda la del género, la tercera la de la orientación sexual, a continuación vendrían la raza, la religión y tantas como especificidades diversas imaginen. Estas líneas irían paralelas por lo que no cabrían interacciones entre ellas, por lo que la actividad política o bien sólo estaría dentro de uno de estos apartados o bien cambiaría, como invitada, de uno a otro. La realidad es que para que este esquema visual sea acertado, la clase social debería ser una línea horizontal que atravesara a los demás conflictos, a las demás líneas verticales. De hecho, para pasar del acierto a la exactitud, estas líneas deberían ser una intrincada red que, en una gran parte, quedaría bajo la influencia decisiva de la clase social.

Y llegamos a uno de esos puntos de conflicto irresoluble bajo la bonhomía del activismo contemporáneo. ¿Estamos afirmando que la clase social escinde la unidad de las mujeres, de los gais o de los inmigrantes? Lo afirmamos sin ninguna duda, pero haciendo una importante precisión: no se trata de que quien reclame el papel transversal de la clase conspire para romper estos grupos de la diversidad, sino que solamente visualiza, adelanta, una ruptura que es cierta, existente.

Uno de los principales valores de la huelga feminista del 8 de marzo de 2018 fue que en su preparación se visualizaron todas las contradicciones que provoca divorciar una política identitaria de su punto de partida material. Al margen de las enormes dificultades que, como en cualquier huelga, las trabajadoras tuvieron para secundarla, se encontraron con el añadido de que todas aquellas mujeres de clase alta, con conciencia de pertenencia a su clase, por muy feministas que se declararan, no sólo no participaron en la huelga, sino que en la mayoría de los casos hicieron lo posible para que esta fracasara.

Por supuesto que las mujeres y personas LGTB que pertenecen al ámbito de lo dirigente o de lo propietario encontrarán en sus vidas discriminaciones, por otro lado bastante atenuadas por su cargo y su escala social. Saben, perfectamente, de su condición. Conocen, de hecho, que sus iguales en género u orientación sexual sufren esas mismas discriminaciones con una intensidad mayor. Y, quizá, dependiendo de su sensibilidad, realicen alguna acción simbólica o filantrópica para paliar la discriminación. Pero lo que es seguro es que cuando su identidad de mujer o de LGTB entre en contradicción con su clase social, esto es, con el sistema económico, no dudarán en tomar partido por sus intereses materiales.

No hace falta profundizar en la herida, pero la historia y nuestro presente está lleno de ejemplos. Que este hecho no se perciba o, peor incluso, que parte del feminismo y lo LGTB *sans culottes* tome partido antes por su contraparte noble que por su correligionario de clase, es producto de la trampa de la diversidad. Sólo así se entiende que alguien pueda celebrar como un avance social que Merkel o May sean primeras ministras o que algunos activistas de la bandera arcoíris contemplen como un avance listas como la *Gay CEO in the Fortune 500*. La diversidad actúa aquí como un embalsamador de contradicciones, como un narcoléptico para la conciencia de los trabajadores y una pantalla para el despiadado sistema de clases. Lo aspiracional es el combustible para que esta trampa funcione.

Uno de los efectos colaterales es la creación de un absurdo y contraproducente egoísmo de la identidad. Llevamos nuestras especificidades a tal punto que al realizar una actividad política esta queda herida de especialización. Normalmente un grupo que ha sido discriminado tiende a realizar su identidad, a lucirla orgullosa como arma en todas las ocasiones que se le presentan. Lo que no implica que, en el terreno de lo real, su identidad no funcione permanentemente.

Por ejemplo, un homosexual lo es, esencialmente, en sus relaciones afectivas. De ahí, en cuanto que individuo, construirá formas culturales que expresen su identidad. Quizá vaya a algunos bares determinados, seguramente en el tiempo del ocio nocturno, pero usará el resto de establecimientos no específicos en la pausa para la comida en su empleo o cuando quiera disfrutar de una especiada cena india. De la misma manera, el homosexual cuando paga impuestos, es víctima de un ERE o sufre un accidente por el deficiente estado de la calzada, es tan sólo un ciudadano más. Es decir, la identidad diversa está continuamente presente en el debate público, entre otras cosas porque necesita competir en un mercado, pero en muchas situaciones de la vida cotidiana no afecta lo más mínimo a la persona que se declara parte de esa diversidad.

Por el contrario, es imposible deshacerse de la clase social. Si ese homosexual es de clase trabajadora quizá no pueda salir todo lo que querría a los locales de ocio nocturno de su comunidad, tirará de bocadillo antes que de menú del día en su jornada laboral y pagará impuestos con una declaración simple, sin recurrir a ingeniería fiscal o paraísos fiscales. Es más, posiblemente tenga más probabilidades de sufrir una agresión homófoba en un barrio convencional que en una zona residencial. Mientras que comparte con su comunidad de orientación sexual algunas facetas de su vida, algunos momentos, comparte con su clase todo el resto material de su existencia, aunque no lo perciba así. No se trata de que tenga que renunciar a su identidad gay, sino que debería reconocer su identidad de clase si es que quiere hacer frente a muchos problemas de su vida.

Si la izquierda, hasta los años setenta, no fue especialmente cuidadosa con las políticas de representación, con notables excepciones en el aspecto del feminismo en los países socialistas, ahora padece, como hemos visto a lo largo del libro, una sobrerrepresentación de la diversidad. Mientras que los movimientos sociales revolucionarios intentaron durante el siglo XX buscar qué era lo que relacionaba a grupos diferentes, el activismo del siglo XXI es adicto a exagerar las diferencias entre los individuos.

¿Qué era pues lo que relacionaba a grupos diferentes? La clase social, la construcción de una identidad sobre algo existente que tomaba conciencia de sí misma. Basándose en el papel que desempeñaban los trabajadores en el sistema productivo, se construía una potencialidad revolucionaria que atravesaba transversalmente nacionalidades, géneros, orientaciones sexuales y razas. Y esto, cabe recordarlo, no fue una simple proposición teórica, sino una mecanismo que dio resultados tangibles. No hubo una década en todo el siglo XX que no contara con una revolución, a menudo varias. Además esta ola no se circunscribió a un territorio o una cultura, sino que encontró eco, más allá de especificidades culturales, en los lugares más diversos y distantes del mundo.

El actual sistema de análisis del activismo contemporáneo recurre con soltura a los criterios de privilegios y opresiones, siempre ejercidas o sufridas en el ámbito individual, que se resuelven mediante una deseable revisión. Este enfoque del conflicto es, siendo amables, una forma complicada de encontrar lazos para la actividad política, cuando no un remedo del arrepentimiento religioso.

Por un lado, podemos concluir que es cierto que determinados grupos sufren opresiones, discriminaciones. Lo extraño es cuando no hay manera de ver unida la palabra explotación a este concepto. Mientras que la explotación es algo cuantificable, hasta el punto de la cifra, y quizá la discriminación alude a desventajas en aspectos concretos como el laboral, el sanitario o el judicial, eso llamado opresión es un ente abstracto que engloba desde cuestiones estructurales de gravedad hasta las deconstrucciones más peregrinas imaginadas por el activismo.

Si el concepto opresión es demasiado difuso, el de privilegio es directamente inoperante. Es cierto, por ejemplo, que un hombre blanco tendrá una serie de ventajas sobre una mujer negra, lo que no implica que ese hombre tenga privilegios, es decir, prerrogativas heredadas como si fuera un noble o un burgués. Esas ventajas masculinas derivan de un sistema cultural, el patriarcado y de uno material, el capitalismo, es decir, están estructuralmente formadas independientemente de que los hombres se aprovechen o no de ellas. Un privilegio, por el contrario, se lleva como una escarapela y pertenece siempre al individuo, aunque forme parte de un grupo. La utilización de esta palabra es inducida por la adaptación y traducción acrítica de términos desde el activismo universitario norteamericano. Pero sobre todo porque las ventajas son observables si se producen de forma repetida y por un grupo, mientras que los privilegios siempre operan en la esfera individual.

Esta tendencia, de clara influencia neoliberal, a situar al individuo y no al grupo como centro del activismo llega al paroxismo con el concepto de la revisión. Como las personas aisladas, descontextualizadas, son poseedoras de privilegios o receptoras de opresiones que intercambian en el mercado de la diversidad, la única forma que se encuentra para atenuar el conflicto es pedir a esas personas que revisen sus privilegios, es decir, que hagan acto de contrición para ver qué tipo de ventajas disponen y, sencillamente, dejen de hacer uso de ellas.

Por otro lado, y permitiéndonos el único párrafo cargado de cinismo en esta historia, si alguien descubre, revisándose, que tiene algún tipo de ventaja, o ya puestos, un privilegio, lejos de dejar de utilizarlo seguramente hará uso del mismo de una forma consciente y amplificada. No nos imaginamos al zar Nicolás II revisándose y llegando a la conclusión de que la estructura feudal de la que era cabeza simbólica era poco justa para su pueblo.

El etiquetado del individuo se hace así imprescindible para el activismo. De ahí que en los debates se esgriman, como armas, los diferentes productos de los que la persona puede hacer gala en la diversidad. Buscando ejemplos históricos lo único que nos viene a la cabeza es el juego de naipes de las siete familias. Un pintoresco divertimento infantil que parte de la época victoriana en la que mexicanos, indios, árabes, bantús, chinos, esquimales y tiroleses eran representados prototípicamente en sus papeles de padres, abuelos e hijos y en el que el objetivo era juntarlos mediante intercambios de cartas.

La mujer burguesa blanca es oprimida por el obrero blanco, pero, a la vez, oprime, por ser heterosexual, a la mujer blanca lesbiana y esta, por ser cis, a la mujer transgénero, y esta, por blanca, a la negra, y así hasta un inoperante campo de acción donde los individuos recitan, a modo de expiación de sus pecados, sus características diversas. ¿Quién gana la mano, mi hombre negro, heterosexual y migrante o tu mujer blanca rica y lesbiana? Puede parecer un chiste cruel, de mal gusto. Pero tal y como están planteadas las políticas de la diversidad resultan inoperantes para resolver conflictos intergrupales, cada vez más habituales en un escenario de escasez y ultracompetitividad.

Quizá sea el momento de recuperar dos palabras: acción colectiva. Lo primero que hay que empezar a pensar es cómo sacar a las luchas de la diversidad de su tendencia a la atomización, el fraccionamiento y el individualismo. El repaso a los conceptos que el activismo usa insistentemente no es una cuestión semántica, es la prueba de que las palabras reflejan siempre la ideología que las impulsa. Debemos dejar de pensar cómo hablamos para pasar a hablar como pensamos.

No necesitamos más victimización, agitación de la condición de ofendidos, ni deconstrucción de opresiones, necesitamos análisis sobre la explotación y las discriminaciones, medirlas, comprobar sus relaciones con el ámbito de lo real. No necesitamos teorización acerca de privilegios, sino entender cómo las clases sociales operan en nuestra sociedad y cuáles son las relaciones que mantienen con la diversidad realmente existente. Y, por supuesto, no necesitamos revisiones, un individuo no es un programa informático susceptible de fragmentarse y desfragmentarse, sino una entidad compleja, de una libertad restringida que parte de un entorno social que le marca insoslayablemente.

Toda lucha por la diversidad que no tenga un pie en lo material, que no piense cómo articular sus reivindicaciones hacia cuestiones económicas, es susceptible de ser apropiada por socioliberales, utilizada como cuña y parapeto por los ultras y, sobre todo, ser manejada por el neoliberalismo para sus intereses. Vivimos en un mundo en el que el juego de cartas victoriano vuelve a estar vigente, en el que se enfrentará, sin moral alguna, a estos grupos. Al igual que para la cuestión obrera se exige una actualización política en modos, formas y teorías, de la misma manera deberíamos repensar las luchas por la diversidad para sacarlas de la encrucijada donde se encuentran.

Ahora bien, esa salida no puede ser autónoma, si este libro partía de la hipótesis de que toda la política se había convertido en un objeto de consumo, no podemos esperar que la política de la diversidad, por sí sola, se libere de sus ataduras de mercado.

LA MUERTE Y LA PALABRA

El joven papa es una serie de televisión producida por la HBO en 2016. Ya saben, regusto cinematográfico, grandes interpretaciones y una historia ambiciosa. Aunque, paradójicamente, las series de televisión son uno de los baluartes en los que ahora se basan los estilos de vida, esta producción nos proporcionará una de las claves con las que poner punto y final a esta historia.

Al pensar en un papa joven, interpretado por el atractivo actor Jude Law, podemos creer que esta serie tratará sobre un revolucionario pontífice que llega al trono de Roma para cambiar la Iglesia católica de forma progresista. El personaje interpretado por Law es un hombre que debe rondar los cincuenta años pero que se conserva en buena forma física y cuyos diálogos con la curia vaticana están llenos de mordacidad. También es un personaje apesadumbrado por el pasado, del que llegamos a dudar de la sinceridad de sus creencias y que resulta, a menudo, arrogante y calculador.

Efectivamente es un papa revolucionario, pero no en el sentido que pensamos. Emprende un profundo cambio en la Iglesia para llevarla a sus raíces más profundas, a su espíritu más reaccionario, a su lado más conservador. Este extremista expulsa a los homosexuales de la estructura eclesial, restaura la liturgia en latín y se niega a que su imagen sea producto de consumo, por lo que mantiene un secretismo total en torno a su persona. Y todas estas medidas las toma por el desapego creciente de los fieles a la institución católica.

Inmediatamente entra en contradicción con el aparato político del Estado vaticano que, estupefacto, no entiende cómo a alguien en su sano juicio se le pueden ocurrir tales medidas para evitar que los fieles huyan de la Iglesia, cuando justo parece que esas medidas agravarán el problema. El cardenal Voiello, interpretado extraordinariamente por el actor italiano Silvio Orlando, encarna la oposición al nuevo pontífice. No por su carácter progresista, sino por ser la cabeza visible de la estructura política, una que, como todos los sistemas burocráticos, tiende a preservarse a sí misma. Si hay menos fieles hay menos ingresos, piensa Voiello, y eso es algo que la Iglesia como institución no se puede permitir.

Aunque la serie, por desgracia, entra en otros derroteros más individuales en sus últimos capítulos, la contradicción que plantea tiene que ver mucho con este libro, con el problema de la política como producto de consumo.

El joven papa, que aun tocado por la santidad tiene muy poco de iluminado, ha llegado a la conclusión de que Dios no es un *coach* ni la Biblia un libro de autoayuda. Lo que esta serie encarna es la lucha del último reducto previo a la Ilustración contra la posmodernidad, el hecho de que la Iglesia católica pierde fieles no por estar poco adaptada a sus tiempos y por ser poco dúctil, sino por todo lo contrario, por haberse convertido en un objeto de consumo. La Iglesia, con su tradición milenaria, habiendo sobrevivido a sistemas económicos, imperios, guerras y todo tipo de vicisitudes históricas, está seriamente amenazada porque no puede competir en el mercado de las diversidad.

La Iglesia católica no pugna contra otras Iglesias para atraer a los fieles, compite, recuerden, con los gimnasios y el *running*, compite contra los concursos televisivos, compite contra *El secreto* de Rhonda Byrne, compite contra la lotería, compite contra cualquier dispositivo identitario aspiracional. La salvación eterna, la figura de Jesucristo, las pinturas renacentistas, las catedrales y la liturgia de la misa, que durante siglos asombraron a los fieles, se han quedado pequeñas frente a la liposucción, Lady Gaga, YouTube, los parques temáticos y el MDMA.

El joven papa plantea una guerra asimétrica porque sabe que no se puede ganar al neoliberalismo en su propio terreno, por eso decide convertir a la Iglesia en un ente incodificable para el capital. Evidentemente en los primeros compases de su maniobra los fieles huyen despavoridos. Pero él sabe, atendiendo a las condiciones materiales como cualquier marxista, que si el capitalismo neoliberal es experto en pantallas y fuegos de artificio, también deja las vidas vacías, a las personas desesperadas y a la historia sin un horizonte al que dirigirse.

Aunque la serie de la HBO es una ficción nos proporciona una clave bien real: la Iglesia católica no puede competir contra otros productos en el mercado de la diversidad identitaria, no puede competir contra el neoliberalismo siendo neoliberalismo, por lo que tiene que expulsar al mercado de sí misma y encarar la lucha por su supervivencia ofreciendo no sólo otra forma de ser, de comportarse, otra identidad, sino una filosofía completamente diferente para tratar con el presente. La Iglesia era poderosa cuando era misterio, cuando Dios se mostraba omnipotente y despiadado, cuando la imponente altura de las catedrales y la incomprensible sonoridad de las palabras del sacerdote, sus movimientos calculados, traían la experiencia de la divinidad por unos instantes a la tierra.

Si la Iglesia católica, la milenaria institución que, presumiblemente, tiene al Altísimo de su parte, es incapaz de competir contra el neoliberalismo siguiendo sus reglas, jugando en el campo propuesto, la izquierda actual debería «revisar» su esperanza de competir siendo un producto más de esta sociedad. Blair y el New Labour quedaron hechos trizas hace ya bastante tiempo, es hora de hacer trizas sus sentidos comunes, sus verdades aparentes.

En estos últimos diez años los sistemas de análisis de datos han dado un salto exponencial. Lo que en la época de Clinton eran encuestas puntuales realizadas desde un centro de llamadas, hoy se han convertido en un permanente análisis de tendencias, estilos de vida y valores a través de todo el caudal de información sobre nosotros que cedemos cada vez que realizamos una búsqueda en Google, damos un *like* en Facebook o entramos a un comercio con nuestro móvil encima.

Si el sistema electoral siempre fue un juego adulterado, con la influencia de las tribunas de opinión, los informativos y los valores adheridos al entretenimiento, en nuestro momento esa capacidad de influencia se ha quedado pequeña. El cálculo de tendencias mediante algoritmos correctores usando el ingente torrente de datos que proporciona nuestra vida digital, cada vez más invasiva, hace que quede muy poco tiempo para que las elecciones sean un juego con posibilidad de sobresaltos. Situar el mensaje adecuado, seccionado para una audiencia hiperespecífica, en el momento justo es una forma de prácticamente asegurar la victoria electoral, pero también acabar de transformar la política y la relación que mantenemos con ella en un proceso envasado y muerto.

Cualquier izquierda mínimamente transformadora nunca tendrá al alcance estas herramientas de gestión y análisis de datos masivos. Esto unido a un gigantesco y perfeccionado sistema cultural de entretenimiento e información parcial hace que las posibilidades de obtener una simple victoria electoral se reduzcan dramáticamente. Pero también que la izquierda deje de tener sentido en un modelo de sociedad donde no tiene cabida.

Pensar que este conflicto se puede puentear mediante el populismo, el asalto a los medios o la desestructuración del lenguaje, pensar en definitiva que la izquierda puede resultar útil quitándose incluso el nombre es jugar a la ruleta rusa con el tambor cargado de balas. Incluso en el supuesto que se pudiera obtener una victoria electoral, los presupuestos con los que se habría alcanzado el poder tienen tan poco que ver con los originales que impulsaban a la izquierda, que convertirían la actividad de gobierno en un permanente quiero y no puedo, atados por las cadenas de la ofensa, las guerras culturales y el temblor hacia el sistema mediático.

Chris Marker dirigió en 1977 *Le Fond de l'air est rouge,* un documental en el que se trataba el estado de la izquierda. El título, que podríamos traducir como *La esencia del aire es roja,* proviene de un juego de palabras en francés que viene a decir que algo que parecía inminente o seguro, se ha quedado a la espera, en suspensión, que lo que parecía que iba a tomar cuerpo en la tierra permanece flotando difuso en el aire.

Ese algo, en 1977 era la revolución socialista. Hace 40 años aquella posibilidad seguía presente. Y no hablamos de forma metafórica, de un cambio más o menos superficial, de una expresión idealista. Hablamos de la posibilidad real de la revolución y la confianza de millones de personas en todo el mundo para llevarla a cabo. La suspensión, lo que en ese momento se leyó como un momento de espera, se debía a los apenas nueve años que habían pasado desde 1968. La pregunta era si aquel fuego revolucionario había sido extinguido de la historia o estaba esperando, agazapado, a que alguien lo reavivara.

En un pasaje de la película, Marker nos muestra las imágenes de una cadena de montaje en una fábrica de automóviles, la voz de un hombre nos relata una historia:

> 11 de abril de 1968. Dentro de unos minutos, cuando acabe el trabajo, iré a montar guardia junto al ataúd de un tal Léon Nicaud, que ha muerto a los ochenta y dos años de edad. Muerto, como todos los comunistas auténticos, en la más completa miseria. Su familia fue el Partido. Su vida fue el Partido. Lo fundó y lo llevó en los brazos durante más de 20 años. Fue apaleado más de 20 veces por la policía a caballo o los antidisturbios. Fue interrogado mil veces por la policía. Pasó varios años de su vida en prisión. Yo le conocía, lo justo, para saber que su inteligencia era muy superior a la media. Tenía una gran humildad, ternura y una paciencia infinita. Lo sacrificó todo por el Partido, por la clase trabajadora, incluida su familia. Nunca tuvo tiempo para vivir, para viajar, para disfrutar de alguna de esas cosas por las que había batallado [...] La clase obrera no es bella, ni buena, ni

romántica. Es brutal. La clase obrera tiene razón. No necesita ser explicada[5].

¿El tal Léon Nicaud era mejor que el activismo contemporáneo, que la izquierda actual? ¿Más honrado, más consciente, más dedicado? Posiblemente. Pero esa no es la cuestión que nos ocupa. El tal Léon Nicaud, realmente millones de mujeres y hombres como él, dedicaron su vida al partido comunista o al sindicato anarquista porque sabían que lo político no era algo ajeno a sus vidas, incluso que la única forma de mejorar sus vidas era a través de la política.

Durante el siglo XX la política era un acontecimiento social transversal a todas las clases, a todas las nacionalidades, a todos los géneros y las razas. La llevaba a cabo el senador desde su tribuna legislando, la ponía en práctica el gran industrial comprando voluntades, pero también era propiedad del sindicalista, del estudiante, del último cuadro del partido en el pueblo más recóndito. Hacía política la profesora, la escritora, la madre educando a sus hijos. La política no era algo ajeno a la vida cotidiana, algo puntual que se daba en la jornada electoral, algo esotérico que sólo comprendía un conciliábulo de expertos.

El gran triunfo del neoliberalismo no fue ni siquiera poner a hablar a la izquierda en su lenguaje, a pensar en sus términos. Fue lograr que el hecho político desapareciera de la vida cotidiana de la gente, conseguir que se viera como algo indigno practicado por unos profesionales decadentes entre el susurro y la componenda, conseguir envasarla, transformarla en un producto que consumiríamos como otro estilo de vida, como otro entretenimiento.

Si la izquierda acepta el juego propuesto, como ha hecho desde mediados de los años noventa, puede tratar de encontrar una nueva pirueta que le haga ganar unas elecciones, que le haga disfrutar de la ensoñación de manejar un poder con una autonomía cada vez más escasa. Puede, incluso, enferma de desesperación y cinismo, justificarse a sí misma y decir que esas míseras limosnas

[5] Chris Marker, «Le fond de l'air est rouge», en YouTube [https://www.youtube.com/watch?v=Bu_Qn88H6rA].

correctoras en las que consiste su acción de gobierno es todo a lo que ya se puede aspirar. Puede justificarse a sí misma y de paso justificar el marco del neoliberalismo como el único posible.

O puede adoptar la actitud del joven papa. No estamos pidiendo que vuelva el latín ideológico o que la izquierda exija a la gente que se acerca o que ya milita en sus organizaciones un compromiso como el de Léon Nicaud. Entre otras cosas porque el mundo de ese militante ya no existe. Lo que sí pedimos es que, al menos, se haga cargo de la situación en la que se encuentra para poder trazar los planes.

La política de izquierdas hoy no compite contra la política de derechas, sino contra todo un sistema de ocio planificado que coloniza cualquier tiempo muerto del que los trabajadores disponen. La política de izquierdas compite contra una idea que se repite desde hace más de 40 años y que ha calado profundo hasta en ella misma, la de *no hay alternativa*. Ser de izquierdas es, entre otras cosas, una identidad. Pero no puede quedar reducida tan sólo a eso. Si no ser de izquierdas entrará, como ya lo hace de hecho, en la misma categoría que ser aficionado al aeromodelismo, la filatelia o la repostería creativa. Y ahí, cuando la acción política colectiva queda reducida a una mera actitud personal, a un *Value & Lifestyle* tiene su derrota asegurada.

La política no puede quedar confinada en un edificio, de la misma forma que no puede ser un objeto amable y consumible que el votante, cada cierto tiempo, compra en un mercado electoral. La idea de que la política está para darnos cosas, como si fuera una máquina expendedora de refrescos en la que apretamos sin mayor criterio un botón, es abyecta. La política no puede ser un espectáculo del sábado noche en el que elegimos equipo con la esperanza de que nuestro tertuliano favorito tenga una intervención brillante. La política no tiene que ser amable, ni decir a la gente lo que quiere escuchar, que no es más que lo que otros interesadamente han sentenciado como lo razonable[6].

---

[6] D. Bernabé, «Jóvenes papas, viejos comunistas», *La Marea,* edición digital, 26 de abril de 2017 [https://www.lamarea.com/2017/04/26/jovenes-papas-viejos-comunistas-la-politica-la-amabilidad/].

La izquierda no puede ganar al neoliberalismo en su propio terreno de juego, con sus reglas, mediante atajos del lenguaje, fantasías tecnoutopistas y análisis de datos. Ahí es donde llevamos desde mediados de los noventa y es algo que sólo ha servido para vaciar los partidos, los sindicatos y los programas ideológicos. Para dejar nuestra identidad tiritando o, peor aún, sustituida por un doble funcional al sentido común dominante.

Si en toda esta historia las cosas no siempre son lo que parecen, si siempre hay un conejo que sale de la chistera para despertar nuestro entusiasmo, en este final no hay truco posible. Para revertir esta situación no hay atajos, no hay fórmulas mágicas, no existe una forma correcta de hacer política, de ser de izquierdas, que nos garantice volver a la senda correcta, a esa donde lo que ahora es ajeno es percibido como propio.

Por el contrario, creemos que en este libro se han lanzado decenas de cabos de los que ir tirando, a ver qué contienen en su extremo. Hemos dibujado el mapa, uno parcial y apresurado, desde la narrativa más que desde la investigación académica, desde el olfato más que desde la teoría. Pero sobre todo hemos pretendido situar la ubicación de las trampas de nuestra época, esas en las que la izquierda cae una y otra vez. No digan que no se lo advertimos.

Las respuestas las tienen en una gloriosa tradición de políticos, teóricos, militantes, revolucionarios, filósofos, pensadores, escritores, músicos, pintores y poetas, mujeres y hombres, que nos dejaron un legado que recuperar, el de la modernidad, el del siglo XX, para ponerlo de nuevo en marcha conociendo los errores que nos han traído hasta aquí. A la fecha de finalización de este libro nos quedan aún 82 años para que el siglo XXI sea recordado por algo más que por ser esa época en la que todo acabó por ser pueril y despiadado. La esencia del aire sigue siendo roja.

La Comuna estaba formada por los consejeros municipales elegidos por sufragio universal en los diversos distritos de la ciudad. Eran responsables y revocables en todo momento.

La mayoría de sus miembros eran, naturalmente, obreros o representantes reconocidos de la clase obrera. La Comuna no había de ser un organismo parlamentario, sino una corporación de trabajo, ejecutiva y legislativa al mismo tiempo. En vez de continuar siendo un instrumento del Gobierno central, la policía fue despojada inmediatamente de sus atributos políticos y convertida en instrumento de la Comuna, responsable ante ella y revocable en todo momento. Lo mismo se hizo con los funcionarios de las demás ramas de la Administración. Desde los miembros de la Comuna para abajo, todos los que desempeñaban cargos públicos debían desempeñarlos con salarios de obreros. Los intereses creados y los gastos de representación de los altos dignatarios del Estado desaparecieron con los altos dignatarios mismos. Los cargos públicos dejaron de ser propiedad derivada de los testaferros del Gobierno central. En manos de la Comuna se pusieron no solamente la Administración municipal, sino toda la iniciativa llevada hasta entonces por el Estado.

Una vez suprimidos el ejército permanente y la policía, que eran los elementos de la fuerza física del antiguo Gobierno, la Comuna tomó medidas inmediatamente para destruir la fuerza espiritual de represión, el «poder de los curas», decretando la separación de la Iglesia del Estado y la expropiación de todas las iglesias como corporaciones poseedoras. Los curas fueron devueltos al retiro de la vida privada, a vivir de las limosnas de los fieles, como sus antecesores, los apóstoles. Todas las instituciones de enseñanza fueron abiertas gratuitamente al pueblo y, al mismo tiempo, emancipadas de toda intromisión de la Iglesia y del Estado. Así, no sólo se ponía la enseñanza al alcance de todos, sino que la propia ciencia se redimía de las trabas a las que la tenían sujeta los prejuicios de clase y el poder del Gobierno[7].

---

[7] K. Marx, F. Engels y V. I. Lenin, *La Comuna de París,* Madrid, Akal, 2010, pp. 35 y 36.

978-84-460-4518-2
192 páginas

En esta brillante obra Teresa Forcades examina las expectativas abiertas por el papa Francisco y los presupuestos teóricos necesarios para abordar la renovación de la Iglesia, pero, sobre todo, nos habla de las cuestiones más espinosas a las que se enfrenta el Vaticano y de los movimientos de renovación que pugnan desde dentro por impulsar un nuevo *aggiornamento* o «puesta al día» eclesial. Machismo, veto al sacerdocio femenino, aborto, celibato, homosexualidad o pederastia son algunos de los temas pendientes de la Iglesia para los que la autora ofrece un análisis conciso y contundente.

Los retos del papa Francisco. Movimientos de renovación en la Iglesia católica actual, no es una mera exposición de propuestas de su autora; representa la voz de millones de creyentes, religiosos y organizaciones dentro de la Iglesia que viven con profundidad su fe y su religión, y que reivindican un lugar en la institución en la que creen y a la que, con respeto pero también con firmeza, quieren cambiar para superar marginaciones, sufrimientos, olvidos e injusticias.

Nazanín Armanian / Martha Zein

No es la religión, estúpido

Chiíes y suníes, la utilidad de un conflicto

A FONDO

978-84-460-4502-1
384 páginas

El imaginario social construido desde la década de los ochenta está plagado de perversiones ideológicas: desde el pensamiento único, que aboga por la imposibilidad de cuestionar el capitalismo, hasta el inevitable choque civilizatorio entre Oriente y Occidente, que mantiene que los musulmanes del mundo se unirían para destruir la civilización judeocristiana. Si bien es cierto que no se ha dejado de pensar al margen del capitalismo, también lo es que los musulmanes se matan entre sí por miles en Iraq, Afganistán, Siria, Yemen, Libia, Egipto…

Aunque se intenta imponer la idea de que esas matanzas y guerras responden a un conflicto religioso, el que enfrenta a chiíes y suníes, *No es la religión, estúpido* demuestra que la conflagración desencadenada surge de un elaborado plan del Pentágono para reconfigurar el mapa político de Oriente Próximo.

978-84-460-4454-3
240 páginas

El modelo de la gran distribución moderna –hipermercados, supermercados, grandes almacenes– tiene una importancia central en el sistema capitalista de la globalización. Acostumbrarnos a comprar en este tipo de establecimientos, en detrimento del casi extinguido comercio tradicional de proximidad, ha modificado cómo y qué compramos: los pequeños proveedores muy difícilmente logran vender sus productos a las cadenas de supermercados, que se han convertido en verdaderos formadores de precios y nos ofrecen productos cada vez más homogéneos, bajo una apariencia de colorida diversidad. El modelo de la gran distribución alimenta una cadena socialmente injusta y ambientalmente insostenible, basada en la deslocalización de la producción y en la externalización de los costos socioambientales. El pastel de la alimentación, el textil, los productos culturales y cada vez más sectores están en cada vez menos manos, que deciden qué consumimos, qué comemos y cómo habitamos el espacio.

Ángel Cappa
María Cappa

También nos roban el fútbol

A FONDO

978-84-460-4391-1
272 páginas

Este libro aspira a ser una celebración del carácter lúdico y popular del fútbol, pero también a denunciar el valor comercial y lucrativo al que ha acabado reducido. Un deporte cuyo nacimiento no puede atribuírsele a nadie, dado que fue fruto del ingenio colectivo y que, precisamente por su capacidad para conmover a tanta gente, ha acabado transformado en un producto de mercado, en un objeto más de consumo.

Como sucede con todo lo que toca el capitalismo, este cambio radical se ha traducido en desigualdad: entre jugadores de un mismo club, entre clubes, entre competiciones… Y en una maquinaria de enriquecer a los hombres de negocios que tomaron el control de los clubes; con el concurso imprescindible de Gobiernos, eso sí, que legislan en su favor, condonan deudas o intervienen para que la relación fútbol-televisión mantenga su elevado índice de rentabilidad. Y, al fondo, una gran institución corrupta –a la luz de las últimas investigaciones judiciales–, la FIFA.